KB110360

한국 동화 문학 연구

金自然 지음

서문당

머리말

이 책은 김자연 선생의 박사학위논문 「한국동화의 환상성(幻想性)
연구」를 묶은 저서이다. 지은이는 1985년 본인이 주간하는 「아동문
학평론」지에서 동화가 당선되어 문단에 나온 현역 동화작가요, 동시
인일뿐만 아니라, 그의 학문적 입지에 조언자로서 또 학위논문 심사
위원장으로서 관여해 왔기 때문에 일종의 애정과 의무감에서 이 글을
쓰게 되었다.

이 책은 한국에서 동화가 형성되고 창작되어 온 역사와 동화를 구
성하는데 있어 환상에 어떠한 기능을 갖는가를 문학적인 차원에서 연
구하고 있다. 특히 동화와 환상의 관계에 아동문학사적 문제의식을
가지고 토도로프(Todorov)와 피터 헌트(Peter Hunt)의 이론을 적
절하게 응용하여 접근한 것이 가장 큰 특징이다.

총 6장으로 구성된 이 책은 전래동화와 창작동화의 형성과 전개를
동화 문학이란 큰 테두리 속에서 총체적으로 파악하려고 하고 있다.
제1장에서는 한국 동화 문학의 흐름과 연구사를 개괄적으로 다루고,
제2장에서는 문학에서의 환상의 개념을 살리는 한편, 그 속에서 환
상의 특수한 성격을 정리하였으며, 동화에 있어서 왜 환상이 본질적
인 것인가를 이론적으로 밝히려 하고 있다.

제3장에서는 전래동화의 대표적인 작품들에 나타난 환상의 양상과 그 기능을 분석함으로써 오늘날 우리에게 주는 의미를 찾고 현대 동화와의 개념적 공통성을 분석하고 있다. 제4장에서는 근대 동화가 태동하기 시작한 1920년대의 문학사적 상황을 중심으로 동화가 등장할 수 있었던 배경과 역사적인 계기들을 다양한 차원에서 확인하고 있으며, 제5장에서는 1930년대 이후의 중요 환상 동화 작가들의 작품을 분석하여, 동화의 개념과 규범이 환상과 맺는 관계가 사적(史的)으로 어떻게 변주되어 왔는가를 고찰하되, 연구 대상 작가의 대표작 전문을 한편씩 게재하여 동화문학에 대한 이해를 돕도록 하고 있다.

따라서 본 저서는 동화에서의 환상이 시에 있어서 상상력이 차지하는 비중 이상으로 중요함을 밝히는데 일단 성공하고 있다. 그것은 기왕의 연구에서 환상은 동화를 구성하는 중요한 속성으로 파악했지만 기법적 차원에서 환상의 유형을 밝히는데까는 이르렀으나 그것이 왜 동화의 본질이 되는가를 밝히는데 미흡했기 때문이다.

이 책은 그간의 일반적인 환상 연구에서 한 걸음 나아가 환상이 창작원리가 되고 그것이 동화의 개념을 규정하며 개별작품의 등장에 지속적으로 영향을 미쳐온 사실을 구체적으로 살피고 있다. 또 전래 동화와 창작동화의 동질성에 대한 그 공통분모를 추출하고, 그 특징과 전개과정을 구조적 측면에서 면밀하게 규명함으로써 그 연계성을 밝히고 있다.

그 동안 필자는 아동 문학 연구 40년에 걸쳐 「아동문학개론」 (1967, 「한국현대아동문학사」(1978), 「세계아동문학사전」(1989) 등의 기본저서를 발간함으로써 한국 아동 문학의 이론을 개척하는데 주력했다. 그 동안 후배연구자에 의해서 동요·동시 문학은 얼마간 천착되었지만 아동 문학의 중심 장르인 동화 문학 연구가 미진하여 참으로 안타까웠다.

그런데 지은이의 5년여의 노력으로 이 「한국동화문학연구」가 출간되어 한국 동화 문학 연구의 새로운 지평을 열게 되어 참으로 기쁜 마음 한량이 없다. 지은이의 학문이 더욱 일취월장할 것을 믿으며 이 책이 널리 읽히게 되기를 간절히 바라며 이 어줍잖은 글을 맺는다.

새천년을 맞이하는 봄에
사계(史溪) 이재철(李在澈) 씀

책을 내면서

이 책에 담겨 있는 내용은 필자의 대학원 박사 논문인 「한국동화의 환상성 연구—형성과 전개를 중심으로」를 엮은 것이다. 내용을 좀더 보완해서 세상으로 내보내고 싶었지만, 동화를 연구하고 창작하는 사람들에게 작은 보탬이 되도록 하라는 주위의 격려에 힘입어 용기를 내게 되었다.

모두 6장으로 구성된 이 연구서는 개화기 이전의 신화, 전설, 민담이 전래동화라는 개념으로 묶이고 자리잡게 되는 과정과, 1920년대에 창작동화가 형성되는 시기부터 1960년대까지 창작동화가 다양하게 변모하는 과정을 '환상'을 중심으로 탐구되었다. 이것은 그 동안 동화를 쓰고 또 대학에서 아동 문학 강의를 해오면서 가졌던 "한국 동화는 어떻게 형성되고 정착되었나?" "환상은 왜 동화의 본질이 되는가?" "한국 동화 작가의 창작원리는 무엇인가?"라는 질문에 대한 필자의 생각이라고 할 수 있다.

아동 문학의 작가와 독자는 '동심'의 세계 속에서 만나고 그 세계를 창조하고 지키는 것을 전제로 삼는다. 그러므로 아동 문학의 독자와 작가는 의식적이든 무의식적이든 제2의 현실을 상정하고 있다. 이 제2의 현실(동심의 세계)은 환상에 의해 만들어지고 구체화된다. 성인 작가가 어린이 독자를 의식하지 않는 한, 아동문학은 생산될 수 없다. 이 아동 독자에 대한 의식은 성인 작가로 하여금 성인과 다른 아동의 특수한 성격에 눈을 돌리도록 하고, 그것은 '아이의 시점'을 얻는 것, '동심'에 동화되는 것을 요구하게 된다. 이 점이 환상이 동화의 창작원리가 되는 이유이며, 필자가 동화의 역사 속에서 '환상'에 주목했던 까닭이기도 하다. 더러 미진한 부분은 앞으로 계속 보완해 나가리라 다짐해 둔다.

동화를 공부하면서 새삼 선학들의 고충이 얼마나 컸던가를 깊이 깨달았다. 한국 어린이의 미래를 책임지고 있는 교육대학교에서조차 아동문학과가 없는 부끄러운 우리의 현실! 선행연구의 부족과 자료 수집의 어려움. 그나마 사계 이재철 교수님이 혼신을 다해 연구하고 끌어모은 자료가 아동문학을 공부하는데 단비가 되어 주었다.

아무쪼록 이 책의 내용이 한국 동화 문학을 이해하고 창작하는 데 조금이라도 보탬이 되었으면 하는 바람이다.

이 연구서가 나오기까지 많은 분의 격려와 학은을 입었다. 대학원 강의를 통해 영향을 주신 우한용 교수님, 전규태 교수님 그리고 이 논문의 실질적 지도를 해주신 김승종 교수님을 비롯한 이재철, 전일환, 임철호, 김용재 교수님께 깊이 감사드린다. 선후배들의 따뜻한 도움 또한 이 논문이 나올 수 있었던 힘이 되어 주었다. 이 논문을 서둘러 책으로 출간해 주신 서문당 최석로 사장님과 애써 주신 편집부 직원들에게도 진심으로 감사드린다.

2000년 3월 15일
따뜻한 봄날에   김자연

차 례

머리말 *3*
책을 내면서 *7*

제1장 서 론 *11*
    1. 연구 목적 *13*
    2. 연구 대상 및 방법 *17*
    3. 선행 연구 *23*
제2장 동화와 환상 *27*
    1. 동화의 장르적 성격 *29*
    2. 동화의 특질 *35*
    3. 동화의 창작원리로서의 환상 *41*
제3장 전래동화의 형성과 환상성 *51*
    1. 전래동화의 형성배경과 과정 *53*
    2. 전래동화의 형성과 환상성 *69*
        1) 원시적 사고에 의한 인간의 염원 *69*
        2) 초자연적 요소 도입과 상징 *72*
제4장 창작동화의 형성과 환상성 *81*
    1. 아동관의 변화와 아동문화 운동 *83*
    2. 외국동화의 수용 및 동화이론의 등장 *93*
    3. 〈바위나리와 아기별〉의 문학사적 의미와 환상성 *98*
제5장 창작 동화에 나타난 환상의 전개 양상 *113*
    1. 알레고리를 통한 현실 풍자와 환상-마해송 *115*
        1) 알레고리를 통한 환상 *119*
        2) 새로운 질서를 위한 풍자 의지 *129*
        바위나리와 아기별 *134*

2. '꿈' 형식을 통한 미래지향적 환상 -강소천 ························· *141*
    1) 소원충족에 의한 불균형 회복의 꿈 ········ *145*
    2) 입몽의 변이 양상 ······························· *160*
    꿈을 찍는 사진관 ······························· *171*
3. 자유 연상 이미지와 역동적 환상-김요섭 ··························· *180*
    1) 자유에 대한 무한한 동경과 변형 ·········· *184*
    2) 감정이입과 역동적 환상 ····················· *191*
    꽃잎을 먹는 기관차 ····························· *210*
4. 상황묘사와 은유적 환상-이영희 ···························· *213*
    1) 환상의 구조적 특질 ·························· *217*
    2) 환상의 의미론적 특질 ······················· *235*
    꽃씨와 태양 ································· *239*
5. 실험적 기법에 의한 물활론적 환상-최효섭 ···················· *242*
    1) 인간애 희구와 평화 ························ *244*
    2) 과거와 현재의 통로로서의 물활론 ········· *247*
    거꾸로 도는 시계 ··························· *259*
6. 동심적 상상력에 의한 환상-권용철 ························· *272*
    꽃과 병정 ································· *287*

제6장 결 론 ······································· *295*
참고문헌 ·· *303*

제1장 서 론

1. 연구 목적

  이 논문은 한국에서 동화가 형성되고 전개되는 양상을 통해 동화를 구성하는데 있어 환상이 어떻게 기능하는가를 탐구하고자 하는 목적으로 씌어졌다. 특히 이 논문은 '幻想'을 연구하는 것이 한국 동화의 역사를 이해하는 주된 방법이라는 것을 전제하고 있다. 따라서 이 논문은 주로 환상 기법을 사용한 한국 동화 작품을 중심으로 '환상'이 지닌 기능과 특질을 분석하는 데 초점을 두고 논의를 전개하고자 한다.
  동화가 형성되고 전개되어 온 역사를 연구하는데 있어 환상을 중심 테마로 잡은 것은 환상이 주변적인 기법이 아니라, 본질적인 창작원리이기 때문이다. 그간의 연구에서도 환상은 동화를 구성하는 주된 기법으로 인정되어 왔으며, 동화의 개념을 정의하는 중요한 속성으로도 언급되어 왔다. 상식적인 어법에서 '동화적'이라는 말이 '환상적'이라는 말과 비슷한 뉘앙스를 갖는 것도 이러한 맥락에서이다. 그러나 기존의 연구에서 환상을 동화의 주된 창작 원리로 해명하고 평가하는 작업은 다소 소홀하게 이루어진 편이다. 다시 말해 기존의 연구는 하나의 기법적 차원에서 환상의 유형을 파악하고 그 중요성을 강조하는 데 까지는 이르렀으나, 더 나아가 그것이 왜 동화의 본질이 되었는가를 해명하지 못했다.
  환상이 동화를 창작하는 기법에 머무르는 것이 아니라 동화를 구성하는 창작원리가 되고, 그것이 동화의 개념을 규정하고 개별 작품

들의 등장에 지속적으로 영향을 미쳐온 사실을 밝힐 수 있다면, 미학
적 차원의 분석인 환상성 연구와 문학사적 차원의 분석인 작가들의
계보 연구가 서로 연계될 수 있을 것이다.

　우리가 동화라는 범주 안에서 행하는 다양한 행위들 - 創作(생산),
讀書(소비), 批評(평가) -에서 환상은 필수적으로 고려되어야 한다.
동화 영역 안에서 행해지는 다양한 문학적 활동을 이해하고 분석하는
데는 여러 가지 다른 각도에서의 접근 방법과 대상 설정이 가능하다.
역사적이며 사회적인 맥락, 미학적인 장치들, 주제의식에 대한 평가,
이데올로기적인 힘의 분석 등 일반적으로 문학에 적용할 수 있는 많
은 방법들은 아동 문학인 동화를 분석하는 데에도 적용이 가능하다.
그러나 이 논문은 문학적인 차원에서 동화를 이해하는데 일차적인 목
적을 두고 있다. 이 논문이 환상의 기능과 양상을 밝히는 데에 치중
하는 것도 이러한 이유에서이다. 환상을 단순히 글을 구성하는데 지
엽적인 혹은 중심적인 기법으로서가 아니라 동화의 규칙들을 생산하
고 그 규범들을 만들어 온 중요한 창작원리로 이해하는 것1)과, 그
세부적인 전개 양상을 살피는 일은 동화와 환상의 관계를 새로운 차
원에서 재정립하기 위해 선결되어야 할 중요한 과제이다.

　환상은 시에 있어서 상상력이 차지하는 비중 이상으로 동화에 있
어서 중요한 위치를 차지한다. 또한 환상은 동화의 주독자층(主讀者
層)에 해당하는 아동의 정서적 특징과 밀접하게 연결되고 있다. 아동

---

1) 환상과 문학 작품의 관계에 관한 논의는 서구 문학에서 그 역사가 깊다. 그
　에 대한 입장을 크게 두 가지로 나누어 보면 환상을 하나의 장르로서 보고자
　하는 견해와 문학의 본질, 혹은 창작 원리로 이해하는 견해가 있다. 후자의
　견해로 대표적인 것은 캐서린 흄의 저작 『Fantasy and Mimesis』이다. 그
　녀는 이 저작에서 환상을 미메시스와 더불어 문학을 구성하는 2대 요소 중
　하나라고 보았다. 그러나 이 논문에서는 환상이 문학의 본질이 될 수 있다는
　그녀의 입장을 일부분은 받아들이되, 동화에만 국한하여 논의하고자 한다.

은 어른의 세계인 현실과 다른, 자신들만의 세계를 구축하고 그 속에서 현실과 다른 삶을 영위하고 그것을 즐기려는 성격을 지니고 있기 때문이다.

아동을 대상으로 한 서사 문학인 동화는 성인을 대상으로 하는 소설과는 달리 서사성뿐만 아니라 환상성을 아울러 지니고 있다. 동화는 현실 세계를 벗어나 또 다른 세계를 창조하고 그 속에서 삶의 모습을 그리려는 지향성을 가진다. 동화가 가지고 있는 이러한 환상적인 속성은 오늘날 동화가 아동에게뿐만 아니라 고도의 산업사회에 살고 있는 어른들에게도 꿈을 주는 문학으로 큰 몫을 차지하게 만드는 원동력이 되고 있다.

이에 따라 이 논문은 한국 아동 문학사에 언급되는 동화 작가의 작품 속에서 환상이 어떠한 방식으로 나타나는가, 다시 말해 작품을 구조하는 원리로 환상이 어떻게 작용하는가를 추출하고 분석하는데 주안점을 두었다. 또 이 논문은 환상의 구조나 성격, 유형을 밝히는 일반론에 머물지 않고 아동 문학에 있어 환상이 차지하는 위치가 무엇인가를 구체적으로 규명하고자 한다.2)

동화에서 환상이 차지하는 위상을 성인 문학에서의 환상과 구분짓고 특징화시키는 작업은 그간 "비평 이론은 아동과 아동 도서를 그다지 많이 다루지 않아 왔던 것으로 보인다"3)거나 "아동 도서에 대한 진지한 검토는 많았으나 아동 문학에 대한 진지한 비평은 거의 찾아볼 수 없다"4)는 식의, 아동 문학에 대한 논의의 周邊化를 극복하는

---

2) 이 글에서 사용하는 환상의 개념이나 특성, 동화와 환상의 관계 등은 이 글의 주요한 방법적·이론적 기반으로 제2장에서 자세히 논의될 것이다. 따라서 이 장에서는 연구 방법을 자세히 다루지는 않았다.
3) Peter Hunt, 『Criticism, Theory, and Children's Literature』, 1991, 1쪽.
4) Isabelle Jan, 『On Children's Literature』, Schocken Books, 1974,

한 방편이 될 것이다. 더 나아가 독립된 문학 장르로서 아동 문학의 가치를 재확인하고 재고시키는 데 기여하리라 기대된다.

하지만 이러한 논의가 한국 동화의 역사를 고찰하는 과정 속에서 해명되지 않는다면 아무런 의미가 없을 것이다. 이 논문이 연구 범위의 출발점을 전래동화로 잡는 이유가 바로 여기에 있다. 전래동화를 한국 동화의 역사 속에서 중요하게 여기는 것은 단순히 과거의 유산, 또는 전통 계승이라는 의미에서뿐만은 아니다. 신화·전설·민담 등을 아동 문학화시킨 전래동화는 현대 아동 문학의 규범들을 상당 부분 담고 있다.

영어권에서도 동화를 지칭하는 용어인 페어리 테일(fairy tale)5) 은 요정이나 마녀, 천사가 등장하는 이야기와 함께 전설이나 민담을 통틀어 총칭하는 용어로 사용된다. 다시 말해 근대 이전의 전설이나 민담은 동화와 많은 유사점을 가지고 있으며 직·간접적으로 동화에 영향을 주었다. 특히 이 논문에서는 전래동화에 환상이 어떠한 방식으로 나타나는가를 중심으로 탐구하는 과정을 통해 전래동화가 한국 동화의 역사 속에서 어떠한 위치를 갖는가, 그리고 그것이 이후의 동화에 어떤 식으로 계승되고 있는가를 아울러 살피고자 한다. 동시에 이 논문을 통해 한국 동화의 형성과 변모를 살펴 오늘의 동화 문학을 반성하고 내일의 방향을 모색하고자 한다. 이러한 시도는 나름대로 우리의 전통 동화 정신을 계승 발전시킴과 동시에 현대 창작동화의 방향을 제시하는데 일정하게 기여할 수 있으리라고 기대된다.

7쪽.
5) "nursery tale, juvenile story"라고 표현하기도 한다.

2. 연구 대상 및 방법

　각 민족에게 그들의 역사와 정신을 담아 전승시키는 그릇과 같은 전래동화는 아동 문학의 역사 속에서도 큰 위치를 차지한다. 그 이유는 본격적인 동화의 시작이라고 할 수 있는 창작동화 출현의 모태이자 계기가 된 것이 바로 전래동화이기 때문이다. 한국에서도 이러한 사정은 예외가 아니다. 그러므로 동화의 본질과 그 역사를 이야기하기 위해서는 전래동화에 대한 연구가 선행되어야만 한다. 특히 현대 동화의 역사를 구성하는데 있어 중요한 밑거름이 된 주요 작품들을 검토하는 일은 현대 동화의 성격과 구조를 이해하는데 꼭 필요한 작업이다.

　한국에서 현대 아동 문학은 한국 근대사가 갖는 특수한 상황의 영향을 받고 태동·발전해 왔다. 따라서 1910년에서 1920년대 초반에 해당하는 이 시기의 아동 문학은 계몽적인 성격을 짙게 띨 수밖에 없었다. 東學의 어린이 존중 사상과 계몽주의를 사상적 배경으로 하여 출발한 이 시기의 아동 문학은 예술적인 자각보다 유교적 세계관이나 봉건적 인습으로부터 하루바삐 탈피하여 아동의 인권을 성인과 동등한 차원에서 인정하고, 주권을 상실한 시대를 살고 있는 아동들에게 모국어를 통한 민족 의식을 고취시키는 계몽적 기능의 발현을 급선무로 삼았다. 그러나 한편으로 동학의 아동 애호 사상과 함께 육당 최남선의 근대주의적 아동관은 방정환의 어린이 운동으로 이어지면서 근대적 아동 문학이 본격적으로 출현할 수 있는 밑거름이 되었다.

1923년 『샛별』에 발표한 마해송의 〈바위나리와 아기별〉은 한국 최초의 창작 동화로, 작가의 분명한 예술적 의도에 의해 씌어졌으며 창작동화 문학의 문을 열었다. 이 작품은 환상과 현실의 적절한 조화, 간결하고 극적인 스토리의 전개 등으로 최초의 창작동화로서 많은 호평을 받았던 작품이다. 이후 방정환이 주도한 『어린이』에 신인들의 작품 발표가 이어지면서 동화 창작은 동시, 동극과 함께 활발하게 전개되고, 동화에 대한 이론적인 논의도 함께 이루어지기 시작했다.

이 시기 동화가 구연동화의 틀에 어느 정도 제약되어 있었고, 주제적 차원에서 권선징악을 부각시키려는 교훈적 의도를 강하게 드러내는 한계를 가지고 있었던 것은 사실이다. 그러나 이후 동화의 기본적인 규범들을 상당부분 확립했고, 동화를 중심으로 한 아동 문학을 문학 영역 안에서 독립적이고 중요한 부분으로 인정받게 했다는 점에서 이 시기 동화의 의의를 찾을 수 있을 것이다.

1930년대의 경우는 성인 문학에서 주도적인 세력을 가지고 있었던 프로문학6)이 아동 문학에도 영향을 끼쳐, 『별나라』를 중심으로 한 프로문학 아동 문학이 아동 문학의 흐름을 주도하였다. 그 결과 동화에서도 역시 계급의식을 고취시키고 선동하려는 목적을 가진 의식적인 작품이 나타나는 한편, '사실적 동화'가 주류를 이루게 되었

---

6) 1930년대는 현실 문제를 반영한 동화들이 많이 나타났는데, 이러한 현상은 1920년대 중반부터 불기 시작한 프로문학이 아동 문학에 영향을 주었다. 1930년대 초부터 아동 문학의 주도권은 카프(KAPF) 작가들에게로 옮겨지고, 방정환이 세상을 떠나자 ≪어린이≫마저도 카프 성격을 띤 잡지로 방향을 바꾸게 되었다. 카프 계열 작가들은 예술이 인류생활의 반영이라면 소년 문예도 소년생활의 반영이어야 한다고 주장하였다.

다. 하지만 이 시기에도 1920년대의 영향이 지속되었기 때문에 '환상 동화'의 맥이 완전히 끊겼다고 보기는 어렵다.

1945년의 광복은 1940년대의 암흑기를 극복하고 아동 문학을 부흥시키는 계기가 되지만, 뒤이은 전쟁으로 인해 동화 창작은 침체기에 접어들었다. 이 시기부터 1950년대에 걸쳐 왕성한 활동을 보인 작가로는 환상 동화를 주로 창작했던 마해송·강소천·김요섭과 사실적 동화를 주로 창작했던 이주홍·현덕·이원수 등이 있다. 이들은 나름대로 독특한 작품 세계를 형성하며 우리 나라 동화 문단을 이끌어 갔다.

마해송은 알레고리 기법에 의한 풍자 동화 세계를, 강소천은 꿈의 기법으로 생활 속의 비극을 미래지향적 환상으로, 김요섭은 자유 연상 이미지와 역동적 환상이라는 환상 탐험의 새 장을 마련하였다. 이러한 동화의 다양화와 새로운 전개에 힘입어 1960년대에는 많은 수의 잡지들이 창간되고 새로운 동화 문학의 전기가 마련되었다. 이 시기에 주목되는 작가로는 이영희·최효섭·권용철과 신지식·권정생 등을 꼽을 수 있을 것이다. 전자의 작가들은 환상 동화를, 후자의 작가들은 사실적 동화를 창작하는 경향을 보였다.

이와 같이 우리 나라 동화의 개괄적인 흐름과 그 속에서 나타났던 작가들의 경향을 대략적으로 살펴본 결과 1920년에서 1960년 사이에 환상 동화를 주로 발표한 작가들은 마해송·강소천·김요섭·이영희·최효섭·권용철 등을 들 수 있다. 이 계보에 속하지 않는 작가들도 의미 있는 작품을 많이 발표했는데, 그 작품들 역시 한국 동화 문학의 중요한 자산이 되었다. 그러나 유독 환상 동화 작가들의 계보를 탐구 대상으로 삼는 이유는 앞에서 밝힌 것과 마찬가지로 이들의 성격을 탐구하는 것이 동화에 있어 환상이 얼마나 중요한 것이며, 그것이 동화의 개념과 규범을 정립하는데 그 동안 얼마나 큰 영향을 미쳐 왔는가를 드러낼 수 있기 때문이다. 이 외에도 환상 동화를 창작한 다수의 작가들이 있음에도 불구하고 이들을 연구 대상으로 선택한 것은 이들이 이미 작고한 작가이거나, 작품 변화가 더 이상 일어날 가능성이 거의 없는 작가들이라고 판단되기 때문이다.

이들 작가들이 갖는 문학사적인 의의를 고려해 볼 때, 작품을 환상의 유형에 따라 고찰하고 그 특징과 전개 과정을 구명(究明)하는 것은 한국 창작 동화의 변모 양상을 추적하는 일을 가능하게 할 것이다. 이러한 연구는 궁극적으로는 한국 동화의 근원이 무엇인가를 해명하고 더 나아가 오늘의 동화 문학을 반성하고 내일의 방향을 모색하는 데 일조할 수 있을 것으로 생각된다.

결국 이 논문의 연구 작업은 동화와 환상의 관계를 이론적으로 체계화하고, 그것을 문학사 속에서 증명하기 위해 전래 동화의 환상성을 분석하는 일이며 현대 아동 문학의 역사 속에서 환상 동화를 창작했던 작가들의 계보를 탐구하고 그들의 작품을 꼼꼼히 분석하는 것이다.

이러한 작업을 위해서 가장 중요한 것은 환상의 구조와 기능을 어떻게 분석할 것인가, 그리고 환상이 동화와 맺는 특수한 관계를 어떻게 구명할 것인가 하는 문제이다. 이 논문은 제2장에서 문학에서의 환상의 개념을 개괄하는 한편 그 속에서 환상의 특수한 성격을 정리하도록 하겠다. 그리고 이를 동화 연구의 방법론으로 삼기 위해 동화에 있어서 왜 환상이 본질적인 것인가를 이론적으로 정리하려고 한다. 구체적으로 말한다면 토도로프가 이야기하고 있는 환상의 주된 특질을 통해 환상 문학이 다른 문학과 가지는 변별점과 그 의미를 정리하고, 동화의 영역 속에서 환상이 갖는 특별한 의미를 피터 헌트와 같은 아동 문학 이론가들의 논의를 통해 분석 추출해 보려고 한다. 따라서 제2장에서는 동화의 개념과 그 특질을 정리한 뒤, 동화의 창작 원리로서 환상이 갖는 기능에 대한 이론적인 정리를 할 것이다.

제3장은 전래동화의 양상에 대한 논의를 통해 앞장에서 전제한 이론적인 문제를 문학사 속에서 구명하도록 하겠다. 특히 이 논문은 이전까지 주제 분석이나 외국 설화와의 비교문학적인 전래동화 연구 방법을 지양하고, 논의의 초점을 환상성 규명에 국한하여 현대 동화와의 연관성을 살피도록 하겠다. 제3장에서는 전래동화의 대표적인 작품들에 나타난 환상의 양상과 그 기능을 간략하게 분석함으로써 전래동화가 오늘날 우리에게 주는 의미를 찾고 현대 동화와의 개념적 공통성을 분석 추출할 것이다.

제4장에서는 근대 동화가 처음 태동하기 시작한 1920년대의 문학사적 상황을 중심으로 동화가 등장할 수 있었던 다양한 배경들이 무엇인지 밝혀 보겠다. 창작동화가 출현할 수 있게 된 역사적인 계기들을 다양한 차원에서 고려하여 동화의 개념을 한국의 역사적 특수성 속에서 확인한다. 그리고 최초의 창작동화인 〈바위나리와 아기별〉을 분석함으로써, 역사적인 상관관계 속에서 발전한 동화의 개념과 규범이 환상이라는 특질과 어떻게 결합하고 있는가를 살펴보도록 하겠다.

제5장에서는 창작동화가 정착되고 발전되기 시작한 1930년대 이후의 주요 환상 동화 작가들의 작품을 분석하여 앞장에서 밝힌 동화의 개념과 규범이 환상과 맺는 관계가 문학사 속에서 어떻게 변주되어 나아갔는가를 구체적으로 밝히도록 할 것이다. 이 계보에 속하는 작가로는 마해송·강소천·김요섭·이영희·최효섭·권용철 등으로 이들은 문학사적으로 중요한 위치를 차지하고 있다고 생각되므로 연구 대상에 포함될 것이다.

　이들의 작품을 분석하는데 있어서 중심이 되는 것은 환상이 어떻게 나타나는가 하는 문제이다. 이를 보다 효과적으로 살피기 위해 형식적인 면에서는 크로노토프 중심의 분석을 하고, 내용적인 면에서는 주제 분석을 할 것이다. 현실 세계에서는 가능하지 않은 시공간의 등장과 변화가, 환상 동화에서는 어떻게 일어나는지, 그리고 그러한 시공간의 특수함이 동화의 주제를 부각시키는데 어떠한 기능을 담당하고 있는지를 밝히도록 하겠다. 이를 통해 환상이 동화 속에서 하나의 기법에만 머무르지 않고 내용과 형식 모두를 통괄하는 지배적 창작원리라는 것을 규명해 내도록 할 것이다.

3. 선행 연구

한국 아동 문학의 이론을 학문적으로 개척하고 체계화시킨 선구적
연구자로는 이재철을 들 수 있다. 그는 1967년 『아동문학개론』을 시
작으로 1978년 『한국아동문학사』를, 1983년 개고판 『아동문학개
론』, 『아동문학이론』, 『한국아동문학작가론』, 『한국아동문학연구』등
을 출간했다. 이어 1989년에 『세계아동문학사전』을 계몽사에서 간
행하였고, 1991년 회갑 기념 논총인 『한국아동문학작가작품론』을,
1997년에는 정년 기념 논총인 『한국현대아동문학작가작품론』까지
이어지는 꾸준하고 방대한 저작들을 통해 한국 아동 문학의 이론 정
립과 문학사 정리 양면에 있어 선구적인 업적을 세웠다. 물론 그 이
전에 아동 문학 작품에 대한 단평과7) 원론적인 논의가 없었던 것은
아니지만, 그것은 학문적인 분석과 연구 차원이 아닌, 소론 차원의
언급에 불과했었다. 이렇게 시작된 아동 문학 연구의 방향은 크게 통
사적인 차원에서의 문학사 연구와 공시적인 차원에서의 문학 이론 연
구로 나눌 수 있다.

동화의 발달 과정을 학문적으로 연구한 논문으로는 최인학의 〈동
화의 특질과 발달 과정 연구〉8), 신재은의 〈한국 동화의 발달 과정

---

7) 魯啞子의 〈소년에게〉(『개벽』, 17호)나 방정환의 〈새로 개척되는 동화에 대
   하여〉(『개벽』, 31호) 등이 대표적인 예이다.
8) 崔仁鶴, 「동화의 특질과 발생 과정 연구」, 경희대 대학원 석사학위 논문,
   1968.

연구)9) 등이 있다. 최인학의 논문은 동화의 특질을 규명한 다음, 동화의 발달 과정을 원시 예술 시대까지 거슬러올라가 그 과정을 시기별로 분석해 냈다. 이 논문은 창작 동화 이전의 전래동화에 초점이 맞추어져 있어, 창작 동화 이전 동화의 양상을 살피는데 좋은 자료가된다. 이 논문의 의의는 역사적 장르로서 동화의 특질에 주목함으로써 동화 연구에 있어 역사적 측면과 장르적 측면을 결합하는 연구 방식을 택했다는데서 찾을 수가 있다. 문학사적 측면에서 아동 문학을 고찰한 최근의 연구로는 권복연의 〈근대아동문학형성과정연구〉10)가있다. 이 논고는 동화 개념의 형성에 미친 다양한 외적 요인들을 고찰하고 '커뮤니케이션 구조'라는 차원에서 아동 문학의 약호를 분석하고 있으나, 동화의 미학적 본질이 무엇인가 하는 물음이 다소 소홀하게 다루어진 점이 한계로 남는다.

현대 동화의 발생에 대한 연구와 더불어 전래동화에 대한 문화사적, 민속학적 연구 역시 진행되었는데, 여기에는 최인학의 『한국민담의 유형 연구』(1994), 손진태의 『한국민족설화의 연구』(1987), 성기열의 『한일민담의 비교연구』(1978), 김화경의 『한국설화의 연구』(1987) 등이 있다. 하지만 이 연구들의 경우 한 민족의 유산으로서설화와 민담을 보고 있어 아동 문학적인 부문의 연구와는 다소 거리가 있으며, 특히 이 논문의 주제인 환상의 문제에는 깊이 있게 접근하지 못했다.

이와 같은 전래동화에 대한 연구와 현대 동화에 대한 연구는 각각나뉘어져 그들간의 연계성을 이루지도 못했고 동화 역사에 통일성을

---

9) 신재은, 「한국동화의 발달과정 연구」, 연세대학교 교육대학원 석사논문, 1970.
10) 권복연, 「근대아동문학형성과정연구」, 연세대 대학원 석사학위 논문, 1999.

부여하지도 못했다. 따라서 선행 연구들의 성과를 계승함과 동시에 그 한계를 극복하기 위해서는 전래동화와 현대 동화를 이어줄 수 있는 공통 분모를 찾는 일이 무엇보다도 필요한 작업이라고 생각된다.

동화의 이론적인 부문에서 주목할 만한 선행 연구로는 박종구의 『동화의 이론과 실제』(1974), 석용원의 『아동문학개설』(1982), 이상현의 『한국아동문학론』(1976), 김요섭의 『현대동화의 환상적 탐험』, 박화목의 『아동문학개론』(1993), 박춘식의 『아동문학의 이론과 실제』, 박민수의 『아동문학의 시학』, 김현희 · 홍순정의 『아동문학론』, 유창근의 『현대아동문학론』(1994), 박상재의 『한국 창작 동화의 환상성 연구』(1998)등이 있다. 이 연구들은 아동문학을 보다 다양한 각도에서 해명하고 분석하는데 많은 기여를 하였다. 이들은 아동 문학의 개념과 유형에 대해 체계적인 논의를 시도하여, 하나의 독립된 장르로서 아동 문학을 이론적으로 정립시키고자 노력하였다. 그러나 대부분의 논저들은 아동 문학 전반에 관한 개론적 논의에만 머물고 있어 아쉬움을 남겼다. 즉, 아동 문학을 바라보는 이론적인 틀이 보완되고 그 평가 기준이 좀 더 세분화되어야 할 필요가 있다는 것이다.

이러한 연구들 중에서 동화의 특질로 환상을 주목한 연구자로는 김영희11) · 김은숙12) · 김원석13) · 박상재14) 등이 있다. 김영희는 팬터지를 개괄적으로 다루고 그 유형을 체계화시켰으며, 김은숙은 환

---

11) 김영희, 「한국 창작동화의 팬터지에 관한 연구」, 연세대학교 교육대학원 석사학위 논문, 1977.
12) 김은숙, 「창작동화에 있어서 환상의 미적 기능 연구」, 연세대학교 대학원 석사학위 논문, 1984.
13) 김원석, 「한국창작동화에서의 현실과 환상의 변용 연구」, 수원대 교육대학원 석사학위 논문, 1996.
14) 박상재, 「한국 창작동화에 나타난 환상성 연구」, 단국대학교 대학원 박사학위 논문, 1997.

상이 작품 속에서 행하는 미학적 기능을 통해 한국 동화의 특성을 분석했다. 김원석의 경우 환상과 현실의 관계를 기법적 측면에서 분석하려고 했다는 점에서 의의를 갖는다. 박상재는 환상성이 풍부한 작품을 창작해 온 작가를 문학사 속에서 선정하고 그 유형을 작품 분석과 결합시켰다. 이들의 경우 환상이 동화에서 중요한 기능을 한다는 것에 주목하고 있으나, 동화의 본질에 관한 보다 체계적인 분석이나 동화와 환상의 관계에 대한 치밀한 검토의 부족 등이 다소 아쉬움으로 남는다고 할 수 있을 것이다.

이와 같이 이 논문의 문제의식에 비추어 그간의 선행 연구들의 의의와 문제점을 비판적으로 검토해 보았다. 이전의 연구들은 대상에 대한 실증적이고 꼼꼼한 검토를 통해 이후 연구들의 기반을 마련하고, 다양한 문제를 제기함으로써 동화에 대한 풍부한 논의의 방향을 제시했다는 데서 의의를 찾을 수 있다. 이 논문은 이런 다양한 문제 제기들 중 동화와 환상의 관계에 대한 문제의식을 이어받되, 동화와 환상의 관계를 한국 아동 문학사 속에서 보다 치밀하게 탐구해 보려고 한다. 그러기 위해서는 전래동화와 현대 동화와의 연결고리를 발견하고, 그것이 동화의 개념과 유형을 어떻게 구성하여 왔는가를 밝혀야 하며 동화의 사적 연구와 이론적 연구를 결합시키는 작업을 해야 할 것이다. 그러므로 이 논문에서는 그 열쇠가 동화와 환상의 관계에 놓여 있다고 보고, 동화에 있어 환상이 가지는 기능과 위상을 검토하고 분석해 보기로 하겠다.

제2장 동화와 환상

1. 동화의 장르적 성격

동화는 아동 문학의 범주 속에 포함되는 것이므로 동화의 개념을 이해하기 위해서는 먼저 아동 문학에 관한 보다 명확하고 구체적인 개념이 우선 정리되어야 한다. 기존의 아동 문학에 대한 관점은 "아동 문학이란 작가가 아동이나 동심의 고향으로 돌아가고 싶은 어른에게 읽힐 목적으로 창조한 시 · 동화 · 소설 · 희곡 등의 총칭"이라는 견해1)와 "어린이를 위한 문학"2)이라는 견해였다. 두 견해 모두 궁극적으로는 독자 대상의 측면에서 아동 문학의 본질을 파악하려는 관점에서 출발하고 있다. 바로 이 독자층의 '특수함'이 아동 문학의 개념을 이해하기 위한 기본적인 전제가 된다.

아동 문학이 자신의 독자적인 영역을 구축하고 하나의 장르로 정립된 것은 이 '아동'이라는 특수한 독자층을 독자 대상으로 삼았기 때문이다. 한국 근대 아동 문학의 아버지라고 불리는 방정환이 "동은 아동이란 동이요, 화는 설화의 화인즉 결국 동화는 아동 설화라고 할 것입니다. 그러니 아동 이상의 사람이 많이 읽거나 듣거나 하는 경우에라도 그것이 아동을 상대로 하는 것이 아니면 안 됩니다."3)라고

---

1) 석용원, 『아동문학원론』, 학연사, 1982, 12쪽.
　　이재철, 『아동문학이론』, 형설출판사, 1983, 11쪽.
　　유경환, 〈인간 모두를 위한 아동문학〉, 『아동문예』, 1994, 5월호, 290쪽.
2) 이오덕, 『어린이를 지키는 문학』, 백산서당, 1984, 58쪽.
　　박춘식, 『아동문학이론과 실제』, 학문사, 1985, 51쪽.
3) 방정환, 〈동화작법(동화짓는 이에게)〉, 동아일보, 1925. 1. 1.

주장하고 있는 것도 이와 같은 맥락이라고 할 수 있다.

동화의 사전적 의미는 '어린이를 상대로 들려주거나 읽히기 위해 만들어진 이야기'이다. 이는 동화를 이해하는데 독자의 특수성이 중요하다는 것을 확인시켜 준다. 그러나 오늘날 동화의 개념은 그보다 더 복잡하고 다양하다. 동화라는 개념을 둘러싸고 다양한 이론(異論)이 나타나는 것은 동화가 역사적인 변모 과정을 거친 장르이면서 그 속에서 다양한 특질을 스스로 발현해 왔기 때문이다. 즉 동화라는 개념은 시대와 지역, 해석 방법에 따라 그 범위와 의미를 달리하게 된다는 것이다.

기존의 동화를 규정하고 있는 다양한 관점들을 두루 살펴볼 때, 그 관점들은 그들간에 공통된 부분도 있지만, 다소 상이한 내용을 동화의 본질로 설정하고 있음도 알 수 있다.

  (1) 순수한 동화는 사실적(事實的)인 소설과는 다른, 공상적인 이야기를 말한다. 현대 동화에는 현실적인 이야기가 공상적인 이야기와 서로 결합된 것이 많지만 그래도 팬터지(Fantasy)가 있는 것, 공상적인 것, 초자연적인 이야기가 있는 것을 동화라 규정한다.4)

  (2) 童은 兒童이란 童이요, 話는 說話의 話인즉 結局 童話는 兒童說話라고 할 것입니다. 그러니 兒童 이상의 사람이 많이 읽거나 듣거나 하는 境遇에라도 그것은 兒童을 相對로 하는 것이 아니면 안 됩니다.5)

  (3) 어린이들에게 들려주기 위해서 하는 이야기를 동화라 한다. 그러나 동화의 정의는 그리 간단한 것이 아니다. 영어로는 페어리테일(Fairy tale)이라고 하는데, 그 본래의 뜻은 요정담(妖精譚),

4) 이원수, 〈동화 창작법〉, 『아동문학사상』, 제2집, 보진제, 1970, 49쪽.
5) 방정환, 〈동화 작법 -동화짓는 이에게-〉, 동아일보, 1925. 1. 1.

이른바 선녀들이 나오는 이야기이다. 독일에서는 메르헨이 여기에 해당하지만 이것은 본래 설화문학의 한 형태를 취한다. 동화의 본래적 의미는 <u>옛날 이야기나 민화 중에서 그 형식을 취하고, 그림과 안데르센을 고향으로 하는 상징적인 문학 형태로서, 인간 일반의 보편적 진실을 소박한 내용으로 한 시에 가까운 산문문학이다.</u>6)

(4)동화는 <u>현실에서 해방을 꿈꾸는 문학이다.</u> 그것은 결코 현실 사회의 개조나 현실적 구체적 인간을 탐구 창조하여 우리에게 새로운 인간상이나 인간 해석의 새로운 국면을 보이려는 것이 아니다. 그것보다는 공상 속에 펼쳐지는 꿈의 세계를 보여주는 것이다.7)

위에 인용한 주장들은 각각 동화에 대한 개념 규정에 있어서 조금씩 다른 입장을 보이고 있다. 이원수(1)는 사실적이지 않은, 공상적이고 초자연적인 이야기를 동화의 가장 중요한 속성으로 보고 있으며, 방정환(2)은 아동을 독자 대상으로 한다는 것을 강조하고 있다. 석용원(3)은 동화의 역사적 원류와 그 양식적 특성을 동화의 본질로 이야기함으로써 설화 문학과의 관계를 중요하게 부각시키고 있고, 박목월(4)은 이원수(1)와 마찬가지로 동화의 개념을 이야기하는데 있어 환상을 중요하게 여기고 있으나 그 기능에 초점을 맞추어 동화의 개념을 파악하고 있는 것이다. 이렇듯 독자 대상의 특수성이 아동 문학을 구성하는 주된 요소 중 하나라고 하더라도 이것만으로는 동화의 본질을 입체적으로 설명하는데 한계가 있다. 이는 또한 동화의 개념이 논자마다 일정한 부분에서 상이하게 나타나는 원인이 되기도 한다.

좁은 의미에서 동화는 예술성을 의식하고 씌어진 창작동화만을 지칭한다. 그러나 이러한 규정 자체의 정밀성도 문제가 될 뿐만 아니

---

6) 석용원, 『아동문학원론』, 학연사, 1989, 246쪽.
7) 박목월, 〈동화와 소설〉, 『아동문학』, 제2집, 23쪽.

라8) 동화 문학의 계보를 살펴보면 신화·전설·민담 등을 아동 문학의 자산으로 받아들이고 있기 때문에 아동 문학이 설화에서 파생된 것임을 부인할 수는 없을 것이다.9) 따라서 오늘날은 동화의 정의를 넓은 의미에서 설화(신화·전설·민담), 우화, 소년소설, 그림동화까지를 포함시키지 않으면 안 될 것이다. 이와 같이 현대에 일어나고 있는 동화 영역의 확장은 동화의 개념 규정을 더욱 어렵게 만들고 있다.

여기서 서구의 동화 개념과 그 발생 역사를 간략하게 살펴보는 것은 우리의 동화 개념을 이해하는데 보탬이 될 수 있을 것이다. 보통 우리가 알고 있는 독일의 메르헨(märchen)이라는 개념으로 대표되는 동화는 원시 민족이 신의 행적을 읊은 서사시의 일종이었다. 십자군에 의해 서구로 옮겨진 이러한 이야기는 민중들 사이에 널리 퍼져 있는 설화로 프랑스의 Conte Populaire, 독일의 Voiksmärchen, 영어의 Folk tale에 대응되는 개념이라고 할 수 있다. 우리나라에서도 동화를 메르헨과 동일시하는 경향이 있다. 이는 독일의 그림 형제가 전국에 흩어져 있는 설화 등을 수집하여 아동들에게 읽히기 위해 널리 보급시키면서 설화의 아동 문학화가 이루어진 데에서 비롯된 결과의 소산이라고 생각된다.

그러나 메르헨의 참뜻은 어린이를 대상으로 하는 이야기라는 데에 국한된 것은 아니다. 즉 메르헨은 일반적으로 민중들 사이에 전해지는 小話(Voiksmärchen)와 우화까지 포함하는 산문으로 된 서사문학10)이다. 그러므로 동화라 불리는 서구의 메르헨의 개념은 동화보

---

8) 동화에서 '예술성'이 무엇인가 하는 문제가 선결되지 않을 경우 '예술적인 창작 동화'라는 규정은 임의적인 것일 수밖에 없기 때문이다.
9) 강소천, 〈동화와 소설〉, 『아동문학』, 제2집, 12쪽.
10) 한국정신문화 연구원, 『한국민족문화대백과사전 7』, 1991, 376쪽 참조.

다는 오히려 설화의 동의어에 가깝다. 따라서 서구의 메르헨 개념은 우리나라의 '좁은 의미에서의 동화 개념'11)과는 약간의 차이가 있다고 하겠다.12) 좁은 의미에서의 동화 개념은 창작 동화를 가리키는 것으로, '아동을 대상으로 한다'라는 기본 속성에 묶여 있기 때문이다.

서구에서도 현대에 들어와서는 아동 문학의 자산으로 메르헨을 받아들이면서도 아동 문학의 범주 속에서 동화와 메르헨을 무조건 동일시하지는 않고 있다. 이것은 점차 아동 문학 개념이 정교화되는 데서 연유하는 결과이다. 다시 말해, 아동 문학 속에 포함되어 있는 다양한 장르와 작품들을 분류하고 구분하는 기준들이 세분화되고 있다는 것이다.

이처럼 서구의 메르헨이라는 개념과 우리나라의 동화 개념은 공유하고 있는 부분도 있으며, 공유하지 못하는 부분도 있다고 할 수 있을 것이다. 그리고 우리나라 동화 개념이 어떠한 것인가의 문제는 우리나라 동화가 걸어온 길을 고찰하는 데에서 해결해야 한다. 이 논문에서 동화의 미학적 원리를 동화의 역사와 결부시켜 해명하려고 하는 것도 이러한 이유에서이다.

한국에서 창작동화는 가장 먼저 '아동을 대상으로 하는 이야기'라는 개념으로부터 출발했다. 소파 방정환의 어린이 운동의 일환으로 시작되었던 동화 운동은 한편으로는 창작, 다른 한편으로는 번역과 번안, 전래동화의 정리라는 방식을 통해 이루어졌다. 그리고 이 활동

---

11) 넓은 의미에서 동화란 전래동화와 현대적 의미로서의 창작동화를 총칭하는 개념으로 쓰이고 좁게는 문학성을 의식하고 쓰여진 창작동화만을 지칭한다.

12) 崔仁鶴, 「동화의 특질과 발달과정 연구」, 성균관대학교 대학원 석사학위 논문, 1967, 9쪽.

들을 하나로 묶어줄 수 있었던 기준은 그것들이 모두 '아동이 읽을 수 있는, 아동이 읽기에 적합한 이야기'라는데 있었다. 다시 말해 아동을 대상으로 한다는 것이 매우 중요한 특질로 이해되었다는 것이다.

이러한 대상의 특수성은 결국 동화의 미학적 특질이 무엇인가, 다른 장르와 구분되는 동화의 특질이 무엇인가 하는 데로 이어지고, 이 것은 한국 동화의 역사를 거치면서 '동심을 나타내는 이야기'라는 것으로 귀결된다. 여기서 '동심'은, 다른 서사 문학들과 동화를 구별지어주는 가장 큰 특징이 된다. '어린이의 마음'이라는 것은 성인 문학에서는 가능하지 않은 것이며, 아동 문학의 고유한 특징이다. 그리고 동화에서 동심을 어떻게 표현하는 것이 좋은가, 올바른 동심상의 구현은 어떤 것인가는 계속적인 탐구와 논쟁의 대상이 되고 있다. 성인 작가가 아동 독자의 시점을 빌려(또는 그것에 일치하여) 작품을 쓴다는 동화의 특성상, 동심은 동화를 구성하는 매우 중요한 요소가 된다.

2. 동화의 특질

동화는 아동을 주요 독자로 삼고 있다는 점에서 다른 서사 장르와 지향점을 달리 하며 그 결과 창작 기법과 양식적 측면에 있어 특수성을 갖는다. 다른 장르와 구분되는 독립된 장르로서 동화는 다음과 같은 특질을 가지며, 이 특질들은 동화의 개념을 형성하고 그 규범을 형성하는 중요한 요소가 된다. 이 동화의 규범들은 각 개별 동화 작품들을 관통하여 지배하고 있으며, 궁극적으로는 동화 장르의 특질을 형성하고 있는 것이다. 동화의 개념을 더욱 깊고 풍부하게 만드는 동화의 다양한 특질들을 정리하면 다음과 같다.

동화는 환상이 지배적 요소로 작용하는 이야기 문학이다. 동화는 인간 상상과 교류하는 환상과 꿈과 동경이 있는 인류의 보고(寶庫)이다. 성인 문학인 소설에서도 환상의 기법이 쓰여지기는 하지만, 그것은 어디까지나 실존하거나 현실적으로 체험되고 상상될 수 있는 내용을 바탕으로 한다. 그러나 동화에서는 현실이나 실제로 경험될 수 있거나 상상될 수 있는 소재도 있지만 전체적으로 보아 비체험, 비현실적 환상의 세계를 더 많이 담고 있다는 점이 다르다.

환상이란 인간에게 상상의 날개와도 같은 것으로, "현실을 보는 눈으로는 보아낼 수 없는 또 다른 인간의 진실과 세계의 진실에 관한 인식에서 비롯하고 있다."[13] 보다 구체적으로 소설과 동화에서 환상

---

13) 김열규, 『어머니 동화는 이렇게 읽어주세요』, 춘추사, 1993, 23~24쪽.

이 차지하는 위상의 차이점을 이야기하자면, 소설에서 환상은 하나의 기법이며 선택적인 것이지만, 동화에서 환상은 창작원리이며 필연적인 것이라고 할 수 있다.

인간은 환상을 통해 상상한 세계에 자신의 염원과 자신이 지향하는 바를 투사한다. 그리고 그것을 현실로 전환시키는 방법을 생각하여 그 가능성을 탐구하게 된다. 환상을 통해 현실 밖에 상정된 세계는 실제 현실을 극복하고 또 다른 세계를 만들어 낼 수 있는 가능성을 인간에게 부여하는 것이다. 그래서 인간은 현실에 뿌리내리고 있으면서도 자신의 고유한 능력인 상상력을 통한 환상 세계를 창조하려는 속성을 가지고 있다.

특히 어린이는 심리적으로 애니머티즘(Animatism)과 애니미즘(Animism) 세계에서 자기를 둘러싼 세계와 끊임없이 이야기를 주고받기를 원하며, 현실 생활에서 이룰 수 없는 현상까지 환상적으로 그려보기도 하고 그것을 현실보다 더 가깝게 느끼기도 한다. 어린이가 속한 현실 세계는 기본적으로 성인에 의한 것이며, 그 속에서 어린이는 때때로 소외되고 그 현실 세계의 법칙을 고스란히 이해할 수 없다. 현실 세계와 겪는 충돌과 갈등을 어린이는 자기들만의 세계 — 자신들이 생각하는 법칙이 통용되고 자신들이 소외받지 않는 — 를 구축함으로써 극복하려고 한다. 따라서 동화에서 다루어지는 환상은 현실과 상관성을 가지며, 현실의 문학적인 미화라고도 할 수 있다.

환상이 현실을 떠난 제2의 세계를 창조하는 것이라고 보았을 때, 현실과 환상은 상치되는 개념이다. 그러나 그것이 상보적으로 미화될 때 각각은 그 생명력을 발하며, 환상의 궁극적인 기능은 현실에서의 도피가 아니라 현실과 어린이간의 충돌과 거기서 발생하는 어린이의 상처를 완화하고 치료하는 것이라고 할 수 있을 것이다.

동화는 주요 독자가 성장기에 놓여 있는 아동이라는 점에서 최대한 이상성을 추구한다. 동화는 아동들의 미래 생활에 정신적인 구심점을 마련하는 역할이 중요하다. 즉 어린이가 장차 어떠한 사람이 될 것인가를 생각하게 하고, 어떻게 살아야 하는가에 대한 가치관을 정립시키는데 기여해야 한다. 그리고 동화가 추구하는 이러한 이상성은 독자의 특수성을 고려하는 작가들의 배려이기도 하다. 아직 미성숙 단계에 있는 아동에게 현실의 모습을 그대로 보여준다는 것은 정서적으로나 가치관의 형성 측면에서도 단순한 일이 아니다.

성인 문학은 이미 성장한 대상이 주요 독자이기 때문에 작품의 주제나 가치 선택을 그들 스스로에게 맡길 수 있지만 아동은 그렇지 않다. 따라서 동화에서 현실 수용은 동심의 눈으로 여과된 것이어야 한다. 위에서 밝혔듯이 성인의 세계인 현실이 가지고 있는 추악한 면이나 어린이들로서는 이해할 수 없는 법칙들은 어린이에게 상처를 주게 된다. 따라서 동화적 세계에서의 현실은 불행한 현실이나 사실 그 자체를 보여주기보다는 시련과 고통을 슬기롭게 극복하는 모습으로 제시되어야 한다. 또한 단순한 고발 자체보다는 예술적 승화와 함께 꿈을 심어주는 차원으로까지 연결되어야 한다. 인격 형성 과정에 있는 아동들에게는 가능한 한 정서적·교육적 측면을 고려해, 추악하거나 거짓된 모습보다는 아름답고 참다운 모습을 형상적으로 제시하는 것이 바람직하다.

동화는 자유롭게 자연과 교감하는 양상을 띤다. 아동의 의식 세계에 있어서 자연의 사물은 인격화되며, 자연과의 조화에서 삶의 가치관을 추구한다. 동화 문학은 자연이나 사물을 인격화하거나 생명을 불어넣어 어린이로 하여금 인간이 속한 자연과 함께 하는 삶의 의미를 깨닫도록 해준다. 이렇게 자연과 인간이 동등한 위치에서 자유롭게 교감하는 양상이 가능한 것은, 동화에 환상이 지배적인 요소로 자리잡고 있기 때문이다.

환상을 통해 구현된 동심의 세계에서는 모든 사물과 대화가 가능해진다. 인간과 자연의 경계가 사라지게 되는 것이다. 이것 역시 동심을 구현하고 그것이 통용 가능한 세계를 만들고자 하는 동화의 지향을 보여주는 것이다.

동화는 간결하고 단순하면서도 그 사상에 있어서 심오함을 가지고 있다. 동화는 아이들이 이해할 수 있도록 간결하고 단순한 구조로 되어 있지만, 문학이라는 관점에서 심오한 예술성을 내포하지 않으면 안 된다. 구조가 단순하고 간결하다는 것과 주제가 심오하다는 것은 상호 대립적이기보다는 오히려 상호 보완적인 관계로 보아야 할 것이다.

동화가 간결성이나 단순성을 요구하는 까닭은 한편으로 그것이 옛이야기에 근원을 두었기 때문이다. 아동의 심리적 측면을 고려할 때 동화의 문장은 지루하거나 장황하기보다는 짧고 간결해야 한다. 쉽고 아름다운 단어들을 활용하여 묘사해야 한다. 하지만 성인 문학에 비해 동화가 간결하고 단순하다는 것은 미학적인 결함이 아니라 그 고유한 특성이며, 그런 간결함 안에서도 인생에 대한 나름의 깊은 사상을 가지고 있는 것이다. 동심을 통해 세상을 본다는 것은 세상을 단순화시키고 一面化시키는 측면도 있지만, 한편으로는 성인의 눈으로 볼 수 없는 측면을 타자의 입장에서 발견할 수 있는 장점을 지니고 있기도 하다.

소재면에서 동화는 자연 지향성이 강하다. 동심의 세계에 있어 자연이나 우주는 무엇보다 신기한 관심의 대상이며, 자연과 우주와의 만남을 통하여 아동들은 생명적 존재로서 그들의 존재 의미를 알게

될 것이며, 미래를 향한 꿈을 키워나가게 될 것이다. 동화가 전래동
화의 유산을 계승하고 그것에 상당부분 의존하고 있는 것도 동화의
鄉土性을 강화하는 요인이 된다. 곧 산업화 시대의 빠른 속도를 거부
하고 자연의 흐름에 맞추고자 하는 지향성을 동화는 지니고 있는 것
이다.

동화는 또한 주제면에서 사랑과 모험, 권선징악을 보편적으로 수
용함으로써, 아동들에게 眞·善美의 가치를 내재화하도록 하고 있다.
이는 동화의 독자가 어린이며 작가가 성인이라는 차이에서 발생하
는 결과라고 할 수 있을 것이다.

창작 기법면에서 동화는 의인법과 우화적 수법을 많이 활용한다.
의인화는 아동들에게 사물에 대하여 애정과 친근감을 갖도록 함으로
써 작품의 의미를 쉽게 이해하도록 해주는 효과를 지니고 있다. 우화
형식 역시 아동들에게 흥미를 제공하는 가운데 즐거운 감동 속에서
작품의 주제를 잘 전달해 주는 효과적인 방법이 된다. 또 이러한 특
징은 동화가 환상을 주로 도입하는 데서 빚어지는 결과라고 할 수 있
을 것이다.

동화는 이중적 독자를 수용한다. 동화는 일차적으로는 어린이에게
주로 읽히고 그렇게 기대되는 것이 상례이나 어른들에게도 읽혀질 수
있으며 큰 감동을 주기도 한다. 동화에 표현되고 있는 시공을 초월한
무한한 우주 공간과 자연 현상은 어린이뿐만 아니라 모든 인간의 심
연에 내재해 있는 원초적인 세계이다.

우리가 이해하고 있는 '어린이적'인 것은 단순히 어린이들에 의해
의식되는데 그치는 것이 아니라 인간이면 누구나 마음 속 어딘가에
살아남은 어린이적 요소를 뜻한다14) 이것은 어린이를 위한 문학이

---

14) 칼빈 S. 홀, 『프로이트 심리학 입문』(백상창 역), 문예출판사, 1993, 11쪽.

어제의 어린이였던 오늘의 어른에게 남아 있는 원초적 사랑을 發揚하는15) 이중적 독자 수용 구조를 갖게 한다. 기본적으로 동화는 어린이를 주된 독자로 상정하고 있지만, 어른도 독자로 받아들임으로써 스스로 영역을 확장하고, 가치를 높인다. 이처럼 동화는 이중적인 독자를 수용함으로써 동화에 고유한 '아동의 시점'을 통해 동화를 읽는 성인으로 하여금 성인의 세계와 다른 또 다른 동심의 세계에 편입될 수 있게 한다.

위에서 살펴본 바와 같이 동화의 다양한 특성은 궁극적으로는 동화의 개념을 규정하는 전제 조건인 독자의 특수성과 무관한 것이 아니라, 오히려 그것에 의해 파생된 결과라고 보아야 할 것이다.

---

15) 이재철, 〈원초적 사랑의 문학〉, 『한국문학』, 1978 6월.

3. 동화의 창작원리로서의 환상

동화에 공통적으로 나타나는 다양한 특질들 중에서 유독 환상을
논의의 주대상으로 삼는 것은 환상이 단순히 동화에 나타나는 다양한
특질들 중 하나가 아니라, 동화를 창작하는 주된 구성 원리라고 생각
할 수 있기 때문이다. 즉, 동화에 있어서 환상은 하나의 기술 혹은
기법의 차원에서 이해되는 것에 머무르지 않고 동화의 본질적 특성,
나아가 창작원리로서 이해되어야 한다.

환상은 팬터지(fantasy)의 역어이다. 원래 팬터지란 그리스어에서
나온 말이다. 글자 그대로 번역하면 '눈에 보이도록 하는 것'이 된다.
눈에 보이지 않는 것, 현실 밖의 현실을 보이도록 하는 것, 즉 현실
화시키는 것이 환상인 것이다. 옥스퍼드 사전에 의하면 팬터지는 '지
각의 대상을 심적으로 이해하는 일' 또는 '상상력으로서 현실로 나타
나지 않는 것을 모양을 바꿔놓은 활동이나 힘, 또는 그 결과'라고 정
의되어16) 있으며, 일반사전에도 팬터지를 '종작없는 상상, 꿈같은
공상, 환상, 환각'으로 풀이하고 있다.

윈체스터는 창조적 상상은 경험에 의하여 주어지는 요소들 중에서
자발적으로 선택하여 그들을 결합해서 새로운 전일체를 만들어 내는
데 이 결합이 자의적이고 비합리적이라면 그 기능을 팬터지라고 하였
다.17)루이스는 "환상이란 도저히 있을 수 없는 일이라든가 초자연적

---

16) 릴리언 H. 스미드, 「팬터지」, 『아동문학론』(김요섭 역), 1966, 204쪽

인 일들을 취급한 모든 이야기(narrative)[18], C. G 융은 실제의
생활에서 주관과 객관, 감정과 사상, 관념과 사물 등의 대립은 항상
어떤 생동력에 의해서 통일을 이루는데, 통일을 이루는 생동력을 환
상이라 했으며[19] 릴리언 스미드는 "팬터지는 독창적인 상상력에서
생기는 것으로, 그 상상력이란 우리들이 오관으로 알 수 있는 외계의
사물에서 끌어내리는, 개념을 초월한 보다 깊은 개념을 형성하는 마
음의 활동"[20]이라고 했다.

한편 김요섭은 "환상이 속박당하고 있는 현실 속의 인간이나 어린
이들을 그 굴레로부터 해방시켜 무한한 기쁨과 꿈의 세계, 자유의 공
간으로 인도하는 힘을 지니고 있다"[21]고 말하여 환상의 의의를 높이
평가했다.

이상에서 살펴본 내용을 종합해 보면 환상은 "상상력을 모태로 한
초자연적 세계, 시공을 초월한 비합리적인 세계이며, 일반적인 사물
과 현실을 새로운 형태와 질서로 바꾸어 놓는 창조적 생명력을 가지
는 것"이라고 정의할 수 있다. 환상이 이처럼 상상력을 통해 새로운
세계를 창조하는 능력을 가진 것으로 볼 때, 환상의 기능은 인간으로
하여금 상상력의 힘을 동원하여 이성의 세계와 다른 또 다른 세계를
창조하고 누릴 수 있도록 만드는 것이라고 할 수 있을 것이다.

문학에서의 환상은 작가의 독창적인 상상력에 의해 생긴, 비현실
세계에 현실성을 부여하는 수법, 다시 말하자면 비현실을 현실처럼
재생시키는 힘을 가리킨다. 그러므로 문학에서의 환상은 정신분석학

---

17) 崔載瑞, 『文學原論』, 춘호사, 1957, 344쪽.
18) Lewis. C. S, 『an experiment in Criticism』, 1976.
19) 이상섭, 『문학연구의 방법』, 탐구당, 1972.
20) Lillian H, The Unreluctant Years, American Library, 1953, 151
    쪽.
21) 김요섭, 『현대 동화의 환상적 탐험』, 한국문연, 1985, 21쪽.

의 입장에서 논의되는 정신증세인 일루션(illusion)과는 구별된다. 문예학적인 입장에서 일컬어지는 것은 수용층에게로 전달되어야 할 것을 전제하므로 단편적인 장면이나 줄거리 없이 제시되는 일루션과는 확연히 구별된다. 이처럼 환상적인 것은 '전달되어질 것을 전제로 한다'는 특성이 있다.

하지만 예술 일반, 혹은 문학 일반에서 팬터지가 갖는 기능이나 위상은 동화에서의 그것과 동일하게 생각할 수는 없을 것이다. 동화의 대부분은 현실적 삶의 사실적 묘사와 더불어 꿈의 세계, 또는 환상의 세계를 도입함으로써 신비감이나 시적 정서를 고조시키는 수법을 쓰는데, 이것이 바로 동화가 추구하는 팬터지이다. 따라서 동화에서 팬터지를 형상화하는 기술은 동화의 예술성을 결정짓는 중요한 요소가 된다.

환상이 동화에 있어 주된 창작원리가 되는 첫번째 이유는 어린이의 본능적인 속성에 기원한다. 어린이가 동화의 환상에 대하여 거부감을 느끼지 않고 진심으로 받아들일 수 있는 것은 미와 상상의 세계를 구하는 어린이 특유의 본능 때문이다. 아동의 원시성은 환상을 부담없이 즐기고 수용하는 원동력이 되고 있다. 어린이는 환상을 즐길 수 있는 본질적 특성을 지니고 있으므로 동화 작가는 자신의 의도를 효과적으로 전달하기 위한 수단으로 환상을 많이 사용하게 된다.

동화적 상상력의 모태가 되고 있는 원시적 사고는 인간의 소망과 기대의 응축물이었다. 원시시대는 인간이 자연과 필연적으로 싸우면서 자연을 극복해야 하는 시대였다. 그 당시 인간은 산과 들에서 짐승을 쫓아 수렵생활을 하였다. 그러다 보니 자연히 짐승을 사냥해야 하는 인간들은 하늘을 나는 새보다도 빨리 날 수 있는 것을 소망하고 꿈꾸었다. 이러한 꿈은 서구 민담에서는 '하늘을 나는 구두'로 중앙아시아에서는 '비행 융단'으로, 우리나라에서는 '선녀와 나무꾼'에 나오는 '천마'로 나타났다. 또한 원시의 인간은 자연 속에서 추위와 배고픔을 참으며 살아 왔기 때문에 잘 먹고 추위를 막아줄 수 있는 따뜻한 옷은 인간의 또 하나의 소망이었다. 이러한 소망은 '마법의 테이블보', '마법의 망치'로 나타났고, 흥부와 놀부에 나오는 '보물이 가득한 박'으로 나타났으며, 질병과 죽음에 대한 공포를 이길 수 있는 소망과 염원은 '생명의 뿌리'와 같은 민담에 담겨져 있다.

즉 원시 사회에서 인간은 그들 앞에 놓여 있는 일체의 한계 상황을 넘어서려는 소망을 동화의 세계에서 자유롭게 구현시킨 것이다. 그들의 입을 통해 전해지던 옛이야기는 그들의 희망이요, 구원임과 동시에 이상이기도 했다. 그러므로 옛이야기나, 전래동화에 나오는 황당하고 불가사의한 대부분의 사건도 원시인은 신앙처럼 믿고 눈에 보이는 것처럼 신뢰하였다.

전래동화는 현대 창작동화처럼 작가가 만든 이야기가 아니기 때문에 현실과 환상이 분리되지 않았다. 즉 전래동화에서의 주인공은 처음부터 환상 세계에서 살고 있으므로 어떠한 제약이나 영향도 받지 않고 종횡무진 자유롭게 행동하며 기적을 행할 수 있다. 현실과 환상 세계와의 교량이 따로 필요 없는 민담에서의 주인공은 어떠한 일에 부딪쳐도 그것을 이상하다고 생각하지 않았다. 전래동화의 주인공에게는 환상은 없고 현실만이 존재하기 때문이다. 다만 그런 이야기를 듣는 사람들이 현실세계에 있기 때문에 그들의 행동과 사건이 이상하고 신비한 일로 여겨질 뿐이다. 이러한 의미에서 볼 때 창작동화 이전의 동화에 나타난 환상은 우리 민족의 전통적 사고 방식이었던 애니미즘에 의한 초자연적 요소의 도입과, 상징으로서의 환상과, 인간 소망의 발원이라는 꿈 형식의 환상이 복합적으로 나타나 있다고 할 수 있다. 현대 산업 사회에 살고 있는 성인과 달리 어린이는 이 세계를 아무 의심 없이 받아들이고 동화될 수 있는 속성을 지니고 있다. 이것이 동화가 원시적 상상력에 크게 기대고 있는 이유이다.

한편 전래동화에서의 환상이 현대의 창작 동화들에 그대로 이어진다고 볼 수는 없다. 작가와 독자가 같이 살아가고 있는 세계가 이미 전래동화가 창작되던 시기와는 판이하게 달라졌기 때문이다. 따라서 현대 창작 동화에서는 전래동화에 비해 작품 속에서의 공간이 이원적으로 나타난다. 즉 현실 세계의 주인공이 어떤 사건 안에서 환상 세계의 인물로 활동하는 것이다.

예를 들어 환상 세계의 스토리가 '꿈'에서 진행될 경우, 그곳에서 행동하는 주인공에게 '꿈'은 현실과 환상 사이의 조건이 된다. 이것은 작가가 현실과 환상 세계의 한계를 뚜렷이 하려는 의도에서 비롯된 것이라 할 수 있다. 다시 말하자면 창작동화에서의 환상은 논리에서 벗어난 것이어서는 안 된다는 것이다. 그러므로 창작동화에서는 현실과 환상 사이의 교량적 역할을 할 수 있는 매개물이 필요하고 작법에 있어서 고도의 기술을 필요로 한다. 즉 공상적이요, 초자연적인 이야기라 할지라도 그 세부 전개에 있어 합리적이고도 필연적인 것이 요구된다는 것이다. 창작동화에서는 의인화된 동물이나 무생물이라 할지라도 그것들이 불합리한 행동을 할 수는 없기[22]때문에 창작동화에서의 환상은 현실화할 수 있는 이상을 그 안에 담고 있어야 한다.

하지만 이처럼 역사적 추이에 따라 동화에 나타나는 환상의 모습이 조금씩 바뀌었다고 할지라도, 동화에 있어 환상이 주된 창작원리라는 것은 변할 수 없다. 다만 전래동화에서의 환상이 민중의 소망과 기대, 염원을 대리 충족시키고자 하는 데서 생겨난 것이었고 자연과

---

22) 이원수, 〈동화론〉, 『교육자료』, 106호, 교육자료사, 1965, 216쪽.

초자연의 경계가 뚜렷하지 않았던 근대 이전의 인간들의 사고 방식을 반영한 것이지만, 현대 창작동화에서의 환상은 그 발생 목적과 역사적 맥락이 이와는 상당히 다르다는 것이다.

현대 창작동화에서의 환상이 동화의 본질적인 창작원리로 기능하는 이유는 그것이 동화에 고유한 시점을 표현하는 방식이기 때문이다. 즉 환상은 성인 작가가 자신의 눈으로 세상을 그려내는 것이 아니라 어린이 독자의 시점을 빌려(혹은 그것에 동화되어) 세상을 그려내는, 아동 문학에 고유하고 독특한 시점을 표현할 수 있는 중요한 방법이기 때문이다. 성인과 어린이의 구별이 명료한 사회에서는 성인 작가가 어린이 독자와 같은 세계에 속할 수 있는 방법은 현실을 초월하는 것밖에 없다. 그리고 성인 작가는 어린이의 동심을 구체화시키고 그것을 發揚하려 한다. 성인 작가가 동심의 세계를 바라보는 관점은 다분히 낭만적인 것이다. 완전함과 순수함의 상징 대상으로서 아동을 바라볼 때, 그 세계의 구체화 방식은 환상에 의해서 실현될 수밖에 없다. 성인의 세계가 가지고 있는 모든 경계와 한계들을 넘을 수 있고, 동심의 세계를 그려낼 수 있는 것이 환상이기 때문이다.

동화의 대부분은 현실적 삶의 사실적 묘사와 더불어 꿈의 세계, 또는 환상의 세계를 도입함으로써 신비감이나 시적 정서를 고조시키는 수법을 쓰는데, 이것이 바로 동화가 추구하는 환상, 곧 팬터지 기법이다. 동화에서 팬터지를 형상화하는 기술은 동화의 예술성을 결정짓는 중요한 요소에 해당한다.

"팬터지 형식은 작가가 말하고 싶어하는 것을 전달하는데 쓰이는 문학적 장치"23)이다. 작가는 비현실적인 환상 세계를 트릭에 의해 눈에 보이도록 구현하기 위한 방법으로 사실적인 묘사와 신화적인 구

---

23) 마리아 니콜라예바, 『용의 아이들』(김서정 역), 문학과 지성사, 1996, 112쪽.

성, 담론 요소, 원형적 심상으로서의 어린이 심리, 꿈과 상징, 은유, 알레고리, 언어적 주술, 이미지 요소 등을 교묘하게 활용한다. 이 다양한 기법들을 통해 작품을 구성하는 원리로서의 환상이 구현되며, 이렇게 나타난 환상은 동화의 중요한 특성으로 작용한다.

이는 아동 문학을 아동 문학의 시점에서 정당하게 파악하고자 하는 '차일디스트 비평(childist criticism)'24)을 정립하는데 일조하고자 하는 의도를 포함하고 있다. 물론 차일디스트 비평이 아동 문학의 정체성과 특수성만을 지나치게 의식한 나머지 다른 문학 영역과의 소통과 연계를 불가능하게 한다면 그것은 아동 문학의 고립화를 초래할 것이다. 성인 문학의 분석 도구들이 아동 문학을 분석하는데 이용될 때에는, 그것이 동일한 차원에서 이루어진다면, 아동 문학의 특수성을 무시하고 은폐하는 요소가 될 수도 있다. 환상 역시 성인 문학을 분석하는 개념으로 이해될 때와 아동 문학을 분석하는 개념으로 이해될 때에 차이를 지닐 수밖에 없다. 그간 동화적인 기법으로만 생각했던 환상과 동화의 관계를 보다 근본적인 차원에서 밝힘으로써 동화의 개념에서 환상이 차지하는 위치를 정확히 해야 한다.

지금까지 환상이 동화의 고유한 시점과 연관되어 동화의 주된 창작원리로 기능하고 있는 것을 간략히 살펴보았다. 그렇다면 환상의 어떠한 특성이 그러한 결합을 가능하게 하는가를 좀 더 구체적으로

---

24) 아동 문학에는 그에 적합한 고유한 비평 방식이 있어야 한다고 주장하면서 그 방법을 지칭하는 개념으로 Children's Criticism을 제시한 바 있다. 그는 여성 문학의 특수성을 올바르게 파악하기 위해서는 기존의 남성적인 비평으로는 불가능하기 때문에 페미니스트 비평이라는 새로운 비평 방법의 마련만이 대안이 될 수 있는 것처럼, 성인 문학과 전혀 다른 코드와 철학적인 기반을 가지고 있는 아동 문학에는 그것을 파악할 수 있는 차일디스트 비평이 필요하다고 강조하였다.

Peter Hunt, 『Children's Literature -- The Development of Criticism』, Routledge, 1990. 참조.

살펴볼 필요가 있을 것이다.

츠베탕 토도로프에 따르면, 환상 문학은 플롯상의 사건이 자연에
서 유래한다는 해석과 초자연에서 유래한다는 해석 사이에 독자를 잡
아두는 유형의 이야기25)라는 것이다. 예를 들면 헨리 제임스의 『나
사의 회전』에 나오는 유령은 작중 인물의 정신병적 투사라고 볼 수
있고 진짜 유령이라고도 볼 수 있다. 다시 말하자면 어느 쪽의 견해
도 절대적 확실성을 가지고 지지할 수 없기 때문에 독자는 양쪽을 다
받아들일 수밖에 없다는 것이다.

여기서 환상 문학이 실제 현실과 제2의 현실26) 또는 탈현실인 초
자연 사이를 매개하는 기능을 갖는다는 것은 특히 동화의 속성을 파

25) 여기서 토도로프는 환상 문학의 성립 조건으로 세 가지를 들고 있다. 1) 텍
스트가 독자로 하여금 작중 인물들의 세계를 살아 있는 사람들의 세계로
간주하고, 묘사된 사람들에 대해 자연적 또는 초자연적으로 이해할 것인지
주저하도록 만들어야 한다. 2) 이러한 주저함은 또한 작중 인물에 의해 경
험될 수도 있다. 3) 독자는 텍스트와 관련하여 어떤 특정한 태도를 취해야
한다. 말하자면 그는 '시적'인 것뿐만 아니라 '우의적'인 해석 태도를 거부해
야 한다. 또 토도로프는 독자의 주저함의 길이라는 기준에 입각해 미스터
리 - 환상적 미스터리 - 환상 - 환상적 경이 - 경이 라는 다섯 가지 장르를
구별해 낸다. 환상 문학에 대한 토도로프의 이러한 구조주의적이고 장르적
인 접근은 바레네체아, 브룩-로스 등에 의해 수정되고, 톨킨이나 흄에 의
해 부정되기도 하지만, 환상 문학을 구성하는 중요한 조건이 무엇인가에
대해 매우 선구적인 체계를 세웠다는 데에서 의의를 찾을 수 있다. 이 논
문에서는 토도로프의 이론에서 '주저함'이 환상 문학을 구성하는 가장 중요
한 모티프라는 것에 주목하되, 그것이 성인 문학에서와는 달리 동화에서는
적게 드러난다고 보았으며 이것이 바로 성인 문학과 동화를 구분하는 중요
한 변별성이라고 보았다. 즉 성인의 세계에서는 주저함을 통해서만 인정될
수 있는 낯선 세계가 동화에서는 아무런 주저함 없이 인정될 수도 있다.
　Tzvetan Todorov, 『The Fantastic』, Cornell University Ithaca,
New York, 1968. 157~158쪽 참조.
26) 1차 세계와 2차 세계를 나누어 환상의 구조를 설명하는 것은 톨킨의 방법
이다. 여기서 1차 세계는 경험적 세계이며, 2차 세계는 창조된 세계를 가
리킨다.

악하는데 있어 매우 중요한 지적이다. 왜냐하면 환상에 의해 현실과 매개된 초현실을 받아들이는 방식은 성인 문학의 독자들과 아동 문학의 독자들 사이에는 차이가 있기 때문이다. 즉 성인 문학의 독자들이 환상을 통해 자연과 초자연 모두를 긍정하고 받아들이게 된다면, 아동 문학의 독자인 어린이들은 제2의 현실로 만들어진 동심의 세계를 자신들의 세계로 고유화하여 수용한다는 것이다. 어린이들에게 초현실은 현실과 대립된 것이라든가 현실과 융화해야만 하는 어떤 것, 현실 밖에 있는 것이 아니라 그 자체로 그들만의 현실이 된다. 초현실의 법칙이 아동들에게는 아무런 의심 없이 받아들여질 수 있기 때문에 동화에서 환상은 일반 소설 문학에서의 환상과는 달리 하나의 선택적인 기법이 아니라 창작원리로 기능한다.

〈나〉의 세계의 강고함을 무너뜨리고 〈너〉의 세계를 받아들이도록 하는 것이 환상이 갖는 또 하나의 기능이라고 할 때, 동화에서 환상이 갖는 기능의 중요성은 더 강조될 수도 있다. 성인의 세계에서도 〈나〉의 세계와 〈너〉의 세계간의 간극을 없애는데 주저함과 두려움이 있기 때문에 환상은 하나의 기법이 될 수밖에 없다. 그러나 아동의 세계에서 〈나〉와 〈너〉의 구분은 성인의 세계에 비해 훨씬 약하며 무의미하다. 따라서 환상은 외부로부터 도입되는 하나의 기법이 아니라 그 자체로서 문학의 본질이 될 수 있는 것이다.

이러한 사실을 종합해 볼 때 동화란 넓은 의미에서 '어린이를 상대로 하면서, 동심을 기조로 하는 서사 문학'이며, '환상을 그 미적 구성의 원리, 창작원리로 삼는 문학'이라고 정의할 수 있다. 그렇다면 한국 동화 문학에서는 환상이 어떻게 나타났는가도 아울러 살펴보아야 할 것이다. 특히 작품의 분석에 있어 동화에 있어서의 환상이 크로노토프(chronotope)[27)와 주제에 이르기까지 작품 전체를 통괄하는 창작원리로 어떻게 작용하는지를 규명해 볼 필요가 있을 것이다.

---

27) 우리말로 '시공간'이라고 주로 번역되는 이 말은 미하일 바흐쩐의 용어로,
    그리스어인 크로노스(시간)과 토포스(공간)이 결합된 말이다. 바흐쩐은 시
    공간의 특수한 양식이야말로 특정 장르의 성격을 분명하게 보여준다고 주
    장하였다.

제3장   전래동화의 형성과 환상성

1. 전래동화의 형성배경과 과정

창작동화가 형성되기 이전의 동화로 볼 수 있는 전래동화의 형성
배경과 과정은 중요한 의미를 지닌다고 할 수 있다. 여기서 사용하는
'전래동화'란 용어는 구비설화가 문자로 기록되면서 형성된 문헌설화
가운데 아동을 대상으로 했을 것으로 추정되는1) 이야기를 말한다.
전래동화에는 한문으로 기록된 것과 한글로 기록된 것이 있는데, 한
문으로 기록된 것은 전통사회의 지배집단에 의해 형성된 것이고, 한
글로 기록된 것은 대부분 개화기 이후 동화 작가들에 의해 형성된 것
이다. 엄격한 의미에서 전래동화는 개화기 이후 동화 작가나 민족운
동가에 의해 한글로 기록된 것으로 한정할 수 있다. 그러나 표기수단
을 고려하지 않는다면 한문으로 기록된 이야기 가운데 일부는 전래동
화에 포함시킬 수 있다.

전래동화의 전 단계인 구비설화는 민중에 의해 형성되어 향유되다
가 사라진 민중의 이야기이다. 구비문학은 유동의 문학이기 때문에
대부분의 이야기는 사라지고 지배집단으로 스며든 일부 이야기만이
한문으로 기록되어 있다. 그러나 지배집단과 피지배집단이 분화되기
이전부터 설화가 존재했다는 것을 고려하면 지배집단의 기록수단인

---

1) 여기서 '가능성'이란 용어를 사용한 것은 기록되기 전 구전 상태의 설화가 현
   재에는 존재하지 않는 까닭에 구비전승의 현장에서 아동을 대상으로 했는지
   여부를 명확하게 알 수 없기 때문이다.

한문으로 표기되어 있다고 해서 그것이 설화가 아니라고 할 수는 없다. 이러한 점에서 볼 때 전래동화의 연원은 한글이 창제되기 전 한문으로 기록된 문헌설화에서 찾아야 할 것이다. 그러나 전통사회의 지배집단이 왜 구비설화를 한문으로 기록했는가 하는 점에서 생각하면 한문으로 기록된 문헌설화를 동화의 영역에 포함시키는 데에는 상당한 한계가 있다.

다른 민족의 경우와 같이 우리나라에도 창작동화 이전에 전래동화가 있었고, 전래동화 이전에는 구비설화가 있었다. 구전되는 모든 설화를 동화라고 할 수는 없지만, 설화 가운데 어린이를 대상으로 한 이야기는 동화라고 할 수 있다. 그러나 설화는 구비문학이기 때문에 대부분 전승과정이 소멸되어 옛날에 존재했던 그대로의 내용과 형식은 현재 알 수 없다. 그러나 일부 문헌에 기록되어 있는 이야기를 통하여 그 흔적은 살필 수 있다.

고대사회의 설화는 '아동을 대상으로 하는 문학'이라는 양식적 분화가 이루어지지 않은 채 존재해 왔다.2) 고대인들은 설화 가운데 아동에게 적합하지 않은 잔인한 이야기, 근친상간 같은 금기나 노골적인 성 이야기 등을 배제한 흥미와 교훈 위주의 이야기만을 아동에게 들려주었다. 옛날부터 아동에게 들려주면서 전승되었던 이야기를 구전동화라 하고 이것이 기록된 것을 전래동화라 한다.3) 일부 논자는

---

2) 우리나라 설화에 설정되어 있는 등장인물들의 성향을 보면 소년 소녀가 주인공으로 등장하는 경우가 매우 적다. 이러한 현상은 설화의 향유자가 어른들이었다는 것을 의미한다. 이는 우리의 고대사회에 아동을 중시하는 아동 중심의 아동관이 없었다는 것을 나타낸다.
   呂榮澤, 「한국 전래동화 연구」, 민족문화사, 1983, 771쪽 참조.
3) 앞서 언급한 바와 같이 당시의 구비설화는 거의가 소멸되었기 때문에 전래동화는 문헌으로 기록되어 현재까지 일부 남아 있는 설화 가운데 아동을 대상으로 했을 가능성이 있는 설화로 국한한다.

이를 '아동을 위한 민담'4)으로 보는 경우도 있으나 아동을 대상으로 했던 이야기 가운데에는 신화와 전설도 포함될 수 있기 때문에 민담으로 국한시키는 것은 문제가 있다.5)

설화를 동화의 영역에 끌어들이는 작업이 본격적으로 이루어진 것은 1920년대 이후부터라고 할 수 있다. 이 시기에 와서 설화 가운데 아동을 대상으로 했던 이야기를 '전래동화'라는 이름으로 동화의 영역에 포함시켰다.6) 우리나라에서 이러한 작업이 존재할 수 있었던 가장 큰 배경은 아동에 대한 인식이 변했기 때문이다. 당시 아동관의 변화와 함께 그들에게 들려주고 읽혀줄 이야기, 즉 동화의 필요성이 제기된 것은 고대사회에서 어른들이 아동들에게 신화를 들려준 것과 같은 현상이었다.7) 전래동화는 개인의 의도적인 창작이 아니라 공동체의 삶 속에서 자연스럽게 형성된 것으로, 신화·전설·민담 등의 설화 중 '아동에게 들려주기에 적합한 흥미로운 내용을 차용'한 것이다.

고대 원시인에게 있어서 가장 두려웠던 대상은 자연이었다. 자연

---

4) 김인애, 「韓獨전래동화 연구」, 중앙대학교 박사학위 논문, 1995, 14쪽.
5) 고대사회의 신화는 종족과 집단의 기원을 설명해주는 기능을 지니기 때문에 어른들에 의해 아동들에게 집중적으로 들려주었다. 이러한 현상은 전설의 경우에도 나타난다.
6) 1921년에는 민담을 아동용으로 재구성하거나 외국의 우화·동화 등을 번역한 동화집이 출판되었고, 1924년 발간된 『조선동화집』은 내용의 전부가 민담으로, 아동을 위해 표현을 바꾸어 놓은 것이었다.(崔仁鶴, 『한국민담의 유형 연구』, 1994, 92쪽.)
7) 조선왕조의 멸망이 민중의 염원이었던 새로운 사회로의 이행이 아니라 일제 식민치하로 연결되었다. 이러한 상황에서 민족운동가들에 의해 제기된 문제는 민족의 근원과 뿌리를 아동들에게 심어주어 민족의 전통성과 독립에 대한 염원을 심어주는 일이었다. 우리의 아동 문학이 형성되는 배경에 존재했던 이러한 시대적인 상황은 고대사회에서 신화가 전승되는 원리와 일치한다.

과 인간의 이원론적 세계에서 대상의 `宥和`의 의도가 빚어낸 것이 바로 신화이다. 그러기에 신화에는 인간 사고의 원형이 담겨 있다. 일찍이 막스 뮐러는 신화가 상징의 과정이나 言語구조의 결과라고 지적한 바 있으나8), 신화는 꿈과의 유사성이나 또는 그 기원을 꿈과 같은 원시적 사고 방식에서 찾는 그런 차원에서 해석할 수도 있다. 왜냐하면 신화는 신이나 신령에 관한 이야기이지만, 민족의 정신이 역사와 함께 살고 있는, 현실을 꿈으로 옮기고, 꿈을 현실화하는 인간의 영원한 마음이라고 할 수 있기 때문이다.

우리 민족의 상상과 꿈의 연원인 신화에 등장하는 신은 이성적으로 파악키 어려운 인간 개체의 감정 세계 속에 자리 잡고 있으며, 중세의 초월적 사상과 유사한 점이 있다. 신화에서의 이러한 초월적 사고는 동화 속에서도 감지되고 있는데, 이와 같은 사실은 동화와 신화가 서로 밀접하게 관련 맺고 있다는 사실을 암시한다. 신화 속에서 상징화한 것을 예감하듯, 동화 속에서도 잃어버린 낙원 회귀를 염원하는 꿈이 상징화되어 나타나 있다. 동화에서 중요한 토대가 되는 것은 무한한 동경이다. 동경은 동화를 낳는 환상 세계의 출발점이며, 동화 속에서 상상력을 문학화하도록 자극하기도 한다.

동화는 현실과 환상 사이의 괴리감을 나타내기도 하지만, 동시에 인간 의식 속에 자리잡고 있는 무의식적 꿈을 반영한다. 꿈(환상)이 있는 이야기로서의 동화는 그 내용에 있어서 공상적·서정적·교양적인 것이 주축을 이루고 있다. 고대사회의 어른들이 만든 설화는 원시적·동심적 사유방식에서 나온 것이기 때문에 아동들에게 더 흥미 있는 이야기가 될 수 있었다.

원시 토템사회가 가지고 있는 사고의 구조는 동물민담, 마법민담

---

8) F. C. Prescott, 『The Poetic Mind』, Cornell Univ, 1959, 66쪽.

을 낳은 원형이 된다. 동물민담, 마법민담에서는 인간이 동물과 대화
도 하고, 동물이 인간도 되며, 동물과 인간이 결혼도 하는 것을 볼
수 있다. 한 예로 우리나라의 단군신화는 국가적인 범위에서 신성성
이 인정되는, 국가 창건의 군주에 관한 이야기인 동시에, 한편으로는
원시적 종교의 한 형태인 동물 숭배에서 나온 이야기이다. 그 안에는
천상계와 지상계의 왕래, 곰의 변신과 혼인 등 흥미로운 내용을 담고
있어 아동에게 들려주기 적합하다.

하느님의 아들 환웅은 천상에서 지상(태백산 꼭대기에 있는 나무)
으로 내려와 곰에서 변신한 웅녀와 결혼하여 단군을 낳고 그로 하여
금 고조선을 세우게 하였다. 단군은 천오백 년이나 나라를 다스린 후
에 산으로 들어가 신이 되었다. 환웅이 하늘나라 사람 3천 명과 함께
하늘에서 내려왔다는 것과 바람, 구름, 비, 곡식, 질병을 다스렸다는
것은 일원론적 사고에 의한 환상이라 할 수 있다. 자연을 인간의 생
명처럼 살아있는 생명체로 인식하는 일원론적 세계관은 시공간을 초
월한다. 분트의 민족심리학에 의하면 동화는 그 내용이 되는 사상이
시간과 장소를 구애받지 않으며 마법이나 불가사의한 인간관계에 지
배된다고 했는데, 바로 이러한 초자연적인 존재나 현상9)의 작용이
동화에서는 환상적인 요소로 기능한다.

단군신화에서 단군은 하늘을 지배하는 신, 환인천제(桓因天帝)의
아들 환웅과 곰의 변신체인 웅녀와의 사이에서 출생한 초자연적인 존
재이다. 보통 초자연적인 존재나 현상은 텍스트 안에서 불균형상태를
해결하기 위한 수단이 된다. 이때 작용하는 것이 보통 '금기의 파기'

---

9) for many authors, the supernatural was merely a pretext to
   describe things they would never have dared mention in realistic
   terms.
   Tzvetan Todorov, 앞의 책, 158쪽 참조

나 '규칙의 위반'이다. 곰이 사람으로 바꾸어지는 변신 모티브는 보편적인 신화의 주제이다. 사람과 동물을 동일시하고 어느 하나가 다른 하나로 바뀌어진다는 발상은 원시적 사고 방식의 특징이다. 김열규는 ①곰이 사람으로 화하여 여성이 되었다는 의미, ②아기 갖기를 檀樹에 빌었다는 의미, ③환웅이 강림한 곳이 나무였다는 의미, ④ 단군이 은퇴한 산의 의미 등 이러한 문제가 신화소로 작용하고 있다고 분석한 바 있다.10) 이러한 관점에서 볼 때 '山 신앙'이나 '木 신앙'의 애니미즘(animism)은 동화의 신화적 환상과 맥을 같이한다. 이처럼 단군신화에는 인간과 사물을 동일시하는 物活論的 사고가 지배하고 있다.

토테미즘이 낳은 이러한 신화는 당시의 인간들에게는 환상적인 의미를 가지기보다는 현실 그 자체였다. 그러나 사회가 점차 발전해감에 따라 이러한 토테미즘의 사고는 퇴화되어 가기 시작했다. 인간의 인지 발달로 인하여 자연에 대한 신비감이 사라지면서 동물이 이야기하거나 동물이 인간과 결혼하는 것을 더 이상 현실로 믿지 않게 되었다. 이로서 동물민담은 현실에 있을 수 있는 이야기가 아니라 의인화되거나 현실을 풍자하는 우화의 형태로 발전해 가기 시작하였다.

우리나라는 오랜 역사를 가졌음에도 불구하고 고대의 문헌들이 소실되거나 없어져 자료를 구전에 의하거나 또는 외국의 문헌에 의존하는 경우가 많다. 우리나라에서 문헌 자료로 가장 오래된 것은 고려 중기에 편집된 김부식의 『삼국사기』와 일연의 『삼국유사』를 들 수 있다. 『삼국유사』는 野史로 민간에 전승하는 것들을 수집하여 엮은 것이기 때문에 정사(正史)인 『삼국사기』와 달리 설화성이 강하여 동화로 볼 수 있는 이야기를 찾아볼 수 있다.

---

10) 金烈圭, 『韓國의 神話』, 일조각, 1976, 137쪽.

주몽신화는 주몽 개인의 위대한 일대기를 압축, 투영시킨 이야기로, 자연계의 초자연적 환상 공간에서 상상의 날개를 펼치게 한다. 하느님의 아들 해모수가 내려와 유화부인과 만나 고구려의 태조 주몽을 낳는다는 내용이다. 주몽이 고구려를 세우기 위해 부여로부터 피신하여 가던 중 나무 끝에 앉은 비둘기 모양의 神母를 만나 곡식의 씨앗을 받았다는 이야기에서 신비하게 태어나는 인물, 이야기의 극적 전개, 모험과 탐색의 일정 등은 환상과 흥미를 느끼게 한다. 원시 우화적 수법의 구성과 이야기·주제·상황 등은 문자 또는 언어적 평가에 앞서, 무한한 동심적 상상을 바탕으로 이야기한 즉물적 형태 한 가지만으로도 신화 또는 설화에서의 전래동화의 도입을 시도하게 했을 가능성이 크다.

흥미 중심으로 구전되었던 신화는 사회가 점점 발달해가고, 인간의 지식의 정도가 높아져감에 따라 모든 것이 신의 조화로부터 생겼다는 이야기에 의구심을 가지게 함으로써 흥미가 점점 사라지게 된다. 이로써 이야기의 구성 수단이 변하여 위대한 인간, 인간적인 영웅을 내세워 이야기의 주인공이 만들어지게 되는데 이것이 곧 고소설이다.[11] 이와 같은 인간 사고의 변형을 반복하면서 다시 수정, 삭제, 첨가되고 새로이 해석되는 과정에서 설화는 문헌으로 기록되기도 했으며, 또한 소설의 소재가 되기도 하였다.

『삼국유사』에 실려 있는 경문대왕 이야기[12]는 전래동화 〈임금님

---

11) 고소설은 신화전승의 신적인 영웅이 인간적인 영웅으로 대체되면서 형성된 장르이다. 그러나 고소설은 창작된 것이기 때문이 전래동화와는 거리가 멀다. 그러나 고소설 가운데 『흥부전』이나 『심청전』과 같은 일부 작품은 동화로 볼 수 있는 설화에서 소재를 선택하고 있어 전래동화와 전혀 무관한 것만도 아니다.

12) 일연, 『삼국유사』, 권 제2, 경문대왕, 이병도 역, 황조출판사, 1972, 66쪽.

귀는 당나귀〉의 원형이 된다. 이 이야기는 경문대왕이 헌안대왕의 못생긴 첫째 공주를 아내로 취하면서 임금이 되는 과정과 뱀과 같이 자는 기이한 행동, 귀가 나귀처럼 길어진 신기한 일화 등이 전개되는데, 그리스의 신화 마이더스왕 이야기와 비슷하다. 사람과 뱀의 감정 교류는 자연 만물에 인격을 부여하는 원시적 사고라고 할 수 있으며, 왕의 귀가 나귀처럼 긴 사실을 아무에게도 말하지 말라는 '금기'를 위반함으로서 바람이 불 때마다 대나무 숲에서 소리가 들리게 된다. 이 이야기는 전래동화의 조건인 흥미와 교훈적 요소를 담고 있어 아동의 호기심을 끌어들일 수 있는 중요한 요인이 된다.

『삼국사기』와 『삼국유사』의 편찬을 계기로 구전설화는 차츰 문헌적으로 정착되기 시작한다. 비슷한 시기에 나온 『수이전』에도 동화로 볼 수 있는 이야기들이 상당수 있다. 이와 같이 구전설화가 기록되는 과정에는 반드시 새로운 이야기가 창작될 수 있는 가능성이 배태된다. 고소설은 이러한 가능성을 토대로 형성된 장르이다. 그러나 설화의 소설화 과정에는 아동만을 대상으로 하는 동화가 차지할 수 있는 영역이 차츰 좁아지게 된다. 그것은 長幼有序라는 유교적 윤리관 때문에 아동의 가정적·사회적 위상이 상대적으로 낮아질 수밖에 없었던 데서 기인한다.

어른들에 의해 기록된 『삼국사기』·『삼국유사』·『수이전』 등에 들어 있는 이야기 속에 동화로 볼 수 있는 이야기가 있다는 것은 당시의 설화에 상당수의 동화가 있었다는 것을 의미한다. 『삼국유사』〈列傳〉에 기록되어 있는 화랑들의 이야기는 비록 사실을 바탕으로 한 것이지만, 당시 어른들에 의해 아동들에게 들려주었을 것이다. 『삼국유사』의 〈龜兎之說〉도 당시에 구전되던 설화로 동화로서의 성격이 강하다. 『삼국유사』에 들어 있는 많은 건국신화, 〈金現感虎〉 등의 이야

기, 『수이전』에 들어 있는 〈竹筒美人〉 등의 이야기는 동화적인 성격
을 지닌 이야기이다. 이들 이야기는 비록 고려시대에 기록된 것이기
는 하지만 고려 이전에 구전되던 설화로 보아야 할 것이다.

고려시대로 접어들면 동화적인 성격을 지닌 이야기는 상당히 약화
된다. 그것은 고려시대가 구비전승의 설화시대에서 기록문학으로 이
행된 시대라는 것과, 유교적인 윤리가 지배하기 시작한 시대라는 것
과 관련이 있다. 고려시대에 이야기 중 전래동화로 볼 수 있는 이야
기로는 〈오누이 송사〉와 〈중이 된 호랑이〉 등을 들 수 있다. 〈오누이
송사〉는 이제현의 『역옹패설』에 들어 있는 이야기로, 단순한 흥미성
에서 벗어나 교훈적인 내용도 지니고 있다. 순박한 오누이 사이에 벌
어지는 갈등과 흥미로운 구성은 전래동화로 구전될 수 있는 양식을
충분히 지니고 있다. 〈중이 된 호랑이〉는 고려 인종 때 최자가 엮은
『보한집』에 수록된 것으로 불교의 윤회사상을 주제로 삼은 이야기인
데, 동물이 인간으로 변신되는 흥미성과 교훈성을 담고 있어 童話性
이 강하다.

전래동화의 대부분을 차지하고 있는 민담13)은 흥미 본위로 이루
어진 이야기로, 특정의 장소·시대·인물이 지적되지 않고 필연성이
전제되지도 않는다. 옛날 우리의 할머니나 할아버지는 흥미 본위의
이야기를 손자 손녀들에게 들려주었고, 이야기를 듣고 자란 손자 손
녀들은 다시 그것을 자기의 자손들에게 이야기하여 전승하였다. 이
때 구연되는 이야기는 심리적 조건과 문화적인 조건, 화자·청자에

---

13) 민담은 고대에는 상하의 구분과 성인·아동의 구분 없이 공동 소유해 왔으
  나 유교의 형식과 합리주의가 팽창하면서부터 상층으로부터 하층으로, 성
  인으로부터 아동으로 그 소유의 장이 이양되는 경향이 많다. 그래서 민담
  의 중심을 이루는 동물민담이나 인간의 본질을 다루는 본격민담은 주로 아
  동을 상대로 전래되었다.
   崔仁鶴, 한국설화론, 형설출판사, 1982, 13쪽. 참조.

의한 변화 등으로 내용이 부연되거나 삭제되면서 내용과 형식에 있어서 변이를 보이게 된다.

민담은 인간의 원초적인 심상을 가장 간결하면서도 단순하고 명확하게 보여주는 장르로서 민중과 가장 가까운 위치에 자리하고 있다.[14] 민담은 민족의 생활·문화·풍속·사상과 신앙 등 보편적 정서를 담고 있어 아동의 관심을 끌게 한다. 어른들에 의해 만들어진 민담이 아동들의 관심을 끌게 만드는 이유는 미지의 심적 요소들이 이야기를 끌고 가기 때문이다. 민담은 개인이 의도적으로 창작한 것이 아니라, 생활 속에서 자연스럽게 만들어진 것으로, 같은 이야기라도 시대와 지역에 따라 그 형태가 다를 수 있으며 이야기를 전하는 상황에 따라 내용이 변형되기도 한다.

민담의 구조와 전개에는 일정한 유형이 발견된다. 즉, 초기의 안정된 상황- 불균형 상태-균형 상태의 재확립과 같은 3단계의 전개이다. 이때 불균형 상태의 공간에서 금기의 위반이나 파기가 이루어지면서 초자연적인 요소들이 개입된다. 한국 대표적인 민담이라고 할 수 있는 〈금강산 호랑이〉는 이와 같은 이야기 구조를 잘 나타내 주고 있다. 금강산 호랑이의 구조를 위의 양상에 전개시켜 보면 다음과 같다.

1) 사냥을 하여 먹고 사는 사람에게 아들이 있었는데, 그 아들은 어머니와 살고 있었다.- 초기의 안정된 상태.
2) 아들은 돌아오지 않는 아버지를 찾기 위해 어머니의 만류를 거부하고 집을 떠난다.-처음 상황의 불균형 상태.

---

14) 신화에서 전설로, 전설에서 민담으로 이행된다는 견해가 있다. 신화의 신성성이 사라지면 전설이 되고, 전설의 사실성이 사라지게 되면 민담이 된다는 것이다. 설화에는 이러한 과정을 거치는 경우도 있으나 대부분의 경우 처음부터 독자적으로 형성된 것으로 보아야 할 것이다.

　3) 아들은 아버지의 총을 찾아 집으로 돌아온다. 처음의 상태의
　　회복.

　옛날에 한 아이가 어머니와 살고 있었다. 이때 불균형 상태의 사건
을 야기시키는 주변 아이들의 놀림이 발생한다. 아이는 놀림의 대상
이 되지 않기 위해 아버지를 찾아 집을 떠난다. 그후 이야기가 결말
에 이르러 그 아이는 다시 어머니의 품으로 돌아오게 된다. 이때 불
균형의 상태가 사라지고 균형 상태가 재확립된다. 하지만 그 균형상
태는 더 이상 처음의 균형 상태는 아니다. 그 아들은 집을 떠나기 전
과 같은 미숙한 아들이 아니라 호랑이를 잡아올 만큼 성숙된 아들인
것이다. 이 이야기의 서사 구조 속에서 초자연적 요소가 개입되는 것
은 2)의 불균형 상태다. 여기서 초기의 균형 상태와 마지막 균형 상
태를 지니게 되고 그 각자는 현실적인 것이다. 초자연적인 사건은 중
간의 불균형 상태를 깨뜨리기 위해서, 그리고 두번째 균형 상태에 대
한 오랜 탐색을 불러일으키기 위해 존재하고 있는 것이다. 이와 같은
이야기의 구조는 현대의 창작동화의 구조에도 발견되는 현상이다.
　민담은 이야기를 시작할 때 주로 '옛날 옛적', '옛날 옛날, 갓날 갓
적' 등으로 시작되며, 결말은 '행복하게 살았다더라', '그래서 죽었는
데, 오늘이 그의 제삿날이란다', '이게 끝이다' 등으로 처음과 끝이 유
기적 관련성을 맺고 있다. 이러한 서두와 결말은 일상적인 말과 구별
되는 작품 세계의 독자성을 확립하게 하며, 이야기의 전개가 과거시
제로 전개됨을 분명히 하고, 이야기가 끝나면 이야기 속의 환상 세계
를 벗어나 현실의 세계로 돌아오게 해준다.
　민담은 현실 세계와 환상 세계의 경계가 무너지는 가운데 그 두 세
계가 서로 자유롭게 넘나들 수 있도록 열려 있다. 현실 세계와 환상
세계의 인물 또한 아무런 제약을 받지 않고 서로 만나서 일정한 관계

를 맺거나 교류한다. 또 줄거리 중심으로 이야기가 전개되고 있으므로, 작품의 배경, 등장 인물의 성격에 대한 묘사가 없는 반면 인물이나 상황이 대립적이고 반복적이다. 선과 악의 대립, 약한 것과 강한 것의 대립, 아름다운 것과 추한 것의 대립 등은 장황한 묘사보다 더 박진감 있게 이야기를 전개시킨다. 이야기의 전개가 산문적이고 시적인 분위기보다는 서사적인 수법으로 이루어져 있어 반복법을 사용하여 강조의 효과를 준다. 주제는 권선징악·충효·인과응보와 같이 강한 교훈성을 드러내고 있다.

민담은 민중이 형성시켜 향유한 문학으로 농한기나 겨울이 긴 나라일수록 많이 발달되었다. 민중은 지배자로부터 호된 시달림을 받던 피지배계층이라 욕구 불만이 쌓여 갔으며, 그 욕구 불만을 현실적으로 충족시키거나 복수는 생각지도 못했다. 민중은 그들이 만들어낸 민담과 같은 이야기를 통해서 울분을 터뜨렸으며, 강한 자가 망하고, 우스운 이야기를 꾸며 조소를 퍼붓고 약자의 설움을 달래려고 하였다.15) 그러므로 대부분 민담에서는 철저하게 약자를 두둔하고, 약자가 강자나 초현실자와 맞서 이기고 성공하도록 전개된다.

민담의 전승자인 민중은 민담의 내용이 진실한 것이라고 생각지 않는다. 왜냐하면 민담은 "옛날 옛적 호랑이 담배 먹을 적에……"라는 단순한 과거시제로 출발함으로써 사실이 아닌 꾸며낸 이야기임을 선언한다. 또한 마지막 부분에 있어서도 "……더라"라는 식으로 이야기의 내용에 책임을 지지 않는다. 민담은 신화와 같이 신성한 무엇을 나타내기 위함도 아니고, 전설의 경우와 같이 사실의 전달을 위한 것도 아닌, 오직 '흥미'를 주기 위해 존재하기 때문이다.

이러한 이유 때문에 민담에는 구체적인 시간과 장소가 설정되지

---

15) 임철호, 『설화와 민중』, 전주대학교 출판부, 1986.

않는다. 예컨데 '옛날 옛적 어느 곳에'의 경우, '옛날 옛적'은 신화의 경우와 같이 태초라는 뜻이 아니라, 단순한 서사적인 과거를 의미한다. 즉, '어느 곳'은 화자가 이야기를 하고 있는 곳이 아니라, 미지의 공간이라는 뜻이다. 이때 '옛날 옛적'과 '어느 곳'은 화자나 청자의 직접적인 경험과는 구별되는 막연한 시간과 공간으로 작품의 세계를 자유롭게 만들어 주는 중요한 단서가 된다.

주인공의 성격과 행위면에서 볼 때, 민담의 주인공은 일상적인 인간이다. 비록 초인적인 능력을 가진 인물이라 하더라도 그 심리 상태는 일상적인 차원에서 벗어나지 않는다. 민담은 주인공에게 관심이 집중되어 있어 타인과 부딪혀도 타인은 중요하지 않으며, 난관에 부딪히더라도 이를 극복하게 된다. 민담의 주인공은 자신의 능력으로 난관을 극복하는 것이 아니라 예기치 않은 행운에 의해 극복한다. 또한 민담은 신화나 전설과는 달리 전승이 세계적이다.

〈토끼와 호랑이〉16)는 작품 전반에 걸쳐 통쾌한 웃음과 흥미를 자아내는 이야기이다. 낮잠을 자는 토끼 앞에 호랑이가 나타났다. 호랑이가 토끼를 삼키려고 하자, 토끼는 호랑이에게 자기 대신 맛있는 떡을 맛보라고 유도한다. 토끼는 호랑이에게 불에 구운 돌멩이를 떡이라고 내밀고, 토끼는 떡을 찍어 먹을 간장을 가지러 간다며 달아난다. 토끼 몰래 불에 구운 돌멩이를 삼킨 호랑이는 입을 덴다. 다시 호랑이가 토끼를 만났다. 이번에도 토끼는 호랑이에게 참새가 맛있다며 참새 잡는 법을 알려 준다. 호랑이는 토끼가 알려준 대로 입을 크게 벌리고 참새를 기다리는데 토끼가 숲에 불을 질러 호랑이는 온몸을 데이고 불 속에서 뛰어 나온다.

이 이야기에서 호랑이와 토끼는 포괄적인 의미를 지닌다. 토끼와

---

16) 李元壽·손동인, 〈토끼와 호랑이〉, 『한국전래동화』, 4권, 창작과 비평사, 1980, 39~45쪽.

호랑이는 지배자와 피지배자, 강자와 약자, 권력을 가진 자와 권력을 가지지 못한 자를 상징할 수도 있다. 호랑이는 힘이 세나 어리석고, 토끼는 약하지만 지혜롭다. 힘센 호랑이를 이기기 위한 방법으로, 호랑이는 어리석음을, 토끼는 지혜를 가지도록 한다.

동물담은 동물에게 인간의 특징을 부여하여 인간 사회의 문제를 제기하는데, 여기서 제기된 문제는 대체로 약자와 강자의 대결구조를 통하여 전개된다. 이 대결에서 약자는 강자에게 지혜로서 승리하는 모습을 보여 주는데, 앞에서 살펴본 〈토끼와 호랑이〉는 이러한 전개를 그대로 따르고 있다. 그러나 약자와 강자의 대결은 극단적인 보복으로까지 이어지지 않는다. 이 작품에서 약자인 토끼가 호랑이를 골탕먹이는 장면이 두 번 반복된다. 토끼는 호랑이를 재기 불능한 상태까지 몰고 가지 않고, 자기가 처한 위험한 상황에서 안전하게 벗어나는 시간을 버는 데까지만 지혜를 사용한다. 강자인 호랑이 또한 약자인 토끼를 한 입에 삼켜버리지 않고, 모른 체 속아준다. 힘이 있으나 그 힘을 남용하지 않고, 지혜가 있지만 그 지혜를 위기를 넘기는 데에만 사용하는 토끼의 재치는 약자와 강자의 화해와 공존의 정서를 담고 있다.

토끼에게 속을 것이 뻔한데도 강자인 호랑이가 제 덩치 값도 못하고 어리석게 넘어가는 장면은 청자로 하여금 통쾌한 웃음을 자아내게 한다. 이것은 약자의 마음을 위로해 주는 역할을 한다. 힘센 자에 눌려 사는 민중들에게 있어서 한바탕의 시원한 웃음은 억압된 인간의 정서를 치유하는데 커다란 몫이 되었던 것이다.

억압받는 민중을 현실의 질곡으로부터 해방시켜 주는 수단이 되었던 이야기는 조선시대로 접어들면서 한글 창제와 유교적인 윤리관 때문에 동화로서의 기능이 더욱 위축된다. 그럼에도 불구하고 기록의 수단을 지니지 못한 대부분의 민중에게 있어서 민담은 여전히 자신의 꿈과 이상을 표현하는 중요한 수단으로 존재했다. 민중들은 피지배계층으로서의 욕구 불만과 슬픔을 이야기하고, 인간 아닌 동물이나 초현실자에게 빗대어 울분을 터뜨렸으며, 약한 자가 강한 자를 이기고 성공하는 스토리나 우스운 이야기를 통해 약자로서의 설움을 달래고자 했던 것이다. 이러한 이야기는 아동에게도 흥미와 웃음, 나아가 용기와 지혜를 줄 수 있었을 것이다.

조선시대의 훈민정음 창제는 국문학 전반에 걸쳐 큰 변화를 몰고 왔다. 훈민정음 창제 이전의 전래동화는 지배집단의 기록 수단인 한문으로 기록된 관계로 뜻이 완전하지 못했고, 지배집단의 윤리에 맞게 내용이 삭제되거나 첨가되기도 했다. 또한 아동들이 읽기에 한계가 있었기 때문에 동화로서의 기능은 상실되었다고 볼 수 있다.17) 구비의 상태로 전승되는 설화는 아동을 대상으로 했을 가능성이 있기 때문에 동화로서의 성격을 지닌 것을 구전동화라 할 수 있다. 그러나 한글이 상용화되지 못했던 시대에 이것이 한문으로 기록된 경우에는 그 성격이 달라지게 된다.

이러한 점에서 볼 때 전래동화가 형성되기 위해서는 몇 가지 전제 조건이 충족되어야 한다. 그것은 아동관에 대한 근본적인 변화와 아동들이 한글을 읽을 수 있는 한글의 상용화이다. 아동관의 변화는 아동을 멸시하는 장유유서라는 유교적인 윤리관이 해체되어야 가능한 것이며, 한글의 상용화는 한글을 공식 문자로 사용하는 정책적인 변화가 수반되어야 한다. 우리의 역사에 이러한 변이가 일어나기 시작

---

17) 지배집단의 일부 아동들은 일찍부터 한문을 배웠기 때문에 이들이 이런 이야기들을 읽었을 가능성도 있다. 그러나 어른들이 아동들에게 읽히기 위해 기록한 것이 아니기 때문에 비록 동화로서의 성격을 지녔다고 하더라도 전래동화로 보기에는 한계가 있다.

한 것은 갑오경장부터라고 할 수 있다.

우리의 역사에서 갑오경장은 제도와 윤리에 있어서 일대 혁신을 가하는 중대한 사건이었다. 그러나 수백년을 답습해 온 제도와 윤리가 갑오경장을 통해 하루 아침에 근본적으로 변한다는 것은 불가능한 것이다. 조선왕조의 붕괴가 제도와 윤리를 변혁시키는데 기여했다면, 일제 식민지배로부터 벗어나기 위해 선각자들에 의해 제기되었던 민족운동은 아동관에 있어서 중대한 변화를 가져다 주었다.

학교의 설립, 한글의 공용화, 아동교육의 필요성 제기, 아동관에 대한 근본적인 변화 등은 아동을 대상으로 하는 문학 즉, 동화가 본격적으로 형성될 수 있는 중요한 계기가 되었다. 이 과정에 먼저 등장한 것이 한글에 의한 전래동화의 출현이었다. 한글로 기록된 전래동화의 출현으로 비로소 아동을 위한 문학 즉 본격적인 의미의 동화가 출현했다고 할 수 있다. 이 시기의 전래동화는 당시의 아동에게 적합하도록 내용의 일부가 개작되기도 했지만, 이야기의 기본 줄거리는 그대로 남아 있었다.

당시 아동교육과 긍정적인 생명 창조를 목표로 하던 전래동화는 교훈성과 권선징악을 중요한 주제로 설정하였다.[18] 이는 당시가 일제 식민 통치하였다는 시대적인 상황을 고려하면 납득할 수 있는 여지는 충분히 있다. 그러나 설화에 있는 흥미성이 없는 전래동화는 동화로서의 생명력이 반감된다. 해방 후에는 시대 상황이 바뀌면서 동화가 교훈성이라는 주제 외에 환상을 통해 상상력을 심어 주는 기능을 더욱 갖게 되었다.

---

18) 呂榮澤이 우리나라 전래동화집(5권)에 실린 182편을 주제별로 분석한 바에 의하면, 보은과 효성이 주를 이루고 있다. 보은형이 21.4%, 교훈성이 28.0%로 182편 중 반수는 교육적인 의도가 있음을 증명해 준다.
   呂榮澤, 「한국 전래동화 연구」, 민족문화사, 1983.

2. 전래동화의 형성과 환상성

1) 원시적 사고에 의한 인간의 염원

우리나라의 경우 1920년대의 동화는 전래동화와 번역 및 번안동화가 형성된 시대라고 할 수 있다. 전래동화는 '환상적 이야기'로서의 특질을 지닌다. 1920년대 아동 문학 작가들에게 환상적인 이야기는 아동에게 들려줄 수 있는 문학의 가장 중요한 조건이었다. 특히 전래동화가 가지고 있는 행복에 대한 염원과 현실의 제약에서 벗어날 수 있는 상상의 세계는 동화 작가들이 동심의 세계에 대해 가지고 있던 이미지와 상통하는 바가 있다. 또한 환상은 어떠한 설교를 표면으로 드러낼 필요도 없이 사회에 대해 언급할 수 있었기 때문에, 당대 민족적 현실 상황에서 문학적 대응 방식의 하나로 사실적인 수법보다 환상이 더 효율적인 것이 될 수 있었다. 그것은 동화에서 환상은 인간 사회에서 펼쳐지는 모든 정경을 동식물 생활에 빗대거나 우의와 상징으로 나타낼 수 있었기 때문이다.

고대사회는 인간이 자연과 필연적으로 싸우면서 자연을 극복해야 하는 시대였다. 그 당시 인간은 산과 들에서 짐승을 쫓아 수렵생활을 하였다. 그러다 보니 자연 짐승을 사냥해야 하는 사람들은 하늘을 나는 새보다도 빨리 날 수 있는 것을 소망하고 꿈꾸었다.[19] 또한 원시의 인간은 자연 속에서 추위와 배고픔을 참으며 살아왔다. 잘 먹고

---

[19] 이와 같은 꿈은 서구 민담에서는 〈하늘을 나는 구두〉로, 중앙아시아에서는 〈비행융단〉으로, 우리나라에서는 〈선녀와 나무꾼〉에 나오는 '천마'로 나타난다.

추위를 막아줄 수 있는 따뜻한 옷은 인간이 꿈꾸는 소망이었다. 미개한 원시사회에서 인간은 그들 앞에 놓여 있는 일체의 한계상황을 넘어서려는 소망을 이야기 세계에서 자유롭게 성취할 수 있었다. 그들의 입을 통해 전해지던 옛 이야기는 그들의 희망이요, 구원임과 동시에 이상이기도 했다.

〈호비트의 모험〉을 쓴 톨킨(Tolkien)은 팬터지 세계에서 인간에게 근원적인 욕구가 셋 있다고 했다. 그것은 "시간을 초월하고 싶다", "공간을 초월하고 싶다", "동물들과 교화(交話)하고 싶다"이다.20) 그러나 신과는 달리 유한한 존재인 인간은 현실에서 이러한 욕구를 실현할 수 없다. 인간이 환상 이야기를 좋아하는 것은 바로 이러한 욕구를 충족하기 위한 욕망 때문일 것이다. 현실적으로 욕구불만이 축적되면 인간은 대체로 현실을 초극하거나 그 현실보다도 차원이 다른 세계를 꿈꾸며 추구한다. 인간은 바로 이와 같은 꿈을 꿀 수 있기 때문에 아무리 힘든 일도 참고 견딜 수 있다. 인간은 꿈을 통해 모든 것으로부터 자유로울 수가 있는 것이며 미래에 대한 희망을 갖기도 한다.

〈선녀와 나무꾼〉에는 톨킨이 말한 팬터지 세계가 잘 나타나 있다. 초자연적 세계인 하늘나라와 인간 세계를 연결하는 시공의 초월성, 신성한 하늘나라 선녀와 비천한 나무꾼의 결혼, 인간과 사슴과의 교화 등 〈선녀와 나무꾼〉에는 신화적인 환상과 인간의 염원인 꿈 세계가 설정되어 있다. 장가도 들지 못한 총각이 홀어머니를 모시고 나무를 하여 근근히 살았다는 것은 프로프의 분석21)에 의하면 고난과 결핍에 해당한다. 목숨을 구해준 사슴의 도움으로 하늘나라 선녀와 결혼을 하게 된 것은 의외의 행운이며, 아이 셋을 낳을 때까지 날개옷

---

20) 손동인, 전래동화의 교훈, 창작과 비평사, 204쪽.
21) 블라디미르 프로프, 『민담형태론』, (유영대 역), 새문사, 1987, 31쪽.

을 주지 말라는 금기를 지키지 않아 선녀가 아이들을 데리고 하늘로 올라간 것은 고난, 사슴의 도움으로 나무꾼이 하늘로 올라가는 것은 의외의 행운이다. 이처럼 이 작품은 전체적으로 '고난'과 '의외의 행운'이 반복적으로 나타나는 순환적 구조로 이루어져 있으며 행복을 누리며 살고자 하는 인간의 꿈을 반영한 것이라 할 수 있다.

인간은 누구나 행복의 필요 조건을 갈구하며 사는 존재이다. 그러나 제한된 현실에서 행복에 대한 염원은 쉽게 이루어지지 않는다. 현실 속에서 홀어머니를 모시고 사는 가난한 나무꾼의 생활은 변화하거나 조금도 나아질 가능성이 없다. 그러나 성실하고 순박한 나무꾼이 지닌 선한 마음이 현실에 변화를 몰고 온다. 그것은 민간에서 신성시하는 사슴의 등장으로 이루어진다. 나무꾼에게 의외의 행운을 주는 사슴은 온순 소박한 성격을 지녔으며, 신비한 뿔은 영약으로 널리 알려져 있다. 한국 민간 신앙에서는 동식물이나 자연물 중 영속성과 특이성을 가진 것을 신성시한다.[22]

이러한 관점에서 단아하면서도 신비한 뿔을 가진 사슴이 사는 숲은 신성의 세계이며, 환상 공간을 상징한다고 볼 수 있다. 초자연적 세계에 존재하는 선녀가 주요 인물로 등장하여 초월적 공간을 넘나들 수 있는 것은 아동에게 무한한 상상을 가능하게 하며, 현실에서 불가능한 나무꾼의 행복에 대한 염원은 현실의 제약에서 벗어난 상상의 세계, 초월적 세계에서는 얼마든지 가능할 수 있다는 희망을 가지게 한다.

전래동화에 나오는 대부분의 황당하고 불가사의한 사건도 현대의 인간과는 달리 고대의 인간에게는 가능하고 마땅한 사건이었다. 고대의 인간은 오늘날 현대인들이 가지고 있는 논리적이고 합리적인 사고

---

22) 김태곤, 한국무속연구, 집문당, 1981, 185쪽.

방식이 아닌 애니미즘(Animism)이나 토테미즘(Totemism)에 의한 사고 체계를 가지고 있었다고 보인다. 그들은 인간이나 자연 만물이 모두 각각의 인격을 지니고 서로 공통의 의사소통이 가능하다고 생각했다. 이러한 생각은 고대로부터 전해졌다고 보는 祭天意識이나 祖上崇拜의식 속에 나타난다. 따라서 그들에게 있어서 현실과 환상은 분리되지 않는다. 이것은 인간 속에 잠재되어 있는 가능성에 대한 확신이 그들에게 환상을 부여한 것이지 결코 현실의 한계상황에서의 현실도피는 아니다. 전래동화에서의 주인공은 처음부터 환상 세계에서 살고 있으므로 어떠한 제약이나 영향도 받지 않고 종횡무진 자유롭게 행동하며 기적을 행할 수 있다.

2) 초자연적 요소 도입과 상징

〈해님 달님〉[23]은 해와 달이 형성되는 과정을 담고 있는 전설적 이야기이다. 이 이야기에 나타난 환상은 하늘나라와 인간 세계를 연결하는 시공의 초월성, 인간과 호랑이와의 교화 등 신화적 요소와 인간의 염원인 꿈 세계를 그리는 〈선녀와 나무꾼〉 이야기와 비슷한 양상을 보이고 있다. 홀어머니와 살아가는 어린 오뉘가 있었다. 어느 날 어머니가 마을로 일을 하러 간 사이, 호랑이가 아이들을 잡아먹으려고 했다. 오빠는 얼른 동생을 데리고 우물가 나무 위로 올라갔다. 호랑이가 나무 위로 오르려고 하자 하늘에서 밧줄이 내려와 오뉘는 그것을 타고 하늘로 올라가 해와 달이 되었다. 이것을 프로프의 분석에

---

23) 〈해님 달님〉, 『한국전래동화』 6권(李元壽·손동인 편), 창작과 비평사, 1980, 199~206쪽.

의하면 어머니가 없는 것은 결핍, 호랑이의 등장은 고난 또는 위험, 하늘에서 내려온 밧줄은 의외의 행운으로, 즉 이 이야기는 고난과 행운의 구조로 이루어져 있다. 설화적 이미지 형태24)에서 살펴보면, 어머니와 사는 오뉘(초기 상황)- 호랑이가 등장(초기 상태의 불균형 상황) -하늘에서 내려온 밧줄(불균형 상태를 극복하기 위한 초자연적인 인물 개입)-하늘로 귀환(새로운 형태의 안정 상태)이 된다. 이러한 이야기 구조는 민담에서의 구조와 유사하며 창작동화에도 빈번하게 등장한다. 이것은 창작동화에서 환상의 구조가 전래동화의 구조에 영향을 받고 있다는 사실을 뒷받침해 준다. 이야기의 구조에서 사건을 어떤 방식으로 진행시키고 있는가에 따라 작중 사건이 달라지고 밀도도 다양해진다.

(1) 오뉘가 어머니와 살고 있었다.(과거)
(2) 어머니가 마을에서 일하고 돌아오다 호랑이를 만났다.(현재)
　　호랑이가 아이들을 잡아먹으려 했다.(현재)
　　아이들이 나무로 올라갔다.(현재)
　　하늘에서 밧줄이 내려와 하늘로 올라갔다.(현재)
(3) 오뉘는 해와 달이 된다.(미래)

여기서 보면 전래동화는 현재-과거-미래로 사건이 시간 순서에 따라 진행되는 순차적 구조로 되어 있다. 그러나 이러한 순차적 구조는 창작동화에서는 보다 입체적으로 다양하게 변화된다.

아버지가 일찍 세상을 떠났기 때문에 어머니는 아기들을 집에 두고 마을로 남의 집 일을 해주러 다녔습니다. 어머니가 일하러 나가고 나면, 어린 오뉘는 집을 지키며 어머니가 오기만을 기다립니다.

----

24) Tzvetan Todorov, 앞의 책, 163쪽.

그런데 하루는 해가 저물어 어두워지도록 어머니가 돌아오지 않았습니다. 오뉘는 집밖에 나와 기다리다 못해 도로 들어와서 걱정을 하였습니다.25)

〈해님 달님〉의 초기 상황을 보면 어린 오뉘에게는 아버지가 없고 어머니마저 생계를 위해 집밖으로 나간 상태이다. 일반적으로 아버지는 하늘·국가·권위·힘을 상징하고, 어머니는 생명·발육·기원이라는 창조적 의미로서의 보호와 보장, 지켜주고 감싸주는 이미지를 상징한다.26) 어린 오뉘에게 '어머니의 부재'는 불안감27)과 두려움을 안겨주며, 다른 측면으로는 위험한 상황에의 노출을 암시한다. 이와 같은 불안한 현실에 처한 오뉘가 자연적인 재해가 없는 하늘을 동경한다는 것은 있을 수 있는 일이다. 또한 어린아이들을 두고 마을로 일을 하러 나가야만 하는 어머니의 입장에서 보면 초자연적인 힘이 아이들을 지켜주길 바라는 마음이 이러한 이야기를 만들어 냈을 가능성도 크다.

〈해님 달님〉에서 초자연적 상징물이라고 할 수 있는 하늘에서 내려온 밧줄은 현실과 천상계를 이어주는 매개물이다. 그런데 이 밧줄이 내려오는 과정을 보면 하나의 단계성을 발견할 수 있다. 여기서 단계성은 초자연적인 사건이라고 할 수 있는 밧줄이 내려오기까지 시간적 과정을 거치는 것을 의미한다. 즉 처음부터 하늘에서 밧줄이 내려오게 하지 않고 아이들을 우물가에 서 있는 미루나무로 올라간 다

---

25) 李元壽·손동인, 앞의 책, 199쪽.
26) 김자연, 〈아동문학의 가치와 미래〉, 세계아동문학대회 발표 요지, 1997, 114쪽.
27) 어린이의 마음에는 언제나 '부모와 이별하지 않을까.' 하는 분리 불안이 내재해 있는데, 나이가 어릴수록 이러한 불안은 말할 수 없는 정신적 충격을 심어줄 수 있다.

음, 밧줄을 타고 하늘로 오르게 하고 있다.

"나무는 지하에 뿌리를 내리고, 지상에 줄기를 뻗고 천상을 향해 잎과 가지를 드리운다. 이러한 점에서 나무는 지하·지상·천상의 세 가지 세계를 총괄하고 있으며 이런 완전한 모습은 어떤 것으로부터 온 세상 밖의 것으로의 성을 표현하는 사물이 된다. 이러한 까닭에 자연의 주기에 따라 재생하는 나무는 우주를 상징하기도 하며 神이 수목의 형태를 취하기도 한다."28) 바로 이와 같은 성스러운 상징성 때문에 우리나라 단군신화를 비롯한 여러 작품 속에 '나무'가 언급되고 있다. 〈해님 달님〉에서 오뉘가 호랑이를 피해 올라간 나무 역시 성스러운 의미와 생명력을 상징한다고 보여진다. 위에서 언급한 나무의 속성을 통해 오뉘는 나무 위에서 하늘로부터 도움을 구하고, 하늘은 그들의 소원에 응답하여 위험한 호랑이로부터 구원하게 된다.

이처럼 환상의 구현에 있어 현실의 아이들로 하여금 나무에 오르게 하여 밧줄을 잡게 하는 행위는, 위험에 처한 아이들에게 바로 하늘에서 밧줄이 내려오고 그 밧줄을 잡게 하는 것보다 이야기에 구체성을 부여한다. 이 작품에서 나무는 하늘과 땅을 연결시키는 사다리와 같은 구실을 하고 있다. 이것은 현대 창작동화에서 비현실적인 사건이나 초자연적인 현상이 개입할 때 독자가 받는 주저함을 완화시키기 위한 장치, 다시 말하면 환상에 현실성을 부여하기 위한 시도라고 보여진다.

이러한 이야기를 들은 아이들은 부모와 분리되어 있는 불안감을 없애고 위안을 받을 수 있다. 그러므로 일원론적인 사고에서 전개되는 시공을 초월한 환상적 이야기는 현실의 불안한 삶에서 벗어나 하나의 아름답고 귀한 존재가 되고 싶은 인간의 내면적인 꿈과 아이들

---

28) M 엘리아데, 『종교형태론』, (이은봉 역), 형설출판사, 1979, 330쪽.

의 안전을 바라는 부모들의 소망이 응축되어 있다고 볼 수 있다.

　이처럼 현실과 환상 세계와의 교량이 따로 필요 없는 전래동화에서의 주인공은 어떠한 일에 부딪혀도 그것을 이상하다고 생각하지 않는다. 전래동화의 주인공에게는 환상은 없고 현실만이 존재하기 때문이다. 다만 그런 이야기를 듣는 사람들이 현실 세계에 있기 때문에 그들의 행동과 사건이 이상하고 신비한 일로 여겨질 뿐이다. 그러므로 전래동화에 나타난 환상은 우리 민족의 전통적 사고 방식이었던 애니미즘에 의한 신화적 환상과 인간 소망의 발원이라는 꿈 형식의 심리적 환상이 복합적으로 나타나 있다고 할 수 있다.

　민중에 의해 구전되어 온 설화는 사회 발달에 많은 영향을 받는다. 문화적 조건, 자연환경에 따른 변화, 화자 청자에 의한 변화, 공동의식의 변화 등이 설화에 영향을 미친다. 이러한 현상은 설화가 기록되면서 傳來童話化하는 과정에도 나타난다. 어른들이 아동에게 들려주었던 이야기는 작가에 의해 기록화되면서 환상은 '눈에 보이게 하는 것'에서 '심적으로 이해하는 일'로 변모되었다. 그러나 이와 같은 사실은 표현상의 차이일 뿐, 본질적인 의미는 크게 다르지 않다.

　동화는 행복해지길 바라는 인간의 염원을 담고 있는 꿈에 가까운 이야기이다. 그래서 동화 속의 인물은 때론 하늘을 날기도 하고, 땅속을 기기도 한다. 인간의 능력에는 한계가 있고 이러한 한계 상황을 벗어나고자 하는 인간의 갈구가 바로 동화의 환상의 세계요, 이상 세계다. 이러한 세계에 들어가기 위해서는 합리적인 사고를 접어두고 마음의 빗장을 열 때 비로소 가능해진다.

　합리적인 사고로 꿈을 잃어버린 현대의 사람들 중에는 옛날 이야기가 현실의 이야기가 아닌 허무맹랑한 공상적 이야기라는 점에서 아동에게 허황한 꿈만 안겨준다고 말하기도 한다. 하지만 전래동화를 좀 더 면밀하게 음미해 본다면 그 안에는 그 나름대로 삶의 지혜와 질서와 미래에 대한 암시를 던져주고 있음을 발견할 수 있다.

아동들이 세상과 사물을 보는 방식은 物活論的29)이며, 이러한 物活論的 사고는 사춘기까지 지속된다. 物活論을 신봉하는 아동에게 있어서 이 세계의 모든 사물은 쉽게 의인화되며, 우주와 시간과 공간을 자기들 세계에 끌어들인다. 따라서 아동에게 있어 무생물과 생물은 구별이 없고, 동물과 인간은 동일한 차원으로 인식된다. 아동심리가 이러한 물활론에 지배되는 한, 현실 세계와 초현실 세계의 차원은 동일하며, 동식물과의 교화도 가능하게 된다. 그러나 아동들은 주위의 사람으로부터 사물은 느끼지도 못하고 행동하지도 못한다고 배운다. 그러나 아동들은 그렇지 않다고 생각한다. 그들이 진짜로 믿고 있는

---

29) 물활론적 사고란 아동이 외부 사건을 지각할 때 그들의 욕구를 행위에 융화시켜 혼합적 지각을 하게 될 뿐만 아니라, 이러한 패턴에 쉽게 친화되는 경향으로, 세상의 모든 것은 어떤 목적에 의해 만들어졌다고 보는 시각. 만물을 생명체라고 보는 애니마티즘. 이러한 아동기의 물활론적 사고는 전조작기와 구체적 조작기에 걸쳐 4단계로 이루어져 있다.

제1단계(5~6세) 모든 사물은 살아 있다. 아동들은 모든 사물들에게 의식과 생명을 부여한다. 우리 인간에게 영향을 주고 무엇인가를 행할 수 있는 모든 것은 살아 있으며, 자기의 의지를 가지고 있다고 말한다.

제2단계(6~8세) 움직이는 것은 살아 있다. 이 단계의 아동은 움직일 수 있는 물체에만 생명이 있다고 생각한다. 예를 들면, 태양·구름·바람·물·불 등은 그 사물에 특수 기능으로 움직이므로 살아있다고 생각한다

제3단계(8~12세) 스스로 움직일 수 있는 사물은 살아 있다. 아동들은 생명의 정의를 사람의 도움 없이 자발적으로 움직이는 물체에 국한시킨다. 자전거·자동차·돌은 인간이 어떤 행위를 취할 때만 움직이므로 더 이상 살아 있는 것으로 생각하지 않지만, 태양·바람은 스스로 움직이므로 살아 있다고 생각한다.

제4단계(12세 이후) 동물·식물만이 살아 있다고 생각한다. 아동들은 평균 11~12세에 이르게 되면 성인이 살아 있다고 여기는 동물 또는 식물들에게만 생명과 의식을 부여한다 그러나 성별·문화·지역에 따라 단계를 나타내는 연령이 낮아지기도 한다.

이러한 생각들은 주위의 성인들의 합리적인 사고에 눌려서 마음 속 깊은 곳으로 밀려나게 된다.

이렇게 간직된 생각들에 형체를 부여하고 혼을 넣어주는 것이 바로 전래동화 속에 설정된 환상의 세계이다. 아동은 전래동화의 환상의 세계 속에서 합리성에 밀려나 있던 자신의 원형적인 마음과 만난다. 이러한 환상의 세계는 인간을 경험한 적이 없는 세계로 인도하여 미래를 열게 만든다. 아동은 자유롭게 열린 세계를 통하여, 당장 눈에 보이지 않고, 손에 잡히지는 않지만 가볼 만하고 뭔가 찾아 볼 만한 가치가 있는 세상이 이 세상 어느 곳에 있다고 깨닫게 되는 것이다. 아동이 눈에 보이는 현실의 세계에서 한 발도 앞으로 나가려 하지 않을 때, 인류의 발전은 항상 그 자리에 머물러 있을 것이다. 동화 속에서 환상이 생명처럼 빛나야 하는 까닭은 바로 이러한 이유에서이다.

물론 동화 작가들이 전래동화를 적극적으로 받아들이게 된 데에는 그것이 이야기를 통해 아동에게 교훈을 효과적으로 전달하고, 단순하면서도 극적인 플롯을 통해 읽는 재미를 안겨 준다는 것도 중요한 요인으로 작용한다. 특히 아동에 대한 계몽과 깨우침이 중요한 목표로 여겨졌던 1920년대에는 전래동화가 갖는 권선징악의 교훈이라든가, 성실·근면·사랑의 강조 등이 아이들에게 전달해야 할 중요한 덕목으로 보였을 수도 있을 것이다. 또, 창작동화에 비해 강하게 나타나는 전래동화의 상징인 성장과 제의로서의 기능도 전래동화가 갖는 중요한 효용 중 하나라고 할 수 있다.

전래동화가 오늘날까지 동화로서 지속적인 생명력을 가지고 동화의 영역 안에서 중요한 위상을 차지하고 있는 데에는 전래동화가 가지고 있는 환상성이 가장 중요한 요소라고 할 수 있다. 전래동화가 아이들에게 읽힐 교훈적이고 효용적인 읽을거리, 혹은 흥미의 대상에 머무르지 않고 예술로 취급받고 있는 것은 그것이 많은 수용자들을 거치면서 공동의 합의를 얻어낸 것이며, 환상을 통해 주제의 형상화나 흥미를 예술적인 차원으로 승화시키고 있기 때문이다.

앞에서 살펴 본 바와 같이 전래동화가 지닌 환상성은 거의 절대적·무조건적인 힘을 가지고 있다. 전래동화의 환상은 많은 수용자들에게 합의를 얻어낸 불가역적인 힘으로 존재하는 것이다. 그것이 많은 사람들에 의하여 거부감이 없게 된 이유는 전래동화가 가진 두 가지 효능, 교훈과 흥미를 위해서 환상이 꼭 필요했기 때문이다. 곧 환상은 주제의 형상화나 흥미를 증폭시키는데 꼭 이바지해야 하며, 또 필요 불가결한 요소여야 한다는 것이다.

둘째는 이와 같은 환상이 필요 이상의 한계를 넘어서지 않고 있다. 그러므로 전래동화의 환상성은 유기적인 총체로서의 한 편의 동화에 필요 불가결한 요소로서 그 보편 타당성을 인정받고 있는 것이다.

제4장 창작동화의 형성과 환상성

1. 아동관의 변화와 아동문화 운동

　본격적인 의미에서 우리나라 아동 문학의 형성은 근대사가 지니는 특수성과 밀접한 관련성을 맺고 있다. 앞서 언급한 바와 같이 동화를 비롯한 아동 문학의 형성은 아동관에 대한 근본적인 인식의 변화와 궤를 같이한다. 아동 문학의 형성이 가능했던 아동관의 변화는 長幼有序라는 유교적 윤리이념으로 무장한 조선왕조의 붕괴가 중요한 요인으로 작용하였다. 여기에 우리 근대사의 불행이었던 식민통치도 아동 문학의 형성과 발달에 있어서 무시할 수 없는 사건이었다. 조선왕조의 붕괴로 제기되었던 새로운 윤리와 이념의 필요성과 식민지 치하에서 민족 해방을 위해 제기되었던 아동관에 대한 근본적인 변화는 아동 문학을 형성시키는 결정적인 계기를 마련하였다.

　1894년 갑오경장으로 인한 전통적인 윤리관의 해체, 1908년 최남선의 『소년』지 창간으로 제기되었던 아동관에 대한 새로운 인식, 그리고 1945년까지 계속되었던 민족해방에 대한 염원 등은 우리 아동 문학사에 있어서 일종의 과도기였다. 이 과정에 우리의 아동 문학은 조선왕조의 지배윤리로 내려온 아동 경시 관념으로부터 어린이를 해방시키는 문제와 주권을 상실한 식민지하에서 조국의 독립을 위한 어린이 교화·계몽이라는 이중적 과제를 해결해야만 했다.

　한국 근대사의 시작을 알린 東學은 1889년 11월에 「內修道文」 4항에 "어린이를 때리지 말라. 이는 한울님을 치는 것이니"1)라는 어린

이 보호 조항을 넣고 있다. 아이를 한울님과 동등한 차원에서 이해하
는 이러한 관점은 아이를 부모의 소유물로 보고, 그 인권을 부모에게
귀속된 것으로 보았던 종래의 아동관과는 근본적으로 다른 것이었다.
아동에 대한 동학의 체벌금지는 부권 중심·성인 중심 사상에서 벗어
나려는 한국 최초의 '어린이 인권 선언'에 해당하는 것으로, 한국 아
동문학의 여명을 밝히는 빛이 되었으며, 민족적 선각자들에 의한 소
년운동의 사상적 근원이 되었다고 할 수 있다.

최남선은 근대적 의미의 우리나라 동화 문학의 기초를 마련한 선
구적 인물이라 할 수 있다. 1908년 11월 1일 창간한 『소년』지의 「
권두언」에서 최남선은 '우리 대한으로 하야금 소년의 나라로 하라.
그리하면 능히 이 책임을 감당하도록 그를 교도하라'라고 창간의 취
지를 밝히고 있다. 이는 최남선이 교도적인 성격의 아동관과 아동 문
학관를 지니고 있음을 의미한다. 『소년』지의 창간 목적과 성격은 순
수한 아동 문학적인 것보다 계몽적인 아동 문화 운동의 성격2)이 지
배적이다. 그러나 발간취지에서 민족의 장래를 소년에게 두고 있으
며, 최남선을 비롯하여 잡지에 관여했던 사람들의 연령이 20세 미만

---

1) 崔時亨, 「海月神師法設」, 『接人接物』, 1867. "사람은 곧 한울이니 사람 섬기
   기를 한울같이 하라……(중략)……도가의 부인은 경솔하게 아이를 때리지
   말라. 아이를 때리는 것은 곧 한울님을 때리는 것이니 한울님이 싫어하시고
   기운을 상하게 되는 것이니라. 도가의 부인이 한울님이 싫어하시고 기운을
   상하게 하는 것을 두려워하지 않고 경솔히 아이를 때리면 그 아이가 반드시
   죽으리니 일체 아이를 때리지 말라."(李在撤, 「아동잡지 『어린이』 연구 -『어
   린이』지 영인본을 중심으로-」, 위의 책, 56쪽 재인용)
2) "우리 大韓으로 하야금 少年의 나라로 하라. 그리하랴 하면 能히 이 責任을
   堪當하도록 그를 敎導하라."(최남선, 「권두사」, 『소년』, 신문관, 1908. 11.
   1). "社會將來의 樞軸을 擔任할 靑年에게 正當한 自覺과 眞實한 風氣를 換起
   하기 爲하여 雜誌 『少年』을 創刊하였도다."(최남선, 「십년」, 『청춘』, 1917.
   6). 최남선의 이러한 아동관과 아동 문학관은 그후 매호마다 「소년시언」, 「
   편집실 通寄」 등의 고정난을 통해 강조되었다.

의 소년들이었다는 점,3) 내용이 '아동 문학적 요소를 지닌 문예물 (특히 소설이 대부분을 차지함)이 대부분을 차지하고 있었다는4) 점 등은 이 잡지가 아동을 위한 문학을 염두에 두고 있었다는 사실을 뒷 받침해 준다. 또 최남선은 1908년『소년』창간호「序言」에서 "純勇 과 戰譚이 어린이의 마음을 감동함이 큰 까닭이라"이라는 문장에서 '어린이' 라는 말을 사용하였으며, 1914년『청춘』창간호에서 〈어린 이 꿈〉이라는 시가를 번역하기도 했다.

'어린이'라는 용어는 가례언해(家禮諺解)(1632 간행)와 경민편언 해 중간본(警民編諺解 重刊本)(1658년 간행)에서 사용례를 찾아볼 수 있다. 어원을 살펴보면, '어리다'는 원래 '어리석다(愚)'라는 의미 를 지닌다. 훈민정음언해본(訓民正音 諺解本)에 보면 '愚民'을 '어린 百姓'이라고 번역하고 있으며, 월인석보(月印釋譜), 훈몽자회(訓夢字 會)와 같은 문헌에서도 자주 등장하다가 15,6세기에는 '어리다'가 '愚'의 의미로만 씌어졌다. 이후 17세기에 들어서면서 '幼(幺+力) (힘이 작음)이라는 의미로 쓰이는 예가 나타나기 시작하여 한동안

---

3) "甲東伊 乙南伊는 둘이다. 大成學校 學生ㅣ니 甲은 只今 年이 十五歲오 乙은 十九歲인데." 최남선, "甲東伊 乙南伊의 相從."(『소년』, 창간호, 12쪽, 신문 관, 1908). 또『소년』지는 제2권 3호(통권5호)에서 〈청년의 소원〉이라는 시를 번역하여 게재하면서부터「청년학우회」기사와 같은 청년에 관한 논설 을 많이 실으면서 문장이 차츰 난해해져 아동 독자들로부터 멀어지게 되었 다.

4) 『소년』지에 등장한 최초의 소설류는 지금의 관점에서 보았을 때 대부분 아동 물이었다. 총 11편중 〈거인국표류기」(1년 1권~2년 8권. 8회), 〈이솝이약 이〉(1년 1권~2년 10권), 〈로빈손 무인절도표류기」(2년 2권~9권. 6회) 〈 사랑의 승전〉(2년 6권), 〈祖孫三代」(2년 7권), 〈어른과 아이〉(2년 10권) 등이 번역 및 번안물이었고, 단 한편의 창작소설로 춘원의 〈어린 희생〉(3년 2, 3, 5권)이 있었다. 그러나 이 글에도 '외국 소년의 과외 독물'이라는 부 제가 붙어 있는 것으로 보아 창작물인지 여부는 확인할 수 없다. 이재철,『한국현대아동문학사』, 개문사, 1978.

'어리다'가 '愚'의 의미로 쓰였고, '幼'의 의미로도 쓰였다. 따라서 이 시기에는 '어린이'가 '愚人'을 뜻하기도 하고 '少人'(어리고, 살아온 날이 적은 사람)을 의미하기도 했다.

최남선은 이후 '어린이'라는 용어를 널리 사용하지 않았으며, 어린이를 가리켜 '아해' 또는 '아동', '아이'라 불렀다. 그후 방정환이 발간한 아동잡지 『어린이』에 와서 '어린이'라는 의미가 정착되었다. 『소년』에 이어 발간된 『붉은 저고리』, 『아이들 보이』, 『소년』 등은 독자가 『소년』에 비해 보다 좁은 범위의 아동들로 본격 아동지로서의 성격을 가지고 있었으며, 1920년대 초반에 등장하는 아동잡지들의 모태가 되었다. 이중 『새별』은 어린이의 오락과 지식 향상을 위주로 편집한[5] 『붉은 저고리』, 『아이들 보이』에 비해 문예란을 더 충실하게 만든 것이 특징이다. '동화', '아동 문학'이란 용어는 『소년』과 『붉은 저고리』에서 각각 처음 등장하였다.[6]

최남선이 편집했던 이들 잡지에서는 다양한 장르의 글들이 실렸다. 최남선은 이러한 일련의 작업을 통해 비록 일본을 거치기는 했지만 서양 동화의 소개, 전래동화를 비롯한 서양 동화의 개작, 창작동화 발표 등 본격적인 동화 문학을 형성시키는데 중요한 기초를 마련하였

---

5) 『붉은 저고리』는 공부거리와 놀잇감을 표방하고 발간되었다. 『아이들 보이』의 경우에도 목차부터 일체 한자를 사용하지 않고 순국문으로 편집함으로써 아이들이 읽기 쉽도록 만들었다. 六堂이 『소년』에 대해서는 스스로 이후에 "성인을 상대로 하는 일반계몽잡지가 되고 말았다"는 아쉬움을 표하고 있는 것에 비해, 이들 잡지는 아동을 대상으로 한다는 본래의 취지에 더 가까운 편집을 하고 있었다고 할 수 있다.

6) 이렇게 용어를 처음 도입했다는 것은 아동 문학에 대한 인식이 처음 싹트기 시작했던 시기가 언제인지, 그리고 그 성격은 어떠했는지를 보여주는 중요한 의의를 갖는다. 하지만 이 용어들이 지금의 개념과 동일하게 사용된 것이 아니었다는 점은 경시되어서는 안 될 것이다. 즉, 六堂의 경우는 아직 아동 문학의 장르나 범주에 대한 인식이 부족했고, 方定煥처럼 직접적·본격적으로 아동 문학을 추구한 사람은 아니었다.

다. 최남선은 1908년『소년』창간호에 이솝이야기 3편을 〈이솝이약이〉이라는 제목으로 실으면서 동화에 대한 관심을 나타내기 시작하였다. 그리고『걸리버 여행기』중에서 〈거인국 표류기〉를 2회에 걸쳐 연재하였으며, 이 책의 〈소인국〉편을『소년』창간호 앞표지 뒷면에 광고하기도 하였다. 이어 영국 다니엘 데포가 지은『로빈슨 크루소』를 〈로빈손 무인절도 표류기〉라는 제목으로 제2권 2호부터 6회에 걸쳐 실었다. 1925년 8월 4일 안데르센 50주기를 맞아 8월 12일자 동아일보에 〈동화와 문화 -안데르센을 위함-〉이라는 제목의 칼럼을 발표하여 자신의 아동관을 밝히기도 했다. 그의 동화에 대한 관심은 『소년』이후의『붉은 저고리』,『아이들 보이』,『새별』등의 잡지 방향을 동화 중심으로 이끌어 가게 하였다.

뿐만 아니라 최남선은 본격적인 의미7)의 전래동화를 형성시켰을 뿐만 아니라 우리나라의 전설·민담 등을 어린이들에게 맞도록 개작한 개작 동화의 시초를 마련했다. 또한 최남선은 동화의 문장에도 큰 변화를 가져왔다. 문장에 한자성어를 많이 사용했던 그는『붉은 저고리』,『아이들 보이』,『새별』등에서 우리말을 골라 썼다.『소년』에서 많이 사용했던 문어체와 하오체가 이후의 잡지에서는 점차 경어체인 '습니다'체로 바뀌게 된 것이다.8) 최남선의 이러한 노력은 창작동화에도 이어져『아이들 보이』에 〈남잡이와 저잡이〉, 〈센둥이 검둥이〉를

---

7) 여기서 사용한 '본격적인 의미'란 기존의 전래동화를 아동관이 변화되지 않은 상태에서 형성된 전래동화와 구별하기 위한 것이다.
8) 아동 문학, 특히 동화에서 문장의 종결어미를 이처럼 경어체로 하는 것은 1920년대 方定煥의 어린이 운동을 거치면서 동화의 표현상의 규범 중 하나로 자리잡게 된다. 이는 아동 문학의 발생 초기 아동의 인권을 구제하고자 하는 의식적인 노력의 흔적인 동시에 아동 독자에 대한 성인 작가의 특별한 존중심을 나타낸 것이다. 하지만 이 규범은 동화 문학이 발전하는데 걸림돌이 된 원인이 되기도 한다.

동화라는 이름으로 발표하였다. 그러나 이 글들은 대상을 18세 전후의 청소년으로 삼고 있을 뿐만 아니라, 구성이 엉성하고 계몽을 위한 교육적인 요소가 생경하게 노출되어 순수한 의미의 동화로 보기는 어렵다. 그러나 이와 같은 최남선의 선구적 시도와 노력은 창작동화가 싹틀 수 있는 터전을 마련했다는 점에서 아동 문학사의 첫자리를 차지하고 있다.

최남선의 이러한 노력과 그 선구적인 업적에도 불구하고 본격적으로 아동 문학을 추구한 방정환에 비해 성인 문학과 아동 문학의 구별에 대한 의식이 상대적으로 모호했다고 할 수 있다. 최남선이 『소년』에 소개한 글의 성격 역시 오늘날의 관점에서 보았을 때 아동 문학의 범주에 포함될 수 있는 것이 많았다는 것이지 그가 아동 문학을 의식하고 선택한 것은 아니었다. 아동 문학에 대한 본격적인 논의와 창작동화의 출현까지는 1920년대 초 방정환의 등장을 기다리지 않으면 안 되었다.

아동 문학을 일반 문학과 나누어 생각하지 않았던 최남선의 시기9) 에 일반 문학과의 명확한 구분 없이 성장해 온 아동 문학은 방정환의 등장으로 독자적인 위치를 차지하게 된다. 방정환은 1921년 겨울에 일본 동경에서 세계 명작동화 10가지를 번안하고, 이듬해 서울에서 『사랑의 선물』(1922)을 개벽사에서 간행한다. 이 책을 엮은 동기에 대하여 방정환은 "학대받고 짓밟히고, 차고 어두운 속에서 우리처럼 자라는 불쌍한 영(靈)을 위하여 그윽이 동정하고 아끼는 사랑의 첫 선물로 나는 이 책을 짰습니다"라고 책머리에서 밝히고 있다. 이즈음

---

9) 이는 六堂의 궁극적인 지향이 아동 문학이 아니라 신문화 운동에 놓여 있기 때문이었다. 최남선에게 있어서 잡지의 편찬 및 간행은 신문화 운동의 일부 혹은 그의 한 과정으로 인식된 소년 운동이었을 뿐이지, 아동 문화 운동으로서의 성격은 완전히 갖추지 못했다.

오천석이 『금방울』을, 한석원이 『눈꽃』을 상재하였으나 그 수준에 있어서 『사랑의 선물』10)에 견줄 바가 못 되었다. 방정환의 동화집은 외국동화를 완전히 소화하여 개작한 창작동화나 거의 다름이 없었다.

이 무렵의 동화는 아동 문화 운동의 한 방편으로, 표현기법은 구연동화11)의 틀에서 벗어나지 못했고 내용은 철저하게 권선징악의 교훈성을 나타낸 계몽적인 것이었다. 이 시기에 방정환의 번안 및 번역동화들은 창작동화의 길을 트게 한 선구적 구실을 했으며, 동화의 미학적 기능에 대하여 눈을 뜨게 해준 중요한 계기가 되었다.

방정환의 아동 문학에 대한 지향과 그 실현 형태를 가장 잘 보여준 것은 1923년 3월 20일에 창간된 순수 아동 문학 잡지 『어린이』이다. 천도교와 관련을 맺고 있던 개벽사에서 간행된 이 잡지는 방정환과 일생을 같이하면서 동화 문학의 발생과 정착의 귀중한 무대가 되었다. 방정환은 1917년 열아홉 살의 나이로 천도교 제3대 교주인 의암 손병희 선생의 딸과 결혼을 하게 된다. 결혼으로 인연을 맺게 된 천도교의 人乃天 사상12)은 방정환의 아동문화운동과 문학운동의

---

10) 이 책은 1925년에 8판(1만6천 부), 1926년 2월에 9판, 1926년 7월에 10판을 찍어낼 정도로 호평을 받았고, 가격은 50전이었다. 또 2백여 페이지에 그림이 삽입되어 있었으며, 순한글로 씌어져 어린이들이 읽기가 쉬웠다.

11) 동화 문학의 초기에 구연동화가 동화의 중요한 형태로 자리잡았던 데에는 일본 아동 문학의 영향이 있었다. 일본 아동 문학의 아버지로 불리는 이와야 사자나미(巖谷小波)의 동화 운동이 구연동화의 형태를 띠고 전개되었기 때문이다. 참고로 小波의 호는 이와야 사자나미의 업적에 대한 존경심의 발로에 의한 것으로 생각된다. 일본 근대 아동 문학의 전개 과정에 대한 간략한 서술은 『현대 일본 아동 문학론』(김요섭 편)에 실린 카미 쇼오이치로의 「일본의 아동 문학」에 잘 나타나 있다.

12) 天道敎 제2대 교주 崔時亨이 반포한 「內修道文」(1889년11월)에서 "어린이를 때리지 말라. 이는 한울님을 치는 것이니라"는 人乃天 정신은 곧 『어린이』의 근간인 '어린이 존중 사상'의 바탕이 되었다.

실천적 길잡이 역할을 하게 된다.

1921년 그는 김기전과 함께 '天道敎 少年會'를 조직하여 "씩씩하고 참된 소년이 됩시다. 그리고 늘 사랑하며 도와 갑시다"란 표어 아래 소년 운동을 본격적으로 전개해 나갔다. 1922년 '天道敎 少年會'에서는 5월 1일을 '어린이날'로 정하고 아동 운동을 범사회적 차원에서의 운동으로 전개하였는데, 이러한 활동들은 다음 해에 창간된 『어린이』를 중심으로 전개되었다.

『어린이』의 창간 목적과 방향은 짓밟히고 학대받고 쓸쓸하게 자라는 어린 혼을 구원하고, 어린이들에게 민족 의식을 고취하여 항일운동의 기반을 마련하기 위한 것이었다. 이 잡지는 창간호에서부터 조선총독부의 원고 검열로 민족적 성향의 작품이나 기사가 삭제되는 바람에 창간 예정일이었던 1923년 3월 1일을 훨씬 넘긴 20일에야 발행될 수 있었다. 『어린이』의 이러한 민족주의적 경향은 1926년 이후부터 보다 적극적인 모습을 띠게 되었고, 방정환이 작고한 1931년까지 계속되었다.

> 어떻게 하면 조선의 소년소녀가 다같이 좋은 사람이 되어가게 할까! 실제의 소년 운동을 힘써 일으키는 것도 그 때문이요 온갖 괴로움을 참아가면서 어린이 잡지를 발행하여 오는 것도 오직 그것을 바라는 마음이 뜨거운 까닭입니다. 조선의 소년소녀가 단 한 사람도 빼지 말고 한결같이 좋은 인물이 되게 하자 하여 돈만 있으면 그냥으로라도 자꾸 박혀서 뿌리고 싶은 우리가 돈 없는 어린 동무들이 돈이 부족하여 한 사람이라도 못 보게 되면 어쩌나 생각할 때에 겁이 생기고 또 울고 싶게 몹시 슬퍼집니다.[13]

---

13) 『어린이』, 통권 제32호(1925년 9월), 66~67쪽.

밑줄 친 부분은『어린이』의 창간 동기를 엿볼 수 있게 하는 대목이며, 아동 문학의 기능을 방정환이 어떻게 이해하고 있었는가를 여실히 보여준다. 아동 문학은 조선의 소년소녀들을 순화할 수 있는 중요한 수단이며, 그들을 위로하고 기쁘게 할 수 있는 수단이라는 것이다.

『어린이』에는   일반상식·과학·공작·건강·학습·유머·문예물 등을 골고루 싣고 있었는데, 초기 문예물에는 전래동화·번역동화·개작동화·동요가 주로 실렸다. 주요 필진들은 방정환을 주축으로 윤극영·손진태·정순철·고한승·태진섭·조재호·정병기·마해송·정인섭·이헌구·최진순·최영주·윤석중 등 '색동회' 회원들이 대부분이었다. 『어린이』에는 전래동화·창작동화·외국동화 등이 고루 게재되었지만, 창의적으로 구성한 창작동화보다는 설화의 내용과 형식을 재구성한 전래동화와 개작동화, 일본어로 번역된 동화를 국어로 다시 번역한 외국동화가 대부분을 차지하고 있어, 당시에 동화에 대한 완전한 이해가 선행되지 않았음을 짐작케 한다.

이 시기에 나온 창작동화 역시 전래동화의 전형적 패턴이라 할 수 있는 상투어 즉, '옛날에 옛날에' 등의 서두어가 그대로 쓰이기도 하고, 구연동화 형식을 탈피하지 못했으며, 주제를 부연 설명하는 작가의 개입이 두드러져, 작품·성격이 교훈적이고 설명적인 점이 특징이다. 이러한 현상은 전래동화의 토대 위에 외국동화가 급속하게 유입되는 과정에 나타난 과도기적인 것으로 보아야 할 것이다.

그럼에도 불구하고 이전에 비해 동화에 대한 보다 세밀하고 발전된 이해와 그에 따른 시도가 이루어져 동화에 상당한 발전을 가져왔다. 예를 들어 한자말을 순우리말로 바꾸는 작업도 이때 이루어졌는데, '초동(樵童)'을 '나무꾼 아해'로, '어린이 왕국(王國)'을 '어린이 나라'로, '엽부(獵夫)'를 '사냥꾼'이라는 용어로 바꾸고, '어린이'라는 용어도 새로 만들었다. 또 동화가 어린이에게 절대적으로 필요한 것이라는 것을 밝힘으로써14) 어린이와 동화의 관계에 보다 진전된 논의의 바탕을 제공하기도 했다.

『어린이』에서 활동한 동화 작가로는 방정환·고한승·마해송·연성흠·이태준·홍은성·이원수 등이다. 특히 방정환은 전래동화를 개작하거나 우화적 성격의 동화를 발표하기도 했는데, 〈귀먹은 집오리〉(우화적인 성격), 〈양초귀신〉(전래동화적인 성격), 〈시골쥐 서울 구경〉 등은 특별히 관심의 대상이 된 작품이었다. 하지만 동화에 대한 지대한 관심에 비추어 『어린이』에 실린 환상을 바탕으로 한 순수 창작동화는 그리 많지 않은데, 대표적 작품으로는 진장섭의 〈은하수〉(『어린이』,제 2권 4호, 1924, 4월)와 1923년 『샛별』에 발표되었던 마해송의 〈바위나리와 아기별〉(『어린이』, 제4권 1호, 1926, 1월호 재수록) 등이다.

이처럼 아동에 대한 관점의 획기적인 변화와 그에 맞물려 나타난 아동 문화 운동은 아동 문학 운동으로 이어지면서 동화의 발달에 기틀을 마련했다. 이전까지 성인의 부속물이며 미숙함으로만 여겨졌던 아동에게 새롭게 주의를 기울임으로써 아동 문학을 문학의 영역 내에서 독립된 장르가 될 수 있도록 하였고, 그것은 전래동화의 발굴 및 계승, 그리고 창작동화의 출현으로 이어지면서 동화가 정착될 수 있는 중요한 계기가 되었다.

---

14) 小波가 이에 대해 언급한 것을 살펴보면 다음과 같다. "아동 자신이 동화를 구하는 것은 결코 지식을 구함도 아니요, 수양을 구하기 위함도 아니고, 거의 본능적인 자연의 욕구이다. 생아가 모유를 욕구하는 것과 같이 아동은 동화를 욕구하는 것이다. 모유가 유아의 생명을 기르는 유일한 식물인 것과 꼭같이 동화는 아동에게 가장 귀중한 정신적 식물인 것이다."
「새로 개척되는 '동화'에 관하여」, 『개벽』 제4권 제1호(1923년1월).

2. 외국동화의 수용 및 동화이론의 등장

존 로 타운젠트(John Rowe Townsend))의 『어린이 책의 역사』15)는 서구의 '어린이에 대한 인식과 변화의 과정'을 총체적으로 담고 있다. 특히 이 책은 서양 동화의 역사와 흐름을 파악하는데 중요한 참고가 되는데, 이 가운데 중요한 부분을 정리해 보기로 하겠다. 프랑스는 일찍부터 높은 문화의 수준으로 유럽 국가의 중심적인 위치에 있었다. 17세기에 프랑스에서는 샤를르 페로(Perrauit Charles)가 '독수리 할머니 이야기'라는 부제가 붙어 있는 동화집 『옛날, 그리고 짤막한 이야기』(1697)를 출간하였다. 이 책은 민간에 전해 내려오는 이야기와 전설을 시대에 맞게 구성하여 교훈성과 풍자를 가미한 작품집이다. 이후 이를 계기로 옛이야기집이 쏟아져 나오게 된다.

"진리를 아는 능력이 부족한 유소년에게는 그들에게 적합한 재미있는 이야기에 의해 알지 못하는 사이에 인간 진리를 터득하게 된다." 이것은 샤를 페로(Perrauit Charles)의 동화에 대한 신념이요 철학

---

15) 존 로 타운젠트(John Rowe Townsend)는 1922년 영국 요크셔 주의 리즈에서 태어나 케임브리지 임마누엘 칼리지에서 박사학위를 받았다. 1955년부터 『가디언』지에 어린이 책 담당 서평기자로 활동하면서 어린이 책을 가까이 했고, 〈검불의 정원〉, 〈침입자〉 등의 동화를 쓰기도 했다. 그가 쓴 『어린이 책의 역사』는 모두 4부로 구성되어 있는데, 1840년 이전부터 1994년까지 세계 동화책의 역사를 이해하는 데 좋은 길잡이가 된다.
존로 타운젠트, 『어린이책의 역사』, 강무홍 역, 시공사, 1996 참조.

이었다. 그의 『옛이야기 모음집』에는 세 편의 산문과 여덟 편의 옛
이야기가 수록되어 있었는데, 그 중에는 〈잠자는 수풀의 공주〉, 〈빨
간 두건〉, 〈푸른 수염〉, 〈장화를 신은 고양이〉, 〈신데렐라〉, 〈다이아
몬드의 개구리〉, 〈엄지손가락 아이〉 등이 있다. 페로가 근대 아동 문
학의 아버지라고 불리는 이유는 옛날 이야기에다 인간의 약점을 배정
하여 풍자하는데 그치지 않고, 그의 교육관과 사회관을 반영하고 있
기 때문이다.

샤를 페로(Perrauit Charles)에 의해 시작된 옛이야기 모음은 그
림 형제(형 야콥, 아우 빌헬름)에 의한 『어린이와 가정을 위한 동화
집』으로 이어졌다. 그림 형제의 동화집은 1812년 제1권에 이어
1815년 제2권이 출간되었다. 제1권에는 그림 형제 고향에서 모은
85편이 실렸고, 다시 이를 규합하여 2백여 편을 제2권에 실었으며,
1919년 열 편의 종교 이야기가 덧붙여 출간되었다. 이 속에 담긴 이
야기들은 그림 형제가 창작한 것이 아니라, 민중들 사이에 전해내려
오던 이야기들을 모아 놓은 전래동화이다. 이 이야기책 속에는 민족
의 꿈과 희망이 형태를 달리하며 나타내고 있는데, 이 속에 담긴 풍
부한 마법들은 억압받는 민중들에게 현실을 해방시켜 주는 수단으로
작용하였다.

서구에서도 동화의 발달은 전래동화의 정착과정뿐만 아니라 창작
동화의 등장 및 발달을 통해 이루어지게 된다.

창작동화의 선구자로 불리는 안데르센, 한스 크리스티안
(Andersen, hans Christian)(1805~1875)은 일생 동안 150여
편의 동화를 썼는데, 대표적인 작품은 〈인어 아가씨〉, 〈눈의 여왕〉,
〈미운 오리새끼〉, 〈성냥팔이 소녀〉, 〈벌거숭이 임금님〉, 〈백조왕자〉,
〈달님 아가씨〉 등이다. 안데르센, 한스 크리스티안(Andersen,

hans Christian)도 초기에는 민담을 개작하기도 하고 소재를 민담에서 차용하기도 하였다. 그러나 그의 작품은 전승문학의 세계와 공상 세계를 융합하여 새롭게 재창조했다는 점에서 특징이 있다. 그의 작품에는 동심에 대한 애정과 미세한 감정 묘사, 풍부한 상상력, 시적이면서도 간결한 문장 등이 구성의 조화를 이루고 있는데, 이러한 구성 요건은 오랜 세월 동안 아동 문학계에 지대한 영향을 끼쳤다. 그는 동심을 바탕으로 한 미세한 감정 묘사로 줄거리 중심의 설화 문학 형태에 머물러 있던 기존의 동화를 예술적 차원으로 끌어올리는데 공헌하였다.16)

서구 동화의 유입은 한국 동화 문학 생성에 직접적인 영향을 주었으며, 과도기의 번안 및 번역의 과정을 거쳐 우리나라에 창작동화의 기틀을 마련하게 하는 계기가 되었다. 서구의 동화가 우리나라에 소개되기 시작한 것은 갑오경장 이후 일본을 통해서이다. 1879년 일본은 『小國民』지에 中川露城이 그림 동화를 번역 게재하였고, 上田萬年이 그림 동화와 안데르센의 이야기, 이솝 이야기들을 번역 게재하였으며, 최초의 동화인 이와야 사자나미(巖谷小派)의 『黃金丸』(1891)이 간행되고 『소년세계』 등 아동 문학 잡지가 창간되었다. 또 일본 아동문학계에서 '꽃의 계절'로 불리는 대정기의 아동문학 부흥은 오가와 미메이 등의 뛰어난 동화 작가들을 배출했을 뿐만 아니라 아동문학이 문단 내에서 확고한 위치를 잡도록 하는데 중요한 역할을 하였다.17)

---

16) 서구 아동 문학의 역사에 대한 간략하고도 명쾌한 정리는 『세계 아동 문학 사전』(李在撤 편, 계몽사, 1989)의 부록으로 실려 있는 「세계 아동 문학 사」가 있다.
17) 가라타니 고진, 『일본 근대문학의 기원』, 김유화 역, 민음사, 1990 참고. 김병철, 『韓國近代飜譯文學史 硏究』, 을유문화사, 1975 참고.

일본의 아동 문학의 부흥기에 일본에서 유학했던 최남선과 이광수가 일본 아동 문학의 영향을 받은 것은 지극히 자연스러운 현상이라 할 수 있다. 이들은 귀국하여 1920년대 방정환에게도 큰 영향을 미쳤으며, 또한 우리나라 아동 문학의 이론적인 토대를 마련하는 데에도 영향을 주었다.

우리나라의 경우 1913년 최남선의 〈아이들 보이〉가 발표되었고, 방정환은 1922년부터 아동 문학을 본격적인 궤도에 올려놓는 교량적 역할을 하였다. 사실 방정환에 의해 간행된 『세계 명작 동화집』(1922)은 동화의 세계를 넓히면서 재료를 풍부하게 하기 위한 것이었다. 그러나 이들 이야기가 비록 서구적인 것이라 해도 동화성은 비슷한 양상을 띠고 있었다. 다만 동양의 동화가 권선징악과 교훈적인 면이 강한 반면, 서구의 동화는 소설적인 요소가 강하고, 개인의 인격과 가치를 존중하는 경향이 짙다는 점에서 차이를 보인다. 重譯을 거쳐 소개된 서구 동화들은 탄탄한 스토리의 전개, 동화에 적합한 다양한 인물들 등 동화의 전형적인 모델을 보여줌으로써 독자층을 넓히고, 또한 창작동화가 탄생할 수 있는 계기를 제공했다.

1920년대 서구 동화의 수입 과정과 함께 창작동화의 탄생을 촉진시킨 것은 동화에 대한 이론적인 논의가 제기되었기 때문이다. 1910년대에는 동화, 즉 아동 문학이라는 개념이 사용되기는 했으나 문학적인 차원에서 구체적인 논의와 이해를 거친 것이 아니었다. 동화의 개념과 특성에 대한 다양한 논의가 이루어지기 시작한 것은 1920년 이후라고 할 수 있다. 특히 "우리에게 유익한 지식이라 하여 수신과 산술만 구역구역 막고 좋은 사람이 될 수 있느냐 하면 그것만 가지고 좋은 사람 — 빠진 구석 없이 완전한 사람 — 이 될 수 없는 것이요, 예술이라 하는 반찬을 부지런히 잘 구해 먹어야 비로소 빠진 구석 없이 완전한 좋은 사람이 되는 것입니다"18)와 같이 아동 문학의 미적 기능에 대한 인식을 통해 비록 산발적인 것이기는 하지만 동화에 대한 이론적인 논의가 자리잡게 되었다.

---

18) 방정환, 「세계 아동 예술 전람회를 열면서」, 『어린이』 제6권 제6호, 2쪽.

3. 〈바위나리와 아기별〉의 문학사적 의미와 환상성

초기 창작동화의 환상성이 엿보이는 우리나라 최초의 창작동화 〈바위나리와 아기별〉은 마해송이 1922년 동경에서 돌아와 연금 생활을 할 때 지은 작품이다.19) 이 작품은 1923년 개성의 박홍근이 편집한 『샛별』에 발표된 우리나라 최초의 창작동화로, 전래동화의 유형적 구조와 교훈적인 형태를 상당 부분 탈피한 작품이다. 마해송의 처녀작이자 대표작이기도 한 이 작품은 천상계의 아기별과 지상계의 바위나리가 화합을 추구하는 신화적 모티브로 이루어진 탐미적 경향의 동화라고 할 수 있다. 이 작품은 억압적인 봉건사상에 대한 저항의식과 기성세대에 대한 비판의식을 담고 있으며, 바위나리와 아기별의 이별과 아픔을 통해 아동의 인격을 존중해 줄 것과 아동이 더 이상 어른의 노리개가 아님을 주장하고 있다.

마해송은 1922년 문예잡지 『麗光』, 문학클럽 '綠波會' 동인으로 문학활동을 시작으로, 1924년에는 〈색동회〉 동인으로 어린이를 위한 문화활동에 전력하면서 본격적인 활동에 들어갔다. 그가 아동문학가로 활동하게 된 배경에는 아버지에 대한 원망스러운 마음이 크게 작용하였다. 마해송은 13살 때 아버지의 강요에 의해 결혼한 후 기차에서 만난 소학교 선생 '순'과의 연애 사건으로 한동안 연금 상태에

---

19) 마해송, 〈바위나리와 아기별」, 『사슴과 사냥개』, 1977, 창작과 비평, 7~16쪽.

놓이게 된다. 이 일이 계기가 되어 그는 어린 세대를 억압하고 강요하는 기성세대에 대한 부당함을 동화 〈바위나리와 아기별〉에 담아 발표하였다.20) 이때 그의 나이는 열여덟 살이었다. 어른은 어린이를 언제나 철부지로 생각하지만, 어린이는 어린이대로 독자적인 생각과 인격이 있으므로 어린이를 어른의 힘에 의해 억압하고 누르려고 해서는 안 된다는 아동관은 아버지의 꾸중으로 집에 갇혀 있어야 하는 마해송에게 자연스럽게 형성될 수 있었다. "왕의 폭력에 의해 사랑이 끊기었고, 사랑이 끊기었기 때문에 빛을 잃었으나, 한 번 죽은 다음 바다 속에서 사랑이 되살아나매 잃었던 빛을 도로 찾고 꽃도 새로운 생명을 찾았다"는 결말 처리를 통해 아버지의 꾸중으로 지금은 집에 갇혀 있지만 사랑은 온갖 방해와 억압을 끝내 물리칠 수 있다는 신념을 담고 있다.

작가의 간절한 체험에 의해 어린이를 건져 줄 기회를 주기 위해 씌어진 〈바위나리와 아기별〉의 내용은 봉건 사상과 가부장적 가족 관계에서 야기되는 억압적 현실을 비판하고 있다. 어린이에게 복종만을 강요하는 당대 사회의 경직성, 외재적 힘의 압박에 대항하여 팬터지를 통한 환생으로 이 문제를 해결하고자 했던 것이다. 그러나 이 작품은 아동으로 하여금 새로운 힘, 즉 비판력을 익힐 수 있게는 했지만, 성인에 의해 학대받는 아동이 한결같이 약자의 입장을 벗어나지 못하고 있어, 어린이의 세계를 좀 더 역동적으로 그리지 못한 아쉬움을 남기고 있다.

그럼에도 불구하고 『샛별』에 실린 〈바위나리와 아기별〉은 한국에서 씌어진 창작동화로서는 최초의 작품이라는 문학사적인 의미를 지닌다.21) 물론 이전에도 동화가 없었던 것은 아니다. 그러나 기존의

---

20) 마해송, 『아름다운 새벽』, 민중서관, 1962, 46쪽.
21) 개성의 박홍근이 주간하는 『샛별』에 처음으로 발표됨. 이후 〈바위나리와 아기

동화는 전래동화와 번역 및 번안동화, 그리고 개작동화 등 창작동화
는 아니었다. 이광수가 1915년에 『샛별』에 발표한 〈내 소와 개〉를
창작동화로 볼 수도 있다. 그러나 이 작품은 어른인 화자가 어린 시
절을 회고하는 에피소드로, 죽은 개의 모습을 구체적으로 형상화하는
등 동화의 본질을 의식하고 예술성을 가미한 순수한 창작동화로 보기
는 어렵다.

〈내 소와 개〉에 비하여 〈바위나리와 아기별〉은 완성도 있는 창작
동화로서 평가할 수 있다. 〈바위나리와 아기별〉은 단군신화의 상징
체계와 구성, 전래동화인 〈나무꾼과 선녀〉의 하강 모티브와 비슷한
형태로 구성되어 있지만, 주제와 형식적 기법은 전래동화와 다르다.
먼저 소재를 살펴보면, 대부분의 전래동화는 동물을 의인화하고 있으
나 외로운 섬에 홀로 핀 바위나리를 제재로 삼았다는 점, 전래동화의
전형이라고 할 수 있는 권선징악과 교훈성에서 탈피한 점에서 구별된
다. 또한 전래동화의 소망이 해피엔드로 끝나고 있지만, 〈바위나리와
아기별〉은 열린 결말 처리로 독자로 하여금 생각할 여운을 주고 있는
점도 다르다.

이 작품은 설화성을 지니고 있으면서도 아기별의 미세한 감정의
묘사와 억압받는 어린이의 모습을 형상화하려는 작가의 의도를 담고
있다는 점에서 창작동화로서의 가치를 지닌다. 또한 전래동화의 본래
의도가 아동을 위해 만들어지지 않았던 것에 비해, 이 작품은 비록
성인의 시각에서 씌어졌지만 처음부터 끝까지 아동의 입장을 견지하
고 있다. 아주 작은 한 개 바위나리의 고독과 외로움에 대한 섬세한

별〉은 1926년 1월 『어린이』에 다시 발표되었다. 따라서 우리나라 최초의
창작동화 〈바위나리와 아기별〉은 1923년 『샛별』에 발표된 것으로 보는 것
이 타당하다. 많은 책에서 우리나라 최초의 창작동화를 1923년 창간된
『어린이』지에 게재된 〈바위나리와 아기별〉의 발표연대와 혼동하고 있다.

묘사, 자아의 회복을 위한 자각, 인간 존중사상을 바탕으로 한 아기별의 숭고한 희생은 작품 전체를 면면히 관통하고 있는 시적인 흐름과 함께 문학적 기품을 더욱 높여주고 있다.

아동 문학이 세계와 인간에 대한 근대적이고 새로운 사고를 배경으로 등장한 것이라 할 때, 내용의 근대성도 창작동화의 특성을 규정하는 중요한 근거가 된다. "근대성이란 인간 개인의 가치와 개성이 존중되고 모든 생활을 과학적·합리적 견지에서 영위하는 것을 뜻한다."22) 어느 나라를 막론하고 동화성23)은 비슷하지만 문화적인 면에서 서양과 동양의 사고 방식은 차이가 있다. 대체적으로 동양적인 사상은 권선징악과 교훈성이 강한 반면, 서구의 근대 동화는 소설적인 요소가 강하고 인간에 대한 이해를 바탕으로 한 개인의 권리를 존중하는 것을 특성으로 한다. 이런 관점에서 고찰할 때 〈바위나리와 아기별〉은 아주 작은 한 개 바위나리의 고독과 외로움에 대한 세세한 묘사, 아기별의 자아의 회복을 위한 자각 등을 구현하고 있다.

〈사슴과 사냥개〉, 〈박과 복숭아〉, 〈떡배단배〉, 〈꽃씨와 눈사람〉, 〈민들레의 노래〉, 〈순이와 호랑이〉 등의 작품에 보여지는 마해송의 문장은 보통 평이하면서도 간결한 것이 특징이다. 그의 문장에는 그림씨나 어찌씨 따위의 꾸밈말이 그다지 많지 않으며, 이음 말은 줄여서 경쾌한 분위기를 풍겨준다. 특히 문장의 반복은 물결이 치는 듯한 리

---

22) 이재철, 「동화」, 『세계문예대사전』, 성문각, 1975, 201쪽.
23) 최남선은 "〈조선의 민담·동화〉에서 동화라는 종류의 이야기는 아무 나라에 들어가도 똑 같게 재미를 느끼게 생기고, 또 어떠한 신화나 전설의 속에 들어가 끼어도 거북할 것 없이 그 일부분을 형성하도록 생긴 것이므로, 아주 아득한 옛날로부터 아주 자유 활발스럽게 전 세계와 온 인류의 사이로 골고루 전파하여 천연덕스럽게 제각기 그 나라의 고유한 이야기인 체하되, 가만히 그 성질을 살피고 맥락을 들추어 보면 실상은 한 가지 형의 여러 장의 사진임이 분명하다"고 했다.(최남선, 『六堂 최남선 전집 5』(高大 아시아문제연구소 편), 현암사, 1973, 74쪽)

듬감으로 역동성을 느끼게 한다.

　　남쪽 나라 따뜻한 나라, 사람 사는 동네도 없고, 사람이나 짐승
이 지나간 자취도 없는 바닷가에 다만 끝없이 넓고 넓은 모래 벌판
만이 펼쳐져 있습니다.
　　바닷가의 산이라고는 없는 벌판이라 나무도 없고, 나무가 없으니
노래를 부르는 새조차 한 마리 없고, 풀잎도 없습니다. - -중략--
밀물에 밀려서 바닷가에 놓여진 주먹만한 감장 돌 하나를 의지하고
조그만, 그렇지만 어여쁘고 깨끗한, 풀 한 잎이 뾰족이 솟아 나왔
습니다. 그 풀이 점점 자라, 두 잎이 되고 세 잎이 되더니, 가지가
뻗고, 가지에는 곱고 고운 빨강꽃이 한 송이 피어났습니다. 또 파
랑꽃도 한 송이 피어났습니다. 그 다음은 노랑꽃, 또 그 다음에는
흰꽃 해서 나중에는 아주 함빡 오색이 영롱하게, 여러 가지 꽃이
피어났습니다.24)

　　위의 인용문에서도 보여지듯이 한 단락에 '나라'와 '없다'라는 동사
가 최소 두 번에서 다섯 번까지 반복되고 있다. 이러한 수법은 다시
풀과 꽃에도 연결되어 밀물과 썰물의 반복 현상처럼 리듬감과 역동성
을 느끼게 한다. 작자 마해송은 대부분의 동화에서 서두를 가볍게 시
작하고 있지만 〈바위나리와 아기별〉에서는 위에 제시된 예문처럼 서
두의 배경 묘사가 비교적 길다. 이것은 비현실적 공간을 마치 눈에
보이는 듯한 구체적인 하나의 세계로 만들어 환상의 굵고 넓은 세계
로 독자의 관심을 끌어들이기 위해서이다. 이러한 리듬감 있고 쉬운
문장으로 표현된 무한한 기쁨과 꿈의 세계, 자유의 공간으로 인도하
는 힘을 지니고 있는 팬터지 공간은 현실에서 결핍되어 있는 평화와
영원한 행복이 조화롭게 자리하는 곳이다. 〈바위나리와 아기별〉의 두

----

24) 마해송, 앞의 책, 7쪽.

주인공이 만난 뒤의 바다 물빛은 더욱 맑고 환한 새로운 질서의 출현
을 암시한다. 이것은 바로 작가가 자기 시대와 개인의 심리, 경험,
의식의 융합 속에서 빚어낸 이상적인 질서이며 동시에 시공을 초월하
여 재현되는 문학적 표현이다. 따라서 환상적 분위기의 탐미적인 이
작품은 동화의 성격을 잘 살림으로써 문학적으로도 성공을 거두고 있
다고 할 수 있다.

　　(바위나리)
　(1) 나무도 풀도 없는 바닷가에서 바위나리는 감장돌을 의지하
　　　고 꽃을 피웠다. (부재 또는 결핍)
　(2) 주위에 아무도 없다는 것을 알고 소리질러 울었다. (폭로 또
　　　는 누설)
　(3) 자기를 찾아온 아기별에게 가지 말라고 당부한다. (금기)
　(4) 찬바람이 불어와 바위나리는 병이 든다. (불행)
　(5) 아기별을 기다리다 바람에 휩쓸려 꽃잎을 떨어뜨리고 바닷
　　　물에 빠지고 만다. (해결)
　　(아기별)
　(1) 바위나리의 울음소리를 듣고 바닷가로 내려온다. (위반 또는
　　　출발)
　(2) 재미있게 놀다 하늘로 올라가는 시간이 늦어졌다. (금기 위
　　　반)
　(3) 임금님이 아기별에게 바닷가에 내려가지 못하게 한다. (금
　　　기)
　(4) 다시 바닷가로 내려가 바위나리를 간호한다. (금기 위반)
　(5) 임금님이 아기별을 하늘에게 쫓아낸다. (처벌)
　(6) 아기별은 바위나리가 떨어진 바닷물 속으로 떨어진다. (구
　　　제, 해결)

위의 분석에 의하면 어린이로 상징되는 바위나리와 아기별은 작품 전체를 통해 크게 변하지 않는 평면적인 성격의 인물들이다. 그들에게는 자신이 지닌 불행이나 결핍에 대하여 적극적으로 대응하거나 투쟁하는 모습이 보이지 않는다. 그들의 불행과 결핍에 대하여 아기별만 금기를 두 번 위반하는 행위를 취하지만 결국 임금님의 명령과 바람에 힘없이 휩쓸리고 만다. 이와 같이 바위나리와 아기별은 그가 속한 시대나 사회에서 약자의 입장에서 벗어나지 못하는 수동적인 인물이다. 이러한 성격은 작품 곳곳에서 발견된다.

> 아기별은 날마다 밤마다 바위나리 생각만 하고 울었습니다. 어떻게든 한번 바닷가에 가보고 싶은 마음이 간절했습니다. 소리를 질러 울고 싶었으나 그도 임금님과 여러 별들이 들을까봐 울 수도 없고 다만 솟아 나오는 눈물만은 어쩔 수 없었습니다. ～하루는 임금님이 아기별 앞으로 오시더니, "너는 요새 밤마다 울고 있기 때문에 별의 빛이 없다. 빛이 없는 별은 쓸데가 없으니 당장 나가거라!" 하고 소리를 벽력같이 지르면서 아기별을 하늘 밖으로 쫓았습니다.25)

이 시대의 어린이들은 가장의 절대적 권위가 팽배한 가족 체제 속에서 복종을 강요받았다. 그들의 인권과 인간적인 가치는 무시되었고, 어른들의 지배 대상이었다. 이러한 아동은 독자적 행동이 불가능하고, 행동의 반경이 일정한 범주에 제한된다. 아기별이 살고 있는 하늘은 권위적이고 엄격한 계율에 의해 다스려지는 세계다. 그러므로 별나라의 임금님은 가부장적 권위를 떨치는 아버지의 化身이며, 어린이를 무시하는 폭력적인 어른의 모습이다. 그에 비해 자기의 소망이

---

25) 앞의 책, 15쪽.

이루어지지 않자 울음을 터뜨리는 바위나리와 동무의 외침에 집을 뛰쳐나가는 아기별은 순진무구한 동심의 상징이라 할 수 있다.

　하늘의 세계에서는 인간적인 동정이나 연민에 의해 저질러진 실수를 용납하지 않는다. 아기별은 한결같이 약자의 입장에서 벗어나지 못하고, 제한된 행위만이 가능한 울타리 안에서 개성이나 권리를 가지지 못하는 것이다. 따라서 작품에 등장하는 아기별은 임금님으로 상징된 성인사회에 대해 어떠한 반발도 할 수 없는 것이다. 작가는 이 작품을 통해 어린이에게 자신들을 억압하는 세력에 대한 비판력을 키워주자는 의도를 드러내고 있다. 그러면서도 작가는 그것이 아동세계에서 자연 발생적으로 이루어지는 것이 아니라 아동보다는 높은 위치에서 그러한 의식을 부여하려는 자세를 보여주고 있다. 이러한 점에서 이 작품의 세계도 아동의 생활과 현실이 반영된 것이 아니라 성인이 보는 아동세계라는 한계성을 지닌다.

　이러한 한계 때문에 기성사회나 어른들에게 억압당하는 아동은 한결같이 약자의 입장에서 벗어나지 못하고 있으며, 제한된 행동만이 가능한 공간에서 반발도 할 수 없으며, 어린이가 가져야 할 권리도 소유하지 못하고 있다. 그러나 어린이는 그것이 적극적이든 소극적이든 복종과 지배의 대상으로만 존재하지 않는다. 어른들의 억압에 어린이들은 일시적으로 굴복하는 것처럼 보이지만 그들 내부에서는 벌써부터 반격을 준비하고 있는 것이다. 즉 별나라 임금님의 권력에 의해 사랑을 이루지 못하고, 그래서 빛을 잃은 아기별이 바위나리를 따라 바닷가에 빠짐으로써 잃어버린 빛을 되찾는 모습은 비록 타율적이기는 하지만 억압받는 아동의 권리를 회복한 것임을 의미한다. 이러한 전개는 어린이에게 미래에 대한 가능성을 제시하여 저항성을 익힐 수 있게 했으며, 부조리한 기성세대의 모습을 고발하고 개혁하고자 하는 용기를 고양시킨 것으로 이해된다.

〈바위나리 아기별〉은 탄탄한 스토리 전개를 갖추고 있다는 점에서 완성도가 비교적 높은 작품이라 할 수 있다. 이 작품의 전개과정을 보면 다음과 같다.

> 〈바위나리와 아기별〉의 전개
> 발단: (1) 나무도 풀 한 포기도 없는 바닷가에 바위나리가 주먹 만한 감장 돌에 의지하여 꽃을 피웠다.
> 전개: (2) 바위나리는 동무를 불렀지만 찾아오는 동무가 없어 소리 질러 울었다.
> (3) 바위나리의 울음소리를 듣고 하늘나라 아기별이 매일 밤 바닷가로 내려와 놀아 주었다.
> 위기: (4) 아기별은 아픈 바위나리를 간호하다가 하늘로 올라가 는 시간이 늦어 버렸다.
> (5) 임금님이 아기별에게 바닷가에 내려가지 못하게 하였 다.
> 절정: (6) 매일 밤 아기별을 기다리다가 지친 바위나리는 죽고 말았다.
> (7) 임금님은 바위나리를 그리워하며 우는 아기별을 하늘 밖으로 내쫓았다
> 결말: (8) 바위나리가 죽은 바다 속으로 아기별이 떨어지자 바 닷물을 맑아졌다.

일반적으로 전래동화의 기본 패턴은 회귀적 여행 코스인 이른바 '집 - 집 떠남 - 모험 - 집(초기 상태의 집으로의 귀환)'으로 되어 있 다.[26] 환상의 구조적 측면에서는 모든 이야기가 다 그러한 것은 아

---

26) 마리아 니콜라예바. 앞의 책. 34쪽.

제4장 창작동화의 형성과 환상성 *107*

니지만, 하나의 '안정된 상황 – 불균형 상태 – 안정된 상태'가 재확립
되고 있다.27) 〈바위나리와 아기별〉을 전자의 여행 코스에 대입시켜
보면 '집(하늘나라) – 집 떠남(바위나리를 만나려고 바닷가로 내려
옴) – 모험(바위나리를 만남. 늦게 하늘나라에 도착하여 하늘의 성벽
을 넘는다) – 이상적인 집으로의 귀환(바다 속)'이다. 기존의 서술
패턴을 따르자면 아기별은 그의 집인 하늘나라로 귀환해야 한다. 그
러나 아기별은 하늘나라의 집보다 안전하고 평화로운 집이라고 판단
한 바다 속을 택한다. 바다 속은 아기별에게 있어 상징적인 평화의
공간인 것이다.

　마해송은 기존의 동화가 가지고 있는 이러한 회귀적인 패턴을 깨
트린 작가이다. 그의 작품에서 보이는 열린 결말은 기존의 성인을 위
해 존재한 동화가 어린이를 위한 단선적 코드로 변이되었다는 것을
암시한다. 다시 말하면 작중 인물의 행동이 어린이를 위한 방향으로
만 모아지고 있다는 것이다. 어른을 위한 입장에서라면 아기별은 하
늘로 귀환시켜야 하겠지만 사랑보다는 권위가 지배적인 하늘나라에
서 아기별은 행복할 수가 없다. 초월적인 공간인 바다 속은 아기별의
행복을 위한 장소이다. 어린이로 대변되는 아기별의 성장은 부모의
지시와 계율 속에서는 더 이상 자유로울 수가 없다.

　최초의 창작동화로서의 〈바위나리 아기별〉이 지닌 작품적인 가치
를 평가하자면 이 작품에는 의식적으로 환상이 도입되어 사용되었다
는 점이다. 동화가 문학적인 가치를 내보이기 위해서는 무엇보다도
즐거움을 주어야 한다. 이때의 즐거움은 감동이란 말로 대치될 수 있
겠는데, 독자를 감동시키기 위해서는 무엇보다도 경험하지 못한 세계
를 보여주는 것이 효과적이다.28) 이러한 세계를 구현하기 위한 방법

---

27) Tzvetan Todorov, 앞의 책, 163~164쪽.
28) Andre Breton, 「꿈, 경이, 동화」, 『창작기술론』(노서앙 역), 보진제,

으로 동화에서는 환상을 끌어들인다. 환상은 시간과 공간의 질서에서 해방되는 하나의 현상으로 동심세계의 중요한 특성이다. 환상의 도입은 그것이 불합리한 것이라 하더라도 동화의 흥미와 호기심을 불러일으킨다. 환상에 대하여 어린이가 거부감을 일으키지 않고 진심으로 받아들일 수 있는 것은 미와 상상의 세계를 구하는 본능 때문이다.29)

〈바위나리 아기별〉은 아기별과 바위나리에 인격을 부여하여 아동을 억압하는 어른 세계를 알레고리에 의해 풍자하고 있다. 작품의 배경이 되는 공간은 원시의 정적을 간직하고 있는 바닷가이다. 이곳은 아무런 생명체도 없고, 아직 누구도 경험하지 않은 미지의 공간이다. 이 공간에서 비생명체인 주먹만한 감장돌에서 태어나는 바위나리의 탄생은 신화적 인물의 비합리적인 탄생처럼 특별하다. 한 줄기에서 빨강, 파랑, 노랑, 흰 꽃을 피우는 꽃은 실제의 꽃이라기보다는 가공적인 꽃이다. 실제 마해송은 바위나리라는 이름에 대해서 "현실에 존재하는 꽃 이름이 아니라 바위에서 난 꽃이라 해서 붙여진 이름이다"30) 라고 말한 바 있다. 즉, 이 작품의 현실은 가공의 바위나리가 존재하는 세계인 것이다. 작품에 설정되어 있는 특별한 공간과 가공인물의 설정은 환상을 부여하는 요소로서 창작동화에서 환상이 거부감을 일으키지 않게 하는 역할을 담당한다.

> 그런데 이상하게도 이 울음소리가 밤이면 남쪽 하늘에 맨 먼저 뜨는 아기별의 귀에까지 들려 올라왔습니다.31)

1970, 46쪽.
29) L.H. 스미드, 『아동문학론』(김요섭 역), 1966, 교학연구사, 208쪽.
30) 마해송, 앞의 책, 44쪽.
31) 마해송, 앞의 책, 10쪽.

바닷가 바위나리의 노래 소리를 하늘나라 아기별이 듣는다는 것은 과학적으로는 추론할 수 없는 일이다. 그러나 우리는 이미 이 작품에 암시된 상황을 통해 지상의 바위나리가 천상계의 아기별을 만나는 사건에 대하여 거부감을 느끼지 않는다. 그것은 이미 바위나리는 태어날 때부터 특별하게 태어나서 다섯 색깔의 꽃을 피우는 특별한 능력을 지닌 특별한 존재이기 때문이다. 현대 동화에서 현실과 환상의 세계를 공존시키는 것은 현실의 제약을 뛰어넘고자 하는 인간의 소망 때문이며, 따라서 이 세계에서는 불가사의한 일이 발생하지 않으면 의의가 없는 것이다. 바위나리의 울음소리가 먼 하늘나라에 닿는 것은 그러한 맥락에서 이해가 가능하다.

바위나리의 노래 소리가 하늘에 닿고 하늘나라 아기별이 바위나리의 노래를 듣는 것은 현실적 제약을 뛰어넘고자 하는 작가의 소망이 발로된 것이며, 하늘나라에 대한 무한한 상상과 함께 시공간32)을 초월한 환상을 느끼게 한다. 대체로 시간 팬터지에서 일차적 시간과 이차적 시간(우리의 일반적 세계나 시간과 대조되는 특별한 시간을 가지고 있는 마술적 세계)의 만남을 위해 문이나 마술적인 물건, 마술적인 협력자(메신저) 같은 패턴과 연결되어 있다. 두 세계 사이의 실질적 혹은 상징적인 문이 두 세계 사이를 연결시키는 보편적인 길이다.33) 팬터지의 두 가지 본질은 통로와 방법이다. 통로라고 하는 것

32) 바흐찐은 시공간을 "문학에서 인위적으로 표현된 시간 관계와 공간 관계의 본질적 연결"이라고 정의하였다. 말하자면 문학 작품에 나타난 '시간과 공간의 조화'라는 뜻으로, 허구의 시간과 장소의 연합이라는 특별한 의미를 갖는다. 팬터지 서술에서는 시간과 공간의 관계가 아주 중요하며, 전래동화와 팬터지 사이의 구별을 뚜렷하게 만들어 준다. 팬터지는 현실, 우리 시대의 시간과 공간과 연계되어 있고, 등장 인물들은 대부분 평범한 아이들이다. 다른 통로로 들어가는 마술 통로, 그 세계에서 벌어지는 마술적인 모험은 현실과의 대비를 만들어 낸다. 다른 세계는 '사실적' 시간 혹은 일차적 시간과 상관없는 그 세계 고유의 시간을 가지고 있다.

은 현실 세계와 공상 세계를 잇는 길이고, 방법이라는 것은 현실 세계로 들어가는 수단이 된다.34) 바위나리가 사는 비현실적인 공간의 실제적 시간을 일차적 시간, 아기별이 사는 천상계의 초현실적 시간을 이차적 시간이라 할 때, 〈바위나리와 아기별〉에서 두 세계 사이를 연결시키는 통로는 하늘나라의 문이다.

사실만을 서술한 리얼리즘은 예술이 아니라 현실의 복사물에 불과하다. 리얼리즘의 문학에서는 현실의 충실한 묘사 자체가 목적이 아니다. 현실의 본질을 구체화하는 이미지에다 작가는 현실이 어떻게 되어야 하는가의 상상적인 전망을 가해 주는 것이다.35) 이런 시각에서 볼 때, 〈바위나리와 아기별〉은 이상있는 현실을 바탕으로, 신화적이며 일차적인 시간의 이탈, 사물에 인격을 부여하는 수법, 하늘 문이라는 통로를 통해 환상을 적절하게 구현하고 있다.

> 아기별이 풍덩실 빠져 들어간 곳은 오색 꽃 바위나리가 바람에 날려간 바로 그 위의 바다였습니다. 그후로도 해마다 아름다운 바위나리는 바닷가에 피어나옵니다. 여러분은 바다를 들여다본 일이 있습니까? 바다는 물이 깊으면 깊을수록 환하게 맑게 보입니다. 웬 일일까요? 그것은 지금도 바다 그 밑에서 한때 빛을 잃었던 <u>아기별의 다시 빛나고 있는 까닭</u>이랍니다.36)

하늘나라에서 쫓겨난 아기별이 빠져들어 간 곳이 바로 바위나리가 날려간 바다 위라는 사실은 정신적 승리로서 새로운 질서의 출현을

---

33) 마리아 니콜라예바, 『용의 아이들』(김서정 역), 문학과 지성사, 1998, 187쪽.
34) 조월신, 『일본 아동문학』(동경: 성광사), 1973, 41쪽.
35) 임철규, 〈우리 시대의 리얼리즘〉, 『창작과 비평』 제 15권, 여름호, 1980 쪽.
36) 마해송, 앞의 책, 16쪽.

암시하는 공간이다. 그 공간은 지상계와 천상계가 융화되어서 얻어지는 공간이다. 시공을 초월한 이와 같은 결말은 인간의 보편적인 주제인 사랑과 이별을 환상의 현실에 투영하여 삶의 진실이 무엇인가를 깨닫게 하는 효과를 얻고 있다.

〈바위나리와 아기별〉은 단군신화의 홍익인간 정신과 전래동화의 패턴 위에 근대사상을 접목한 우리나라 최초의 창작동화이다. 구성과 문체, 인물, 환상성을 살펴본 결과 〈바위나리와 아기별〉은 작가의 체험에 의한 비판정신을 바탕으로 씌어졌으며, 아기별이 하늘에서 내려왔다 올라가는 것은 〈단군신화〉와 〈나무꾼과 선녀〉 등의 전래동화의 형태를 따른 것이라 할 수 있다. 그러나 외로운 섬에 홀로 핀 바위나리를 소재로 바위나리의 고독과 외로움을 섬세하게 묘사한 점, 권선징악의 교훈성에서 탈피한 점에서는 전래동화와 다르다. 또한 억압당하는 어린이의 모습을 형상화하려는 작가의 창작의도를 담고 있다는 점에서 최초의 창작동화로서 문학사적인 의미를 가진다.

마해송은 〈바위나리와 아기별〉에서 현실을 대응하는 방법으로 작품에 환상을 도입하였다. 〈바위나리와 아기별〉에 나타나는 환상성은 주어진 상황을 설정하는 것 이상의 있는 현실을 바탕으로, 신화적이며 하늘 문이라는 현실 세계와 환상 세계의 통로를 언어에 의한 환상 세계를 구현하고 있다는 특징을 지닌다. 그리고 주어진 상황 설정으로 환상에 현실성을 부여함으로써 미적인 가치를 높여 이중적 독자 수용의 효과를 주고 있다. 우리나라 최초의 창작동화에 이처럼 환상이 지배적인 요소로 자리잡기 시작하면서 환상은 동화를 구성하는 중요한 약호(code)가 되었다.

제5장 창작동화에 나타난 환상의 전개 양상

1. 알레고리를 통한 현실 풍자와 환상-마해송

마해송1)이 적극적으로 작품 활동을 전개한 시기는 1931년 〈토끼

---

1) 마해송은 최초의 창작동화를 출현시켰다는 점에서 한국 아동 문학사에서 적
   지 않은 비중을 차지하고 있는 작가이다. 그는 1920년부터 1966년까지 한
   국 아동 문학을 주도한 사람으로, 최초로 '어린이'라는 말을 일반화시켰다.
   그는 색동회 회원, 아동 문화 운동가로서 어린이 존중 사상을 널리 보급시켰
   을 뿐만 아니라, 아동 문학의 가치를 외부에 인식시켜 성인 문학과 동등한
   자리로 끌어올리는 데도 일정하게 공헌했다. 이러한 그에 대한 연구는 다른
   아동문학가에 비해 비교적 다양하게 이루어졌다. 이중 이재철은 마해송에
   대한 연구를 다각적으로 시도하였다. 그는 「마해송론」을 통해 마해송이 창
   작동화의 선구자요, 동화 장르의 개척자, 인간 세태에 대한 풍자와 어린이
   존중 사상을 바탕으로 비유를 위한 아동상과 학대받는 아동상을 보여 주었
   지만, 아동 세계를 표현하는데 있어 성인의 입장에 머물렀다고 지적했다. 또
   한 그의 동화는 시대적 환경에 따라 변모의 과정을 거치며, 연결적 구성과
   간결성, 우의적 수법에 의한 풍자로 민족정신을 구현했다고 분석했다. 마해
   송에 대한 보다 심화된 논의로는 최지훈의 「어린이와 칼」을 들 수 있다. 그
   는 마해송 동화의 특성을 동심 천사주의에 대한 '저항성'으로 보았다. 그는
   마해송의 동화에서 저항성을 다룰 수 있다는 가능성을 제시한 점과 상황의
   모형화를 통해 아동으로 하여금 저항성을 익힐 수 있게 했다는 점을 특성으
   로 꼽았다. 김재규의 「마해송 동화 연구」, 김은숙의 「창작동화에 있어서 환
   상의 미적 기능 연구」, 고일곤의 「마해송 동화의 연구」, 이영미의 「마해송
   동화 연구」, 차보금의 「강소천과 마해송 동화의 대비적 연구」, 신수진의 「마
   해송 동화의 현실인식 연구」 등은 마해송 동화 세계에 대한 다양한 접근을
   시도하고 있다. 이러한 기존의 연구 업적들은 마해송의 동화관이 어린이 존
   중 사상을 바탕으로 하고 있으며, 주로 성인의 입장에서 당시의 시대적 상황
   에 부응하는 주제 설정과 환상에 의한 우의적 표현 기법을 통해 민족 주체
   의식을 형상화하고 있음을 지적하고 있다. 마해송은 '잃어버린 자아'를 찾으
   려는 소견을 가지고 동화를 썼으며, 그가 전 생애를 통해서 어린이에게 쏟은
   애정 또한 체험을 통해 얻은 깨달음 때문에 변함없는 진실성을 유지하였다.

와 원숭이〉를 쓰기 시작할 때부터 1960년까지라고 할 수 있다. 주로 탐미적 경향의 작품을 썼던 초기와는 달리 이 시기에 그가 펼쳐 보인 작품 성향은 민족 상황을 알레고리에 의한 환상으로 현실을 풍자 2) 하고 비판하였다는 점이다.

1930년대 민족적 현실은 식민지적 상황의 연속으로, 일제 탄압이 심화되던 때였다. 일제가 표방해온 문화 정책마저 탄압되고 현실 상황은 더욱 경직되었다. "전국민의 8할이 넘는 농민들은 극도로 비참한 생활을 해 나가고 있었으며 일부 친일적 특권층은 식민지 상황을 개인적 안위와 이익 추구를 위한 동기로 이용하여 현실에 안주코자 하였다".3) 아동의 존재는 무시되었고, 자식은 부모를 위해 희생하는 것을 당연시하였다. 광복 후 우리나라 현실은 급격한 변혁 속에 혼란의 연속이었다. 해방 후 5년 만에 6·25 전쟁이라는 민족 상잔의 비극을 겪게 되었고 그로부터 10년 후엔 4·19와 군사 혁명이라는 변혁을 체험하게 된다. 이러한 식민지 체제가 우리 민족에게 주는 아픔은 장차 이 나라를 이끌어야 할 아동들에게 밝은 미래를 보여 줄 수 없다는 데 있었다.

절대적 가난이라는 당시 상황과 가부장적 제도에서 비롯된 아동 경시 풍조는 도시와 특권층의 소수 아동을 제외한 그 당시 대다수 아동의 현실이었으며, 이들에게 내일의 꿈이란 상상할 수조차 없었다. 절망적인 현실에서 아동을 해방시키기 위해 작가가 선택한 것은 시간과 공간이 자유로운 환상에 의한 시공간이었다. 이 세계에서는 현실

---

2) 풍자 기법은 마해송의 거의 모든 작품에서 발견할 수 있다. 〈토끼와 원숭이〉에서는 일제의 우리 문화말살정책과 그 침략상을, 〈떡배 단배〉에서는 강대국이 약소국을 경제적으로 노예 상태로 몰아넣는 과정을, 〈토끼와 돼지〉에서는 부모 자식에 대한 편애를, 〈비둘기가 돌아오면〉에서는 4·19를 전후한 정치적·사회적 혼란상을 신랄하게 풍자하고 있다.

3) 서종택, 『한국근대소설의 구조』, 시문학사, 1985, 154쪽.

을 상징적으로 생생하게 창조할 수 있기 때문이다. 일제 시대라는 시련과 충격들, 해방 후 정치적 사회적 혼란의 가중, 전쟁에 의한 처참한 현실과 어두운 시기에 대한 문제의식을 갖고 접근한 그의 작품 세계는 시기적 환경에 따라 다음과 같이 변모하는 양상을 보인다.

초기(1923~1930)는 1923년 〈바위나리와 아기별〉과 〈어머님의 선물〉 등 최초의 동화를 쓰기 시작한 이후부터 1931년 〈토끼와 원숭이〉를 쓰기 전까지에 해당한다. 이 기간에 그는 작품 창작에서 다양한 시도를 보여주고 있다. 〈바위나리와 아기별〉에서 복합적 환상으로 탐미적인 경향을 추구하던 마해송은 〈어머님의 선물〉에서는 학대받는 아동의 권리 회복을 주장하였다. 〈소년특사〉와 아동극에서는 봉건적 아동관에 대한 시정과 동심 개발에 역점을 두었고, 〈장님과 코끼리〉에서는 복합적으로 세태를 풍자한다. 그러나 이 시기에 발표한 동화의 전반적인 특색은 탐미적인 경향이 짙다.

중기(1931~1960)에는 문학에 대한 강한 의욕을 보여준 기간에 해당한다. 전기에 아동 애호 사상에 집중되었던 시선은 시대적 상황에 머물게 된다. 그는 작품에서 상황과 인물의 상징화를 통한 우의적 기법으로 일제의 침략상을 밀도있게 풍자하고, 이러한 풍자는 강대국의 만행과 주체성을 잃은 국민들을 비판하는 것으로 확대된다. 이 시기에 발표된 작품은 〈토끼와 원숭이〉, 〈떡배단배〉, 〈물고기세상〉, 〈앙그리께〉 등이다. 이 시기에 가장 특징적인 것은 상징과 알레고리에 의한 환상으로 비판적인 풍자 정신을 동화 속에 끌어들였다.

말기(1960~1966)에는 시대적 상황에 집중되었던 시선이 인간 본질적인 문제로 모아진다. 이 시기 작품은 인간이 살아가면서 추구해야 될 교훈을 담고 있으며, 인간에 대한 탐구적인 의지를 나타내고 있는데 〈멍멍나그네〉, 〈점잖은 집안〉, 〈길에서 사는 아이〉, 〈못먹는

사과〉, 〈학자들이 지은 집〉, 〈성난 수염〉, 〈생각하는 아버지〉, 〈순이
의 호랑이〉 등이 이 부류에 속한다.

마해송 동화의 창작원리는 알레고리에 의한 현실 풍자를 기조로
하고 있다. 알레고리는 사물이나 식물에 의탁하여 환상을 표현하는
간접적 우의를 통한 방법이다. 알레고리의 차용은 현실을 환상공간으
로 이동하여 비판하고 풍자한다.

먼저 상징화의 기능이라 할 수 있는 등장 인물이 어떻게 형상화하
고 있고, 작가정신과 어떻게 연계되는지 알레고리의 현실 풍자의식을
고찰한다. 그런 다음, 알레고리에 의한 환상 기법이 어떻게 작품에
나타나고 있는지를 분석할 것이다. 이런 분석은 마해송 동화의 창작
원리인 현실과 사물을 보는 인식 태도와 밀접한 연관을 맺고 있다.
알레고리의 다양한 현상을 1)알레고리에 의한 환상과 2)상징적 인물
을 통한 현실 풍자를 통해 구명하고자 한다. 분석 대상으로 삼은 주
요 작품은 그의 대표작이라 할 수 있는 〈토끼와 원숭이〉, 〈순이와 호
랑이〉, 〈사슴과 사냥개〉, 〈떡배 단배〉, 〈꽃씨와 눈사람〉 등이다.

1) 알레고리를 통한 환상

이야기 내용(story)을 전달하는 특성을 지닌 동화 역시 "언어의 기법적 조작을 통해 이야기를 구조화시키는 서사물"[4]이라고 할 수 있다. 그의 작품에서 환상은 〈어머님의 선물〉에서처럼 실제적 세계와 초자연적 세계가 공존하다가, 점차 현실 세계를 반영하는 〈토끼와 원숭이〉에 이르러 실제적 공간이 곧 환상이 되는 경향이 짙다. 이 경우 마해송은 알레고리를 이용한 환상으로 현실을 풍자하고 고발한다.

동화에서 만들어지는 환상 세계는 대부분 허구의 세계이다. 이 세계에서는 초자연적 사건, 이차적 시공간[5] 등 초자연적 현상이나 요소에 의해서 환상이 구축된다. 그러나 실제 환상적 텍스트 공간은 주술적 언어, 시점 등 문학기법을 동원하여 다르게 형상화할 수도 있다. 보통 동화의 세계는 현실 세계와 비현실적인 허구의 세계로 나누어진다. 비현실 세계인 허구의 세계는 달리 말하면 환상 세계이다. 이 세계는 다시 실제적 세계와 가공적인 세계로 나누어 볼 수 있는데, 실제적 세계란 일상적 세계와 다름없는 세계이며, 가공적 세계란 초현실 세계, 즉 천상세계·지하세계·수중세계가 여기에 속한다.

〈어머님의 선물〉은 어린 상봉이가 돌아가신 어머니를 꿈속에서 만나는 이야기를 형상화한 동화이다. 여기서 상봉이가 사는 세계는 현

---

4) 김용재, 『한국소설의 서사론적 탐구』, 평민사, 1993, 211쪽.
5) 바흐찐은 시공간을 문학에서 인위적으로 표현된 시간 관계와 공간 관계의 본질적인 연결이라고 정의했다. 마리아 니콜라예바는 이차적 시공간이란 개념을 우리의 일반적 세계나 시간과 대조되는 특별한 시간을 가지고 있는 마술적 세계라고 했다.

실 세계이며, 환상의 공간은 꿈을 꾸는 세계에서 이루어진다. 꿈은 비현실적인 세계이다. 이 비현실 세계에서 상봉이가 경험되는 현실은 입몽(入夢)전의 실제적인 세계와 다름없다. 그러나 무덤이 갈라져 아름다운 선녀가 된 어머니가 나타나는 초자연적인 사건이 일어나는 곳은 곧 초현실적인 공간이 되는 것이다.

(1) 한참이나 울다가 가만히 정신을 차려 보니까, 어떤 조그마한 무덤 앞에 엎드려서 그렇게 울고 있었던 것입니다. 어떻게 놀랍고 무서웠던지 벌떡 일어나서 뒤로 물러섰습니다.

(2) 사방은 고요하고 으슥한데 그 앞을 피하려 했으나 도무지 발이 떨어지지 않았습니다. 그때에 어디선지 이러한 노랫소리가 들려왔습니다. 그리고 그 소리는 참말로 어여쁜 선녀들의 노래같이 아름다웠습니다. ─중략─ 이렇게 노래하던 노랫소리는 훨훨 날아가는 것같이 점점 희미해지더니 이내 그치고 말았습니다.

(3) 그러나 참말로 이상한 일이 생겼습니다. 앞에 있던 무덤이 움질움질하더니, 반쪽이 갈라지고 그 안에서는 서기가 뻗쳐서 캄캄하던 사방이 갑자기 환해졌습니다. 그리고 무엇인지도 알지도 못할 흰구름 같은 것이 무럭무럭 피어올랐습니다. 또 여러 가지 예쁜 꽃과 나비와 새들이 날아와서, 그 넓은 곳은 금시 꽃동산이 되었습니다. 상봉이는 어찌 기쁘고 좋은지 새와 나비들과 같이 춤추며 그 속으로 뛰어다녔습니다.

　그때였습니다. 바로 그 때에 어떤 아름다운 선녀 한 사람이 몸에는 가볍게 날리는 비단옷을 입고, 두 손으로 곱고 아름다운 꽃상자를 들고 상봉이 앞으로 걸어나왔습니다."6)

---

6) 마해송, 〈어머님의 선물〉, 『사슴과 사냥개』, 1977, 20~21쪽.

인용문은 상봉이가 어머니를 그리워하며 울다가 어머니 무덤에서 꿈을 꾸는 내용의 일부분이다. 위 글에서 (1)은 환상으로의 도입부분이다. (2)는 환상 세계의 신비스러운 정황을 묘사한 부분이며 (3)의 초자연적인 사건이 일어날 수 있는 상황을 형상화하고 있다. 보통 "환상에서의 사건은 본질적으로 독자의 주저함에 기반"7)을 두고 있다. 그 주저함은 주인공과 자신을 동일시하는 독자가 어떤 신비스러운 사건의 성격에 대한 주저함이다. 이 주저함이 텍스트 안의 여러 기법에 의해 최소화되면 그 사건은 실제인 것으로 인정되어질 수 있다. 이 작품에서 무덤이 갈라져 죽었던 어머니가 선녀의 모습으로 등장하는 것은 현실 세계에서는 일어날 수 없는 사건이다. 독자가 처음 이 사건을 접했을 때, 현실 세계와 거리가 큰 사건일수록 주저함은 증폭된다. 그러나 이 작품에서는 이러한 주저함을 최소화하기 위한 장치로 정황 묘사를 사실적이면서도 구체적으로 그리고 있다. 그리고 상봉이가 어머니와 대면하는 시간까지 일정한 거리를 충분하게 유지하고 있다. 바로 이와 같은 서술적 장치가 환상에서의 초현실적 사건을 실제적인 것으로 인정하게 만드는 창작기법이다.

이러한 창작원리는 앞 장에서 고찰한 〈바위나리와 아기별〉에서도 실현되고 있는 환상 기법이다. 〈바위나리와 아기별〉에서 작품의 배경이 되는 시공간은 초자연적인 인물 바위나리가 사는 환상 세계이다. 이 세계는 다시 실재적 공간과 가공적인 초현실 세계로 나누어진다. 즉 바위나리가 사는 공간은 실재적 세계이며, 하늘나라 아기별이 사는 천상계는 초자연적인 세계라고 할 수 있다. 아기별이 사는 하늘나라는 바흐찐의 시공간 개념에 의하면 현실과는 다른 2차적 시공간8) 이 된다. 실재적 세계의 인물인 바위나리가 울자 초현실적 세계에 사

---

7) Tzvetan Todorov. 앞의 책. 283쪽.
8) 마리아 니콜라예바. 앞의 책.

는 하늘나라의 아기별이 내려온다는 것은 신비스러운 사건이다. 이때 바위나리와 동일시하는 독자는 이 사건에 대하여 약간의 주저함을 가지게 된다. 그러나 실재적 세계에서 반복되는 바위나리의 울음은 독자에게 주는 주저함의 충격을 완화시켜 줌으로써, 이 사건을 마치 실재적인 것으로 만들어 버린다. 이렇게 초자연적인 사건을 자연스럽게 실재적인 사건이 되게 하는 환상 기법은 현실과 초현실 사이의 간격을 좁혀주는 기능을 담당하게 된다.

이 두 작품의 구조를 보면 초기의 상황에 의한 균형 상태-외로움에 의한 불균형 상태- 불균형 상태를 해결하기 위한 초자연적 인물의 개입-변화된 균형 상태로의 회복으로 나타나는데, 이는 전래동화 〈금강산 호랑이〉, 〈선녀와 나무꾼〉, 〈해님 달님〉에 나타나는 구조와 비슷하다. 이것은 전래동화의 환상 구조가 현대 창작동화의 구조 속에 어느 정도 이어지고 있다는 사실을 뒷받침해 준다.

환상의 배경이 되는 공간 이동 경로를 살펴보면, 바위나리는 바닷가에서 물속으로 이동하고 비교적 단선적이다. 반면, 아기별이 행동하는 공간은 하늘-바닷가(지상)-하늘-바닷속으로 역동적인 성격을 보인다. 〈토끼와 원숭이〉와 〈떡배 단배〉는 환상의 시공간이 보다 확장되는 양상을 보인다. 〈떡배 단배〉에서 시공간 이동 경로는 서술자인 갑동이가 사는 현실은-바다(초자연적 곳)에서-그림책에서나 본 이상한 섬(가공적 현실)으로 이동하여 모험적이고 진취적이다. 〈토끼와 원숭이〉는 원숭이 나라-토끼 나라, 토끼 나라-원숭이 나라로 이동하는 패턴을 보인다. 〈꽃씨와 눈사람〉은 동심적 현실을 바탕으로, 꽃씨는 지하세계인 땅에서-지상으로, 눈사람은 지상에서-지하의 세계로, 〈사슴과 사냥개〉는 집-산-다른 마을로 이동하고 있다. 〈순이와 호랑이〉에서 공간은 방안으로 한정되어 있으며 시간 또한 장난감을 가지고 노는 잠깐의 시간이 존재할 뿐이다.

이와 같은 환상 구조는 전래동화의 서술구조인 초기의 상황—어떠한 사건으로 말미암아 불균형 상태를 해결하기 위한 초자연적인 현상이나 요소의 개입으로 안정된 상태의 재확립 양상으로 나타나고 있다. 이때 대부분의 환상 공간은 불균형 상태를 해결하기 위한 공간에서 이루어지고 있으며, 초자연적인 현상이나 사건이 개입되는 것도 이곳에서이다. 또 등장하는 주인공이 남자와 여자인 경우에 따라 조금 다른 시공간의 차이를 보이는데, 남자가 주인공으로 등장하는 경우엔 시공간 이동이 자유롭고 확장적인 반면, 여자가 주인공인 경우엔 집, 방안이라는 제한적이고 정적인 공간 특성을 보인다. 즉 마해송 동화에서 구현되는 환상은 실재적 공간+비현실적 공간(초자연적 세계, 가공적 세계)에서 점차 실재적 공간으로 이동하는 경향을 보이며, 거주 공간 또한 집안에서 집밖의 세계로 확대되는 양상을 보인다. 동시에 시간은 크고 점점 길어진다

세상의 모든 사물 현상이 알레고리를 담고 있기 때문에, 인간 대 인간의 일을 동물이나 사물에 끌어다 설명하여도 부족함이 없으며, 더욱이 인간이 어느 한 측면을 강조하고자 할 때는 그 특성에 맞는 사물을 끌어올 때 더욱 효과적일 수 있다. 인간과 같이 감정이나 능력을 부여받아 인간처럼 행동하는 동식물, 광물의 등장 인물들은 각각 그것에 부합되는 아동들로 형상화되었는데, 이는 작가가 그리려는 아동의 전형적인 모습을 담고 있다고 할 수 있다. 그는 당대 민족적 현실에 대한 문학적 대응 방식으로, 인간 사회에서 펼쳐지는 모든 정경을 동식물 생활에 빗대어 우의적으로 나타내었다. 우의적 서술은 표면적으로는 동식물에 대한 관습화된 성격을 내세우고 있지만 근본적으로는 인간 사상을 다루면서 이야기 내면 속에 정신적·도덕적·

역사적 의미를 담고 있어 그 자체가 풍자성을 지니는 특성이 있다.

　풍자란 대상의 부정적 속성을 과장하거나 희화화함으로써 대상을 마음껏 조롱하고 비하하는 기법을 말한다 이와 같은 "풍자는 반드시 작가의 날카롭고 엄정한 비판 정신이 밑받침되어야 한다."[9] 마해송은 작품에 풍자 정신을 구현하기 위해 상반된 두 개의 사물이나 대립적인 사상을 대응시켜 나가는 이원적 구성 방법을 사용했다. 〈토끼와 원숭이〉에서 토끼 나라와 뚱쇠 나라가 그 대표적인 예이다.

　풍랑에 밀려 토끼 간호를 받은 원숭이가 토끼 나라를 정복하여 젊은 토끼들에게 원숭이 말을 배우게 하고 늙은 토끼에게는 일을 시킨다. 욕심쟁이 원숭이들은 남쪽에 사는 뚱쇠 나라를 밤중에 쳐들어가고, 뚱쇠 나라를 구원하기 위해 들어온 센이리들에게 쫓겨 원숭이들은 뚱쇠 나라에서 달아난다. 원숭이가 된 토끼들은 각기 뚱쇠와 센이리 편에 붙어서 아부를 한다. 결국 뚱쇠와 센이리 싸움이 벌어져서 모두 죽고 허허벌판에 시체가 쌓이고, 이후 토끼 자손들이 잘 된다는 내용이다.

　　(1) 토끼들은 이곳 저곳에 모여서 노래를 부르며 춤추며 놀고 있었다. 이때에 주라 소리 요란하게 원숭이들이 바람같이 쳐들어왔다. 탕 한 방에 토끼 한두 마리씩 죽었다. 토끼들은 이리저리 피하면서 탕에 맞아 픽픽 쓰러졌다. 잠깐 동안에 토끼 나라는 새까만 원숭이 천지가 되었다.[10]
　　(2) 선생 방에는 큰 통에 검정 물을 가득 담아 놓고 들어오는 토끼를 풍덩 넣었다. 털과 몸뚱이가 까맣게 되었다. 다음 선생은 큰 가위를 들고 토끼의 두 귀를 바싹 잘라 버렸다. 아파서 소리를 질렀다. 울고 있을 새도 없이 다음 선생은 얼굴과

---

9) 김승종, 『한국현대작가론』, 전주대학교 출판부, 1998, 215쪽.
10) 마해송, 앞의 책, 109~110쪽.

엉덩이를 박박 면도칼로 깎고, 다음 선생은 거기에 빨간 칠
을 해주고 떡 한 개를 주고 "원숭이는 세상에서 제일 가는
짐승이다"라고 했다. 토끼들은 이렇게 소리소리 치며 집으로
돌아간다.11)

인용문 (1)은 원숭이가 토끼 나라를 침략하는 과정을 담고 있으며
(2)는 원숭이가 토끼들을 강제로 세뇌시키는 부분이다. (1)과(2)는
상반된 이야기 축을 보여주는 예이다. 싸움을 좋아하는 원숭이와 가
무를 즐기는 토끼의 상반된 이야기가 축을 이루고 있다. 여기서 토끼
나라는 우리나라를, 원숭이 나라는 일본을 상징한다. 원숭이들은 토
끼 나라 집을 모두 차지하고, 토끼들에게 원숭이 나라 말을 배우게
하고, 탕을 만들게 하고, 먹을 것을 구해오게 하는 등 일제 침략 상
황과 토끼 나라를 점령한 원숭이들이 토끼들을 원숭이화하는 과정,
토끼들의 모습과 그들의 사상까지 세뇌시키려는 식민지 정책의 실상
이 그대로 잘 드러나고 있다.

작품에 등장하는 늙은 토끼 슈슈는 자기 자리를 지키며 때가 되기
만을 기다리는 인물이다. 그는 앞뒤 분별없이 앞에 나서서 현실에 대
항하는 인물은 아니다. 좀 더 침착하게 현실을 관망한다. 이러한 인
물은 다른 사람이 이끄는 대로 행동하는 주체성 없는 인물과는 다른
인물로, 대책 없이 표면에 나섰다가 일을 그르치거나 당하는 사람들
을 꼬집는다.

그러나 이 작품에서 문제 해결에 보다 적극적으로 나서야 될 토끼
들은 무지하여 억압하는 세력에 대해 수동적인 역할밖에 하지 못하고
있으며, 억압당하는 인물의 주체적 노력 없이 파국으로 치닫는 결말
처리는 갈등의 해소가 되지 못하고 있다. 이와 같이 상징적 인물과

---

11) 앞의 책, 113쪽.

그들에 의한 우의적 표현을 통해 화자는 현실의 온갖 부조리를 풍자하고, 인물이 나갈 길을 암시하고 있다. 작품에서 동물이나 식물, 그 밖에 무엇이 주인공으로 등장하더라도 그것은 인간이고, 인간 사회를 재미있게 혹은 알기 쉽게 전개시키기 위해 편의상 알레고리 기법을 차용한 것이다. 이러한 방법은 작가가 동화에서 의도하는 풍자성을 실현시키기 위한 방법이다. 이런 방법은 실제 아동상을 직접 부각시키는 직선적인 수법보다 훨씬 함축성 있고 미묘한 효과를 주게 된다. 동식물의 의인화는 다 같은 생명을 가진 친근한 관계를 설정시켜 줌으로써 아동에게 친밀감과 이해를 용이하게 하는 효과를 줄 수 있다

동화는 환상에 의해 무생물을 생물화하고, 생명이 없는 것에 따뜻한 생명을 불어 넣어 자연이나 식물을 인격화한다. 이로써 우주론적 가치나 삶의 의미를 비교하고, 교류하며 교환한다. 자연과 사물의 인격화를 통한 환상이 있음으로서 동화의 세계는 생명과 삶의 가치관을 자유롭게 추구할 수 있다. 그러나 이 동화에서 토끼와 원숭이의 실태가 사실적으로 묘사되지 못하고 있다. 이렇듯 작품에 차용된 비아동적인 상징적 주인공이 생명과 개성을 상실한 형상화에 그칠 때, 또는 성인 시점에서 본 아동 세계에 머무를 때 관념적인 이야기가 될 가능성이 많다. 문학이란 단순히 사회 현실을 형상화하는 것에 그치는 것이 아니라 그것을 재창조하고 확대해 나갈 때 더 큰 가치를 지닌다. 특히 동화에서 현실 반영은 동심적인 것으로 여과된 것이라야 한다. 그러나 마해송 동화에서 형상화되고 있는 동식물이 사는 초자연적 공간은 현실 그대로를 옮겨놓고 있다.

〈학자들이 지은 집〉 역시 동물 세계를 우의와 알레고리에 의해 주제를 형상화한 작품이다. 이 작품은 단순한 권선징악의 주제에서 탈피하여 사회를 풍자하고 있다. 인간들에게 길들여진 일곱 마리 학자

토끼들은 작은 토끼나라 집을 업신여기고, 자신의 학문만 믿고 천 마리 토끼와 함께 집을 짓는다. 하지만 문도 창도 없는 집을 짓게 되어 그 집 속에 자신들이 갇히고 마는 신세가 된다.

"멈추어라! 멈추어라! 우리들이 나갈 문이 없다." 그러나 그런 아우성이 돌담 밖에서 일하는 일꾼들의 귀에는 들리지 않았다. 까마득히 높은 곳에서 연해 벽을 쌓아 올리기에 바쁜 일꾼들의 귀에 들리지 않았다. "나갈 문이 없으니 숨이 막힌다!" "첫째 배가 고파 죽겠다" -중략- 입내를 내어서 하늘을 찌를 듯한 높은 집을 짓는다는 솜씨가 문구멍도 창구멍도 마련할 줄 몰랐던 것이다.12)

인용문은 학자들이 자신들이 지은 집 속에 갇혀 밖으로 빠져 나오지 못하는 부분이다. 여기서는 다른 가치 기준을 무시하고 자기 기준만을 고집하는 모순성을 통해 절대적 가치 기준의 불합리성을 지적하고 있다. 〈사슴과 사냥개〉 역시 우의와 심리적 환상을 복합시킨 작품으로, 작품 공간은 동물세계를 현실 세계에 병치시킨 구조를 보인다. 이 동화는 악한 인간들을 선한 짐승들과 대비시켜 사냥개 비호가 사슴의 도움으로 잃어버렸던 주체성을 회복해 가는 과정을 그리고 있다.

사냥개 비호는 주인의 사랑과 칭찬을 제일로 아는 개이다. 그러나 숲 속 토끼와 사슴을 비롯한 동물들에겐 사냥꾼의 앞잡이일 뿐이다. 그러나 덫에 걸린 사냥개는 사슴의 간호로 다시 태어난다. 사냥개가 자신을 찾는데 도움을 준 것은 자신을 따뜻하게 돌봐준 사슴의 사랑이었다. 사슴의 사랑으로 완치된 비호는 전과 다른 모습으로 다시 태어나기 위해 자신을 되돌아보는 시간을 갖는다. 용맹스러웠던 사냥개

---

12) 마해송, 〈학자들이 지은 집〉, 『떡배 단배』, 학원사, 1964, 83~84쪽.

베스는 도둑이 들어와도 아무런 반응을 보이지 않는다. 이런 행동은 다른 이의 눈에는 무능력한 존재로밖에 보이지 않는다. 그러나 베스의 전과 다른 행동은 자기 성찰을 위해서 나온 것이다. 새로운 탄생을 계기로 비로소 주체적 자아를 회복한 베스는 자기 의지에 의해 염소를 죽이려는 사람에게 달려들어 마침내 죽음을 맞게 된다.

　화자는 인격을 부여받은 베스를 통해 기존의 부패한 질서를 변화시키려는 진취적인 태도를 보인다. 사물에 인격을 부여하는 우의는 그의 전 작품에 드러나는 특징13) 중 하나로 풍자성을 드러내기 위한 수단이 되고 있다. 이것은 당대 민족적 현실에 대한 문학적 대응 방식으로, 표면적으로는 동식물의 관습화된 성격을 내세우고 있지만 근본적으로는 인간의 사상을 다루면서 이야기 내면 속에 정신적·도덕적·역사적 의미를 담고 있어 그 자체가 풍자성을 지닌다. 이처럼 작가는 현실의 인간으로 상징되는 동물 세계를 알레고리에 의한 환상으로 풍자적 기법을 이용하여 주제를 형상화하였다.

---

13) 그의 동화 창작 방법에 있어서 풍자적 자세는 1923년 〈바위나리와 아기별〉 이후 40년간 그의 전 작품에 구현되고 있는 특징이다.

2) 새로운 질서를 위한 풍자 의지

초기작 〈어머님의 선물〉을 제외한 대부분의 작품들은 봉건적 제도
의 모순, 식민지 치하의 문제, 해방 후 강대국들에 대한 경제 침략,
자유당 집권 내의 부조리 등 작가가 살던 시대적 경험이 작품의 토대
가 되고 있다. 마해송은 동화의 서술양식을 통해 이와 같은 여러 상
황을 구조화시키고 상징화된 등장 인물을 풍자하여 새로운 질서를 구
축하고 있다.

〈바위나리와 아기별〉에서 바위나리와 아기별은 봉건적 가정 체제
에 희생되는 아동을 상징하며 아동을 억압하는 인물로서의 임금님은
'아버지' 화신으로 상징된다. 〈토끼와 원숭이〉의 경우, '토끼'는 평화
수호의 우리 민족, 억압 세력인 원숭이는 영악하고 호전적인 일제,
'뚱쇠와 센이리'는 각각 미국과 소련이라는 강대국이다. 〈꽃씨와 눈사
람〉의 꽃씨는 국민의 여론, 또는 힘없는 아동이며, 억압하는 인물로
상징되는 눈사람은 자유당 독재 정권이라고 할 수 있다. 또한 〈순이
와 호랑이〉에서 억압하는 인물은 주인공 순이, 〈사슴과 사냥개〉에서
사냥개 주인은 억압하는 인물이며, 사냥개는 주체성 없는 인물을 상
징한다고 볼 수 있다. 인물을 상징화한 작품 출현은 부조리한 사회와
현실을 극복하려는 비판 정신에서 출발하는데, 이러한 비판 정신의
배경에는 일제시대라는 상황과 무관하지 않다.

〈어머님의 선물〉, 〈꽃씨와 눈사람〉은 바로 이와 같은 사회 분위기
영향으로 학대받는 아동의 모습을 형상화하여 그들에게 권리를 찾아
주길 희망한 것이라 할 수 있다. 따라서 이들 작품의 배경은 아동의

인격을 존중해 줄 것과 어른들의 노리개로부터 해방해 줄 것을 호소하는 마음을 바탕에 깔고 있다.

이 작품에서 환상 세계의 창조는 어린이가 지닌 동심의 세계, 다시 말하자면 아동심리에 의한 알레고리의 사고에서 발현되고 있다. 원시적 사고에 바탕을 둔 어린이의 物活論的 사고는 생명이 없는 눈사람에게 코와 귀를 빚어 붙이고, 숯을 박아 눈과 입을 만들면서 가공적 눈사람이 사는 새로운 공간을 아주 자연스럽게 만들어 버린다. 이는 "눈사람은 정신이 들었다"는 텍스트의 서술에서 이미 이 공간이 환상 세계, 초자연적인 현상과 사건이 가능한 세계라는 것을 암시해 준다.

> 요놈아, 가만 있거라! 너는 무엇 하는 놈이냐? "꽃씨라오!" 눈사람 밑에 땅속의 꽃씨가 깊은 잠에서 잠이 깬 것이었다. "가만히 있지 못할까?" 눈사람은 호통을 쳤다. 발 밑에서 꼼지락거리면 눈사람은 쓰러질 것만 같기 때문이었다.
> 호호. 따뜻해서 가만있을 수가 있어야지! 바야흐로 내 하늘이 다가 오고 있는데.14)

위 인용문은 눈사람 밑에 있던 꽃씨가 날씨가 따뜻해서 깨어나 눈사람과 이야기를 나누는 부분이다. 여기에서의 서술은 가공적 인물인 눈사람과 초자연적인 식물(지하 세계의 인물)인 꽃씨에 의해 지배되는 세계이다. 현실의 아이들은 눈사람이 꽃씨를 당장 없애 버리라고 소리쳐도 어디론가 사라지고 없다. 이러한 정황의 전개는 마해송이 동화에서 환상 세계를 구현함에 있어 현실의 질서를 벗어나지 않으려는 창작 태도라고 할 수 있다. 우의적인 인물을 통해 비쳐지는 위의

---

14) 마해송, 〈꽃씨와 눈사람〉, 『사슴과 사냥개』, 창작과 비평사, 1977, 39쪽.

상황은 억압적인 어른들에 의해 자율성이 배제된 아동의 현실을 상징한다. 가장이 지닌 권위를 중심으로 강제되고 통솔되는 엄격한 가족 형태에서 아동이라는 존재는 지배 대상이었으며 그들에게 복종만이 요구되었다. 당시 어른들은 자신들이 만든 편견에 기울어져 있어 그들의 권리는 횡포로 굳어져 있었고, 외세에 의한 식민지 현실과 그로 인한 궁핍의 생활이 가중되어 문제는 더욱 심각해질 수밖에 없었다.

억압하는 세력에 대한 권위는 〈꽃씨와 눈사람〉에 이르러서는 더욱 명령적으로 나타난다. 그러나 초기 작품 〈바위나리와 아기별〉과 비교해볼 때, 〈꽃씨와 눈사람〉에 등장하는 상징화된 꽃씨는 억압적인 인물에 대하여 적극적으로 대응하는 태도를 보인다. 〈바위나리와 아기별〉에 등장하는 주인공은 자기 삶에 대한 태도가 복종적이고 수동적이며, 타율에 의해 지배당하는 정적인 인물이다. 이에 반해, 〈꽃씨와 눈사람〉의 꽃씨는 자기 삶을 주체적으로 이끌어 가는 적극적이고 능동적으로 행동하는 인물이다. 이러한 인물은 작품을 통해 작가가 구현하고자 하는 '풍자성'을 달성하기 위해서는 보다 행동적인 인물이 필요했기 때문이라 보여진다.

〈꽃씨와 눈사람〉은 1960년 1월 한국일보 신년호 첫장에 발표한 작품이다. 마해송은 "이 작품을 4·19에 붙여서 생각해 보면 또 다른 흥미를 가질지도 모른다"[15]고 말한 바 있다. 우의에 의해 인격을 부여받은 눈사람은 아이들에 의해 만들어졌다. 그러나 눈사람은 〈순이와 호랑이〉에 등장하는 호랑이처럼 자신의 모습을 만들어준 아이들에게 권위적이다. 권위와 과장된 힘의 과시는 아이들과의 관계에 있어서 단절을 가져온다. 꽃씨와 눈사람 사이에서 중간자적인 역할을 담당했던 아이들과의 단절은 허상의 소멸을 예고한다. 땅속에서 잠을

---

15) 마해송, 『마해송동화집』, 민중서관, 1962, 44~46쪽.

자고 있었을 때 꽃씨는 아무런 존재가 아니었다. 그러나 순환적인 자연 질서는 더 큰 생명력으로 꽃씨에게 힘을 부여한다. 눈사람은 꽃씨가 잠에서 깨어나 생명력을 뻗치는 것을 가만두지 않고 호통으로 억압하려 든다. 그러나 잠에서 깨어난 꽃씨는 "따뜻해서 가만히 있을 수가 있어야지. 바야흐로 내 하늘이 다가오는데"라며 자기 권리를 주장하게 된다. 그 동안 아이들은 눈사람의 말을 아무런 비판 없이 받아들였다. 그러나 봄이라고 하는 계절과 새로운 질서로 상징되는 꽃씨라는 생명력이 기존 질서에 변화를 몰고 온다. 변화를 기대하는 인물은 방관자적 자세를 취하는 수동적인 인물보다 능동적인 인물로 형상화될 때 더 큰 타당성을 가질 수 있다.

기존의 모순된 가치 소멸에 비중을 두었던 마해송의 풍자 의지는 〈토끼와 원숭이〉에 이르러 사회적인 것으로 확대된다. 〈토끼와 원숭이〉는 원숭이로 상징되는 일본이 우리나라로 상징되는 토끼 나라의 문화를 희석하고 침략하는 과정을 대비적 갈등 구조를 통해 형상화한 작품이다. 『어린이』에 연재되었던 이 동화는 토끼를 원숭이로 만들고, 원숭이가 구호를 외치며 다니게 하는 상황이 일본을 비난한 이야기로 보여져 잠시 발표가 중단되기도 했다. 1931년과 1933년 3회에 원고를 압수당해 발표하지 못했던 이 작품은 다시 1946년과 1947년에 자유신문에 전후편이 발표된 것으로 민족의 현실을 동식물의 상징화된 현실 세계로 바꾸어 풍자한 작품이다.

이상으로 마해송 동화의 주된 창작원리라 할 수 있는 알레고리에 의한 현실 풍자와 환상을 구조와 내용을 중심으로 분석해 보았다. 그 결과 마해송은 당대의 민족적 현실을 알레고리를 통해 구현하였다. 〈돌맹이〉, 〈떡배 단배〉, 〈토끼와 원숭이〉, 〈꽃씨와 눈사람〉,〈사슴과 사냥개〉, 〈순이와 호랑이〉 등이 여기에 속한다. 그의 작품은 텍스트 공간에 주어진 상황을 설정함으로써 환상 공간에서 리얼리티를 확보하였으며 현실 세태의 비판, 인간 문제에 대한 탐구를 대비적 풍자 기법으로 형상화하였다. 알레고리를 기조로 한 이러한 창작 기법은 비유하려는 대상 자체가 처음부터 풍자성을 내포하는 것으로 대응되고 있어, 당대의 민족적 현실과 결합하여 부조리를 극복하려는 비판 정신을 뚜렷하게 형상화시킬 수 있게 만들었다. 그러나 그의 작품에서 비아동적인 상징적 주인공들은 개성 없이 형상화되고 있으며, 성인의 입장에서 아동 세계를 바라봄으로써 동화의 본질인 동심(아동 시점) 구현에는 실패하였다.

〈작 품〉

바위나리와 아기별

마 해 송

　남쪽나라 따뜻한 나라, 사람 사는 동네도 없고 사람이나 짐승이 지나간 자취도 없는 바닷가에 다만 끝없이 넓고 넓은 모래 벌판만이 펼쳐져 있었습니다.

　바닷가의 산이라고는 없는 벌판이라, 나무도 없고, 나무가 없으니 노래를 부르는 새조차 한 마리 없고, 풀 한 잎도 없었습니다.

　희고 흰 모래 벌판과 푸르고 푸른 바닷물만이 한끝까지 펼쳐지고 있었습니다.

　가끔가다 바람이 '솨' 하고 불어와서 지나가는 소리와, 바닷물이 '찰싹찰싹' 하고 깃을 치는 소리밖에는 아무 소리도 들려 오지 않았습니다.

　그런데 이렇게 쓸쓸하고 고요한 바닷가에, 이상하고 놀라운 일이 일어났습니다.

　밀물에 밀려서 바닷가에 놓여진 주먹만한 감장돌 하나를 의지하고, 조그만, 그렇지만 어여쁘고 깨끗한, 풀 한 잎이 뾰족이 솟아났습니다.

　그 풀이 점점 자라 두 잎이 되고 세 잎이 되더니, 가지가 뻗고, 가지에는 곱고 고운 빨강꽃이 한 송이 피어났습니다.

　또 파랑꽃도 한 송이 피어났습니다.

　그 다음은 노랑꽃, 또 그 다음에는 흰꽃 해서 나중에는 아주 함빡 오색이 영롱하게, 여러 가지 꽃이 피어났습니다.

파란 바다와 흰 모래 벌판 사이에 오똑하게 피어 선 이 오색 꽃은, 참으로 무엇하고도 비길 수 없는 아름다운 '바위나리'라는 꽃이었습니다.

세상에 제일가는
어여쁜 꽃은
그 어느 나라의
무슨 꽃일까.

먼 남쪽 바닷가
감장돌 앞에
오색 꽃이 피어 있는
바위나리지요.

바위나리는 날마다 이런 노래를 어여쁘게 부르면서 동무를 불렀습니다.

그렇지만 바다와 벌판과 바람결밖에는 아무것도 없는 이 바닷가에는 동무될 사람이라고는 하나도 없었습니다.

며칠을 기다리고 기다려도 아무도 보이지 않았습니다.

바위나리는,

"아아, 이렇게 어여쁘고 아름다운 나를 귀여워해 줄 사람이 없구나!"

하고 훌쩍훌쩍 울기도 했습니다.

그러다가도 아침이되어서 해가 동해 바다에 불끈 솟아오르면,

"옳다, 오늘은 누가 꼭 와 주겠지!"

하고 더 어여쁘게 단장을 하고 고운 목소리를 뽑아서 노래를 부릅니다.

그렇지만 해가 서해 바다에 슬그머니 져 들어갈 때까지, 아무도

와 주는 사람이 없었습니다.

그러면 바위나리는 눈물이 글썽글썽해지면서,

"아아, 오늘도 아무도 오지 않고 해가 졌구나!"

하고 또 다음날을 기다리는 것이었습니다.

또 다음날 아침에 해가 동해 바다에 불끈 솟아오르면,

"옳다, 오늘은 누가 꼭 와 주겠지!"

하고 이렇게 몇날 동안을 날마다 노래를 부르면서 동무가 오기를 기다렸지만, 아무도 바위나리를 찾아와 주는 동무는 없었습니다.

바위나리는 소리를 질러 울었습니다.

그런데 이상하게도 이 울음소리가, 밤이면 남쪽 하늘에 맨 먼저 뜨는 아기별의 귀에까지 들려 올라왔습니다. 아기별은 이 울음소리를 듣고 깜짝 놀랐습니다.

"어디서 누가 이렇게 슬프게 울까? 내가 가서 달래 주어야겠다."

하고 별나라의 임금님께 다녀오겠다는 말을 하지도 않고, 울음소리가 나는 곳으로 쭈욱 내려왔습니다.

울음소리를 따라 바닷가로 내려온 아기별은, 바위나리가 혼자서 이렇게 울고 있을 줄은 몰랐기 때문에, 한참이나 정신없이 보고만 있었습니다.

그러다가 겨우 바위나리의 뒤로 가까이 가서,

"아니, 왜 울어요?"

하고 어깨를 툭 쳤습니다.

바위나리도 깜짝 놀랐습니다.

돌아다보니까 난데없이 아름다운 별님이 아닙니까!

바위나리는 어떻게나 좋은지, 어쩔 줄을 모르고 가로 뛰고 새로 뛰며,

"별님! 별님!"

하고 불러댔습니다.

잠깐 동안만 달래 주고 돌아가려고 했었지만, 바위나리가 아름답

고 귀여운 것을 보니까, 아기별도 이제는 바위나리와 같이 오래오래 놀고만 싶어졌습니다.

다른 생각은 다 잊어버렸습니다.

아기별과 바위나리는 이야기도 하고, 달음질도 하고, 노래도 부르고, 숨바꼭질도 하면서 밤 가는 줄도 모르고 놀았습니다.

그러다가 어느 결에 새벽이 되었습니다.

그제서야 아기별은 깜짝 놀라 소리를 쳤습니다.

"큰일났다! 바위나리. 나는 얼른 가야 돼! 오늘 밤에 또 올게. 울지 말고 기다려, 응!"

하고 돌아가려 했습니다.

바위나리는 아기별의 옷깃을 꼭 붙들고 울면서 놓지를 않았습니다.

"그렇지만 나는 얼른 가야만 돼! 좀 더 늦으면 하늘 문이 닫혀져서 들어갈 수가 없어. 내 오늘 밤에 꼭 내려올게."

하고는 스르르 위로 올라가 버렸습니다.

바위나리는 하는 수 없이 밤이 되기만을 기다렸습니다.

아기별도 어서어서 밤이 되기를 기다렸습니다.

밤이 되자 아기별은 '옳다꾸나'하고, 또 임금님께도 누구에게도 아무 말도 하지 않고, 오고 싶던 바닷가로 또 내려왔습니다.

바위나리와 아기별은 이렇게 해서 밤마다 만나서 즐겁게 놀곤 했습니다.

그런데 하루는 어디선지 찬바람이 불어와서 흰 모래가 날리고 바닷물이 드설레고 하는 통에, 바위나리는 그만 병이 들었습니다.

아름다운 꽃은 시들어서 머리를 숙이면서 괴로워했습니다.

이것을 본 아기별은 걱정하면서 간호를 했습니다.

추위하는 바위나리를 품안에 꼭 안아 따뜻하게도 해 주고, 머리에 손을 얹어 짚어 주기도 하다가, 인제는 훌쩍훌쩍 울기 시작했습니다.

그러니까 바위나리는,

"별님! 어서 가세요. 늦으면 어떡해요. 어서 돌아가세요. 그리고 오늘 밤에도 꼭 와 주세요. 네!"

하고 눈물을 흘렸습니다.

아기별이 언뜻 정신을 차리고 보니까, 정말 시간이 벌써 늦었습니다.

그렇지만 병든 바위나리를 혼자만 있게 두고서는 차마 그대로 일어나 갈 수가 없었습니다.

그래도 바위나리가 또,

"나는 괜찮으니 어서 가세요."

하고 재촉하는 바람에,

"자아, 그럼 내 오늘 밤에 또 올게, 응!"

하고 하늘문이 닫혔을까봐 걱정하며 하늘로 아기별은 올라갔습니다. 그러나 이미 시간이 늦어 버렸습니다. 하늘문이 꼭꼭 닫혀 버린 것입니다.

"아차, 큰일났다!"

아기별은 어쩔 줄을 모르고 허둥지둥하면서 몇 번이나 문지기를 불러 보았으나, 아무도 대답하는 이가 없었습니다.

하는 수 없이 뒤로 가서 있는 힘을 다 내서 까아맣게 높은 성을 넘어 들어갔습니다.

그러나 임금님은, 요새 밤마다 아기별이 어디를 갔다 오는 줄을 벌써 다 알고 있었습니다.

큰일났습니다.

아기별은 임금님 앞에 불려 갔습니다.

"나가거라!"

임금님은 큰 눈을 부릅뜨고 이렇게 소리쳤습니다.

아기별은 무서워서 몸을 벌벌 떨며,

"용서해 주십시오. 다시는 밖에 나가지 않겠습니다."

하고 겨우 임금님 앞을 물러 나왔으나, 병들어서 혼자 괴로워하
고 있을 바위나리의 일을 생각하면, 가슴이 미어지는 것 같았습니
다.

바위나리는 그날 밤늦도록 아기별만을 기다렸습니다.

그러나 끝내 아기별은 내려오지 않았습니다.

그 이튿날도 그 이튿날도, 기다리는 아기별은 보이지 않았습니
다.

바위나리의 병은 점점 더해 갈 뿐이었습니다.

꽃은 시들고, 몸은 말라들었습니다. 간신히 감장돌에 몸을 의지
하고 있던 바위나리는 어디선지 별안간 불어오는 모진 바람에 그만
휘익 바다로 날려 들어가고 말았습니다.

바위나리는 썰물과 함께 바다로 끌려가고 말았습니다.

아기별은 날마다 밤마다 바위나리 생각만 하고 울었습니다.

어떻게든지 한 번 바닷가에 가 보고 싶은 마음이 간절했습니다.

소리를 질러 울고 싶었으나, 임금님과 여러 별들이 들을까봐 울
수도 없고, 다만 솟아나오는 눈물만은 어찌할 수 없어 눈에는 눈물
이 그칠 사이가 없었습니다.

그렇지만 이렇게 혼자서 눈물을 흘리는 것까지 임금님의 눈에 거
슬리고 말았습니다.

하루는 임금님이 아기별 앞으로 오시더니,

"너는 요새 밤마다 울고 있기 때문에 별의 빛이 없다. 빛 없는 별
은 쓸데가 없으니 당장에 나가거라!"

하고 소리를 벽력같이 지르면서 아기별을 붙들어 하늘문 밖으로
내쫓았습니다. 하늘에서 쫓겨난 아기별은 정신을 잃고 한정없이 떨
어져 내려갔습니다.

그런데 참 이상한 일이었습니다.

아기별이 풍덩 빠져 들어간 곳은 오색 꽃 바위나리가 바람에 날

려 들어간 그 위의 바다였습니다.

그후로도 해마다 아름다운 바위나리는 바닷가에 피어나옵니다.

여러분은 바다를 들여다본 일이 있습니까?

바다는 물이 깊으면 깊을수록 환하게 밝게 보입니다.

웬일일까요?

그것은 지금도 바다 그 밑에서 한때 빛을 잃었던 아기별이 다시 빛나고 있는 까닭이랍니다.

2. '꿈' 형식을 통한 미래지향적 환상 -강소천

　강소천16)동화의 창작원리는 '꿈'을 통한 환상의 구축이다. 이는 다른 작가와 뚜렷이 구별되는 특징이다. 한 작가 작품에서 반복되어 나타나는 특성은 그 작가의 문학적 특성을 살필 수 있는 중요한 인자이다. 강소천이 그리는 꿈이 어떤 것을 표방하더라도 꿈의 재료는 현실 생활에서 선택된 것이므로 그것은 작가가 지닌 문제의식과 결부되어 있을 소지가 많다.

　강소천은 작가 스스로 아름다운 꿈을 주기 위해서 동화를 썼다.17) 그의 작품은 〈꿈을 찍는 사진관〉, 〈꿈을 파는 집〉, 〈인형의 꿈〉, 〈노랑나비의 꿈〉, 〈꼬마들의 꿈〉, 〈8월의 꿈〉, 〈커다란 꿈〉 등 제목에서 시사하고 있는 바와 같이 많은 작품들이 입몽(入夢)과 무의식 꿈들을 다루고 있다. 실제 그의 동화집 어느 곳을 살펴보더라도 이러한 꿈의 양상과 만나지 않는 곳이 없다. 강소천은 아동들이 꿈의 세계에 살고

---

16) 강소천은 동요와 동시로 처음 아동문학에 발을 내딛은 사람이다. 1930년 동요 〈버드나무 열매〉가 아이 생활에 실리고, 1936년 『소년』에 동요 〈닭〉을 발표하였고, 16세에 〈민들레와 울애기〉가 당선됨으로써 문단에 데뷔하였다. 그후 1941년 첫 동시집 『호박꽃 초롱』을 박문서관에서 출간하였다. 그가 동화를 쓰기 시작한 것은 1938년 동아일보에 〈돌멩이〉를 발표하면서부터이지만, 본격적으로 동화를 쓰기 시작한 것은 월남한 1950년 이후부터이다. 1952년에는 그의 첫 동화집이라고 할 수 있는 『조그만 사진첩』을 출간하였으며, 이후 그의 동화 쓰기는 1963년 5월 6일 49세의 나이로 세상을 떠나기 전까지 계속되었다.

17) 강소천, 〈지상강좌〉, 『새교육』, 1956, 82쪽.

있지 않음을 안타까워하면서 "더 큰 꿈, 실현할 수 있는 꿈, 실현하는 꿈을 주어야한다"18)고 강조하였는데 여기서 꿈은 理想을 대신하는 희망과 초현실적인 환상을 나타낸다. 이 세계의 특징은 낭만적인 정신19)을 표방한다.

강소천 문학에 대한 평가는 "교육적 아동 문학"20), "도덕에 대한 강한 집념21)", "로만과 현실 배정의 교육성"22) 등 주로 교육적인 측면에서 '회고성'과 '현실 도피성'이라는 부정적23) 시각이 많았다. 이에 대해 "회고성, '현실 도피성'은 수면 상태의 꿈에 나타나는 일부 현상이며 非睡眠夢(환각, 환시)과 연결시켜 볼 때, 강소천의 꿈의 세계는 자기 충족의 세계와 성숙의 세계를 함께 제시한 것"24), "강소천 문학에 나타난 꿈은 플롯에 의한 동화의 분위기를 조성하는 주제적인 문제보다는 상징성을 유발하는 기법상의 문제"25)라는 시각도 있었다.

동화는 꿈과 상상력으로 빚어낸 문학의 보고이다. 이 말은 곧 동화

---

18) 위의 책, 8쪽.
19) 상상력을 가장 소중하게 생각한 문학 운동은 로만주의 문학이다. 로만주의 특질은 이성을 멀리하고 감정을 중시하는 것, 틀 속에 갇히는 것을 꺼리고 변화를 사랑하는 일, 멀리 있는 것, 또는 무한한 것을 동경한다는 것은 상상력의 비상을 말한다.
   김요섭, 「상상력의 한계와 팬터지」, 『한국아동문학연구』, 1996, 14쪽.
20) 李元壽, 「소천의 아동문학」, 『아동문학』, 배영사, 1964, 75쪽.
21) 하재덕, 「모랄의 배정적 의미」, 『현대문학』, 170호, 1969, 341쪽.
22) 이재철, 『아동문학개론』, 문운당, 1967, 138~140쪽.
23) 김요섭, 「바람의 詩 구름의 동화」, 『아동문학』, 10호, 배영사, 1964, 79쪽.
   이재철, 「강소천론」, 『한국아동문학작가론』, 개문사, 1992, 86쪽.
   박화목, 「강소천론」, 『아동문학』, 아동문학사, 1973, 240쪽.
24) 남미영, 「강소천 연구」, 숙명여자대학교 대학원 석사논문, 1980, 77~79쪽.
25) 김용희, 「소천동화에 나타난 꿈의 상징성」, 『한국아동문학작가작품론』, 서문당, 1991, 210쪽.

의 본질이 환상과 밀접하게 연관되어 있음을 시사한다. 아동에 있어
꿈과 상상의 세계는 초현실적인 세계가 아니라, 바로 현실 그것이라
할 수 있다. 아동은 의식이 성숙하지 못하고 물질적인 조건이 제대로
갖추어지지 않은 탓에 생활이 단조롭게 보이지만 사실은 그렇지 않
다. 꿈과 상상력이 어린이에게는 누구보다도 풍부한 생활을 보장해주
고 있기 때문이다.26)

　우수한 동화는 무한한 꿈의 실현과 상상력의 자유를 확대시켜 현
실을 변화하게 한다. 이때의 꿈 재료는 인간이 지닌 무의식적인 욕망
이며, 이것은 압축(condensation), 치환(displacement), 상징화
(symbolization), 극화(dramatization)와 같은 기제(mechani-
sm)들을 통하여 잠재내용(latent content)이 현시내용(manife-
st content)이 되어 나타난다.27) 여기서 중요한 것은 극화이다. 이
것은 추상적인 관념이 심상으로 바뀌고 구체적인 상황과 행동으로 표
시되는 것을 의미한다. 이것을 말로 표현하면 이야기(narrative)가
되는데, 이야기의 앞뒤에 꿈꾸기 전의 상황과 꿈을 깨고 난 후의 느
낌이나 상황을 덧붙이면 하나의 꿈의 敍事양식이 되는 것이다. 동화
작가들이 아동의 순수하고 이상적인 꿈을 심리적 현상인 꿈과 동일시
하여 서사양식으로 삼는 것은 바로 이러한 이유에서이다.

　강소천 동화의 창작원리는 '꿈' 형식을 통한 환상의 구축이라고 할
수 있다. 그는 실재적인 꿈(실재몽)과 인간 내면에 잠재된 꿈(소망)
을 적절하게 조화시키는 방법으로 현실의 불균형을 회복하여 밝은 미
래를 지향한다. 이 논문은 강소천 작품 속에서 구현되는 다양한 꿈의
양상이 환상과 어떻게 연계되는지, 그리고 그것이 어떠한 방식으로
형상화되고 있는지를 고구하고자 한다. 진행 방법은 1) 프로이트의

26) 이형기, 〈상상력, 예술, 문학〉, 『환상과 현실』, 보진재, 1970.
27) 장병림, 『정신분석』, 범문사, 198, 101쪽.

소원충족이론을 통해 작품 속에 구현되는 꿈의 의미를 분석한 다음, 2) 입몽의 변이 과정을 통해 창작원리로서의 환상 기법을 구명한다. 분석 대상으로 삼은 작품은 〈돌맹이〉, 〈꿈을 찍는 사진관〉, 〈꿈을 파는 집〉, 〈잃어버린 나〉, 〈인형의 꿈〉 등이다.

1) 소원충족에 의한 불균형 회복의 꿈

강소천 동화에서 환상은 실재몽과 의식의 흐름에서 이루어진다.
그 세계는 집안보다 집밖이고, 대부분 산 속이다. 〈꿈을 찍는 사진관
〉과 〈꿈을 파는 집〉에서 서술적 배경이 되는 곳은 현실적 세계인 방
안에서-뒷산-초자연적 꿈을 파는 집 또는 꿈을 찍는 사진관-뒷동산
이다. 〈돌멩이〉의 경우에는 냇가에서 의식의 공간(가공적 세계)으로
이동된다. 시간의 흐름은 현재의 시간에서 과거의 특정한 시간으로,
다시 현재 시간으로 되돌아오는 순환적 구성을 보이는데, 과거 특정
한 시간과 공간이 바로 환상의 비현실적 공간이 되고 있다. 〈잃어버
린 나〉의 경우, 뒷산(실재적 세계)에서 꿈의 세계(가공적 현실), 다
시 집(실재적 현실)으로 돌아오는데, 〈인형의 꿈〉도 이와 비슷한 패
턴을 보이고 있다. 이들 작품은 하나같이 집안에서 집밖(대부분 산
속, 숲)으로 서술자의 공간이 이동되고, 인간의 삶과 환상 세계에서
일어나는 사건을 나란히 병치시켜 놓고 있는 점이 특징이다.

꿈은 태고적부터 우리 인간들에게 있어온 것으로, 광의로는 우리
인류 문화를 꽃피워 온 원동력인 각성시의 '희망(理想)'까지를 포함하
며, 협의로는 육신이 잠든 사이에 일어나는 차원 높은 정신 활동으로
서 암시, 예시, 계시를 통해 각성시의 정신 활동에 지대한 영향을 미
치는 '진짜 꿈(正夢)'을 뜻한다

G. 프로이트는 꿈은 "하나의 소원충족"28)이라고 정의하였다. 〈돌

---

28) 밤에 꾸는 우리들의 꿈도 또한 (대낮의) 공상에 지나지 않는다. 공상하는
    사람들의 공중누각적인 창작물을 흔히 우리들은 '백일몽'이라 하는데, 이런

멩이〉는 이러한 소원 충족으로서의 돌멩이의 꿈을 잘 보여준다. 이 작품은 1939년 2월 동아일보에 발표한 것으로, 일제의 압박에 의해 고향을 떠난 사람들이 고향을 그리는 꿈을 우의적으로 형상화하였다.

> 고향― 사람들은 한해 이태만 다른 곳에 살아도, 고향이 그립다고들 하더라. 그러나 한 번 떠난 후 다시 고향에 가보지 못한 나야, 고향이 그리우면 얼마나 그리울 것이냐.
> 아아, 지금 내 고향은 몰라보게 변하였으리라.
> 나는 벌써 고향으로 가는 길을 잊은 지 오래다. 그러나 나는, 아직 내 부모, 내 동생들의 얼굴을 잊지 않았다. 언젠가 어디서 어떠한 인연으로 다시 만나게 될는지····29)

인용문은 차돌이 아버지 돌멩이가 냇가에서 고향을 생각하는 부분이다. 표면적인 텍스트의 화자는 돌멩이이지만, 직접적인 화자는 돌멩이에게 감정을 이입시킨 경구, 곧 작가 자신이다. 같이 살던 돌멩이와 차돌이는 어느 여름날 마을에 사는 영이가 차돌이를 주워가지고 놀다가 그냥 가지고 가는 바람에 이별을 하게 된다. 돌멩이와 차돌이의 갑작스런 이별은 자신의 의지와 상관없는 불가항력적인 것이다.

점에서 어느 탁월한 언어의 예지(叡智)가 꿈의 형태란 무엇인가라는 문제를 이미 벌써 예전에 판결해 준 것이라고 생각할 수 있는 것이다. 이런 해결에도 불구하고 우리들이 꾸는 밤의 꿈의 진의는 대체로 우리들에게 불분명한 것이다. 하지만 그래도 다음과 같은 일에 의거하고 있는 것이니, 곧 그 밤에 꾸는 꿈이란, 부끄러워 제 자신에게조차도 감출 수밖에 없는 이러한 소망(所望), 바로 그 때문에 억압당한, 무의식 속에 넣어두었던, 소망들이(밤의 꿈속에) 보여지는 것이다. 이러한 억압되어진 소망, 또는 그것에서 파생된 것에서 꿈은 약간 왜곡된 표현을 주고 있는 것이다. 밤의 꿈은, 한낮의 꿈, 즉 우리들 모두 알고 있는 공상이란 것, 이것과 똑같이, 소망의 충족인 것을 인정하기는 이제 곤란하다고 할 수는 없다.
29) 강소천, 〈돌멩이〉, 『나는 겁쟁이다』, 신구미디어, 1992, 194쪽.

원치 않았던 뜻밖의 이별은 돌멩이에게 만남의 욕구를 부여하는 동기가 된다.

그 동안 주로 동요 동시를 써오던 강소천은 이 작품을 시작으로, 동화 작가로 변신하게 되는데, 그 까닭을 〈돌멩이 이후〉30) 자세히 적고 있다. 그는 자신이 몸담고 있는 일제 식민지 현실의 참담함을 이야기하고 싶었고, 동화가 그러한 기능을 할 수 있다고 확신했다. 하지만 그의 이와 같은 의지를 담고 있는 작품은 거의 발견할 수 없다. 오히려 6.25로 인한 상실감을 꿈을 통한 심리적 환상으로 구현한 작품이 대부분을 차지하고 있다. 그것은 1952년 첫 동화집 『조그만 사진첩』 이후 거의 모든 창작집이 1950년대에 나왔으며, 6.25 전쟁으로 말미암아 체험하게 되는 고향과 혈육에 대한 상실감이 더 큰 충격으로 다가왔기 때문이다. 일제의 압박으로 고향을 등질 수밖에 없었고, 자신의 의지와는 상관없이 헤어져야 했던 돌멩이가 가지는 차돌이에 대한 만남의 꿈은 6.25전쟁과 교직되면서 더 크고 적극적인 그리움으로 발전된다.

꿈은 상당 부분이 빠져 나올 수 있는 출구를 찾지 못한 내적 압박이나, 그 사람을 괴롭히는 심적인 문제에서 생기는데, 〈꿈을 찍는 사진관〉과 〈꿈을 파는 집〉에서 주인공의 내적 압박은 가 볼 수 없는 고향, 그리운 사람들을 한 번만이라도 만나고 싶은 욕구를 불러일으킨다.

〈꿈을 찍는 사진관〉에서 나는 따뜻한 봄날, 뒷산에 올라가 때 이른 살구꽃을 보게 된다. 그곳에서 꿈을 찍는 사진관으로 가는 길이란 표지판을 따라 꿈을 찍는 방에서 어릴 때 같이 자란 순이의 꿈을 꾼다. 사진관 주인이 찍어준 나의 꿈 사진 한 장에는 이미 다 커버린 나와

---

30) 강소천, 〈돌멩이 이후〉, 앞의 책, 4쪽.

어릴 적 모습의 순이가 찍혀 있다. 다시 살구꽃 아래에 앉게 된 나는 꿈 사진을 바라보는데 그것은 사진이 아니라 순이가 즐겨 입던 노란색저고리 빛깔의 노란색 카드임을 발견한다.

〈꿈을 파는 집〉은 아무도 없이 외롭게 지내던 나는 친구로부터 새 한 쌍을 선물로 받아 정을 붙이며 살아간다. 어느 날 없어졌던 새가 나타나 나를 산 속으로 유인한다. 새를 따라 깊은 산 속에 들어온 나는 길을 잃고 헤매다 꿈을 파는 집을 발견하게 된다. 나는 꿈을 파는 집 할머니에게 이북에 두고 온 아이들 사진을 두고 푸른 알약을 먹고는 한 마리의 새가 되어 북쪽 고향을 찾아간다. 헐벗고 굶주린 그곳 세계를 보고 나는 실망하여 다시 내가 사는 곳으로 돌아온다.

이 두 작품에 나타난 주된 정서는 소외에 의한 현실의 외로움이다. 일인칭 화자인 나는 숲에서 꿈을 찍거나 꿈을 파는 집을 발견하여 환상 세계로 들어간다. 그 세계에는 초현실적 인물 老賢者가 살고 있어 그를 만나 꿈을 찍고, 다시 현실 세계로 귀환한다. 여기서 초자연적인 존재나 현상의 기능은 텍스트가 규칙에 맞는 행동으로부터 면죄 받도록 하는 구실을 한다. 달리 말하자면 텍스트 내에서 행해지는 규칙들을 어길 수 있도록 하는 것이다. 이러한 장치는 현실에 대한 충격을 완화시켜 초현실적 세계를 실재적 세계로 인식하도록 만든다. 현실로 귀환한 주인공은 현실에 대한 새로운 자각으로 미래지향적인 태도를 취한다.

융은 소원 즉 "욕망은 꿈속에서 충족되는 것으로 끝나지 않고 현재 자신의 소원을 자각하도록 해주며, 실생활에 유익한 지혜를 공급해 준다"31)고 보았는데, 이는 꿈이 자신의 지혜보다 더 위대한 지혜, 즉, 집단적 무의식에 의한 古態적 사고 표현을 상징으로 사용하고 있

---

31) 한건덕, 『꿈의 잠재의식』, 동방도서, 1981, 69쪽.

기 때문이다. 그런 의미에서 〈꿈을 찍는 사진관〉은 현실 속의 비현실 적인 세계를 유기적인 관계에 의해 창조한 동화라고 할 수 있다.

> 따사한 봄볕은 나를 자꾸 밖으로 꾀어내는 것이었습니다.-중략- 봄을 그리려고 산에 오른 이 서투른 화가는, 좀처럼 그림을 그리기 시작하지 않았습니다. 그리는 것보다 가만히 바라보는 것이 더 좋 았습니다.--중략-- 아직 살구꽃이 피려면 한 달은 더 있어야 할 텐 데, 저렇게 많은 연분홍이 전등이라도 켠 듯이 환히 피어 있는 것 은 이상한 일이 아니겠습니까?32)

인용문은 작품의 서두 부분으로 주인공의 의식이 점차 환상 세계 로 도입되는 과정을 나타내고 있다. 아직 살구꽃이 피려면 한 달이 있어야 한다. 그런데도 연분홍 전등이라도 켠 듯 환한 불빛을 보게 되는 것은 무의식33)이 발현된 까닭이다. 무의식의 내용이 꿈이나 각

---

32) 강소천, 〈꿈을 찍는 사진관〉, 『강소천 아동문학전집 3』, 배영사, 1963, 9 쪽.
33) 무의식은 꿈이나 정신이상 이외에선 보통 자유롭게 의식화될 수 없는 것들, 즉 자아의 억압이라고 할 수 있는 특수한 힘에 의해서 의식으로부터 격리 되어 '감정'이라든가 '성격'이라든가 하는 형체로 복잡하게 반죽되어 의식으 로부터 망각의 먼 곳으로 쫓겨난 것들(과거의 경험, 욕망)이 존재하는 광 대한 세계로 볼 수 있다.
    김희경, 『명작동화의 매력』, 교문사, 1996, 88~89쪽 참조.
    융은 무의식을 탐구하는 과정에서 사람들의 꿈과 환상 내용을 깊이 관찰 하였고 여러 인종과 여러 종류의 문화적 종교적 배경을 지닌 사람들의 꿈 과 환상 속에서 똑같이 반복되는 신화적 요소를 발견하였다. 그리고 이러 한 관찰 내용을 통하여 인간이 의식하지 못하고 있는 마음의 영역, 즉 무 의식에는 개인의 생활 체험에서 우러났고 그 개인의 독특한 인생과 결부되 어 있는 개인적 무의식이 있는 동시에 좀 더 깊은 층에서 인간이면 누구에 게나 존재하는 근원적이고 보편적인 요소가 있다고 하고 그러한 요소로 이 루어져 있는 무의식의 층을 집단적 무의식이라 불렀다. 이 집단적 무의식 은 인류가 지구상에 생긴 뒤 지금까지 되풀이해서 경험해 온 것들의 총화

성시의 환각을 통해 개인의 경험 속으로 들어올 때, 원형적인 이야기가 만들어진다. 여기서 배경이 된 상징물은 숲으로 대치된 산·봄·분홍빛 등이다. 사람들은 특별하고 신비한 의미를 숲에 부여한다. 숲에 대한 인간이 가지는 감정은 상상 이상의 것으로, 사람들은 숲 속에서 일어나는 일들을 환상적인 것, 신비스러운 것으로 여긴다. 전래동화에서 숲이 자주 나오고, 또 이상한 일들이 숲에서 일어나는 것은 숲이 지닌 신비성 때문이다. 이 작품에서 숲은 산으로 대치되어 있다. 숲의 이미지로서의 산은 무의식을 상징한다.

〈꿈을 찍는 사진관〉에서 주인공이 더 깊은 산 속으로 들어가고 〈꿈을 파는 집〉에서 주인공이 새를 따라 산 속으로 들어가는 것은 무의식 세계로 빠져들고 있음을 암시한다. 무의식은 인간의 심층 세계를 말하며, 이 공간은 환상 세계가 된다. 현실과는 다른 상황 설정은 현실의 시간과 공간의 벽을 무너뜨려 버린다. 이로써 각성상태에 놓여 있던 주인공은 아무런 제약도 받지 않고 환상세계로 빠져들게 된다.

봄은 모든 것이 되살아나는 계절이다. 겨울 동안 대지(무의식) 속에 파묻혀 있던 그리움이란 씨앗이 봄에 싹을 틔우는 것은 이러한 자연적 질서 때문이다. 재생 의미를 지니는 봄은 따뜻한 봄볕으로 화자의 마음에 억눌려 있던 그리움의 싹을 틔운다. 특히 봄에 피는 살구꽃이 지닌 연분홍 색깔은 화자에게는 특별한 의미34)를 부여한다.

이며 그런 체험이 침전된 것이다.
　이부영, 「분석심리학과 민담」, 『민담학개론』, 일조각, 1982 참조.
34) 강소천의 고향인 미둔리는 산이 병풍처럼 둘러싸고 봄이면 진달래가 온 산을 덮었으며, 그의 집 복숭아 과수원에는 분홍빛 복사꽃이 아름다웠다는 점을 상기시킬 때, 작품에 등장하는 분홍빛 살구꽃은 강소천의 고향을 상징한다고 볼 수 있다.
　강소천, 「나의 유년시절」, 『소년세계』, 1953. 6월호 참조.

인간에게 있어 "고향이란 이미지는 어머니 품과 같이 원초적이다. 그것은 단순히 태어난 곳이라는 지역성만을 의미하는 것이 아니라, 자아와 세계가 분열되지 않은 진정한 세계로써 기능한다."[35] 혼자 몸으로 월남한 작가에게 고향은 일반 사람보다 훨씬 특별한 의미를 지니는 곳이다. 그에게 '고향'의 이미지는 그곳에 있는 모든 사람(어머니, 처자식, 사랑하는 사람 등)과 모든 동식물을 상징한다.

현실에서 실현 불가능한 만남을 실현시키기 위해서는 〈꿈을 찍는 사진관〉과 〈꿈을 파는 집〉에서처럼 환상적 공간이 필연적이다. 환상 공간에서는 현실에서 불가능한 것을 가능하게 할 수 있기 때문이다. 그러나 〈꿈을 찍는 사진관〉과 〈꿈을 파는 집〉을 통해서 주인공이 이루고자 하는 꿈은 쉽게 실현되지 않고 동쪽으로 5리, 남쪽으로 5리, 다시 완전한 숫자의 상징인 3번째에야 비로소 그 입구에 다다르게 된다.

벽과 창문만이 아니라 지붕까지 새하얀 집- 다만 정문에 커다랗게 써 붙인 꿈을 찍는 사진관이라는 일곱 글자만이 파아란 하늘빛이었습니다.-중략- 하늘빛 파란 가운을 입은 점잖은 신사 한 분이, 하늘빛 파아란 안경을 벗어 테이블에 놓으며, 회전의자에서 일어났습니다.[36]

인용문은 상황 묘사와 색깔이 지니는 상징성으로 환상적 분위기를 자아내는 부분이다. 연분홍 꽃나무, 새하얀 집, 일곱 글자만이 파아란 하늘빛, 9포 활자만큼 작은 하늘빛 글씨, 노랑 저고리에 하늘빛 치마를 입은 순이, 하늘빛 파란 가운을 입은 신사의 파아란 안경, 만

35) 유재천, 〈님. 고향. 민족의 변증법〉, 『현대문학』 417호, 1989. 9.
36) 앞의 책, 11쪽.

년필의 잉크 등. 상징화된 독특한 매개물은 심리적 초자연적 환상세계를 더욱 신비스럽게 만들어 주는데 일조하고 있다. 분홍빛에서 하얀 색, 파란색으로 이어지는 이러한 색깔들은 무의식에 억압되어 있는 그리움의 실체를 의식의 표면으로 길어 올리는 소망을 상징한다. 즉 푸른빛으로 상징되는 색깔은 그의 동화 〈다시 찾은 푸른 기차표〉의 '기차표 같은 푸른 카드' 혹은 '푸른 하늘빛 딱지'와 같이 희망을 나타내고 있는 것이다.

〈꿈을 파는 집〉에 사는 박사는 우리나라 설화나 전래동화에 자주 등장하는 특별한 능력을 가진 老賢者라고 할 수 있다. 老賢者는 사물의 선악을 가릴 수 있고, 곤란에 처해 있을 때 앞으로 어떻게 될지를 예견하는 등 세상의 이치를 다 아는 초월적 인물이다. 대체적으로 우리나라 설화나 전래동화의 老賢者는 흰 수염이 있는 신선이나 노인으로 나타난다. 老賢者는 무의식과 현실을 넘나드는 초인적인 힘으로 주인공의 꿈을 찍어 줌으로써 소망을 실현시킨다. 그 소망은 그리운 사람과의 만남이다. 만일 환상이 치밀한 상황 설정 없이 현실에서 老賢者가 등장하여 꿈을 이루게 할 경우, 현실감을 주지 못한다. 작품의 공간이 비현실 세계를 상정하고 있으면서도 황당함을 주지 않는 것은 환상 세계에서 상황설정이 구체적으로 현실감 있게 묘사되고 있기 때문이다.

　당신은 그 종이에 그 파란 잉크로 당신이 만나고 싶은 이와의 지난날의 '추억'의 한 토막을 써서, 그걸 가슴속에 넣고 오늘밤은 주무십시오. 내일 날이 밝으면, 당신은 지난밤에 본 꿈과 꼭 같은 사진을 가지고 집으로 돌아가실 수가 있습니다.[37]

　할머니는 내 아이들의 사진을 자기 가방 속에 집어넣더니, 콩알

---

37) 강소천, 앞의 책, 12쪽.

만한 푸른 알약 한 개를 내게 내어 주면서, 내일 아침 날이 밝거든
일어나, 이 집을 나서, 당신이 어제 저녁 물을 마시던 곳에 가서 해
가 뜨기를 기다려, 이 약을 잡수시오. 긴 설명은 필요 없으니……
자. 그럼 밤도 깊고 고단할 테니 그만 주무시오. 그리고 할머니는
등불을 껐습니다. 38)

인용문은 등장 인물이 하나의 소망을 이루기 위해 거쳐야 하는 과
정을 상징적으로 형상화하고 있다. 사진은 눈에 보이지 않는 추상적
인 것을 현상적으로 보여주는 구체물이다. 박사는 꿈을 찍어 주는 대
신, 주인공에게 먼저 성숙한 마음을 요구한다. 인간이 성숙해지기 위
해서는 하나의 과정을 겪게 되는데, 우리는 이를 통과의례라고 한다.
주인공이자 화자인 나는 만남의 꿈을 실현시키기 위해 '잠'을 잔다.
잠은 성숙을 준비하는 기간을 의미하며, 일종의 통과의례인 셈이다.
잠은 죽음의 그늘과 재생의 빛이 공존한다. 동화에서 주인공이 성숙
해 가는 결정적인 순간에 깊은 잠을 자는 것은 이와 같은 측면에서
해석할 수 있다. 이런 점에서 현대 동화에서 환상의 구현은 전래동화
의 심층적 상징성을 그 안에 수용하고 있다고 볼 수 있다.

내가 사진관 주인에게서 아직 채 마르지도 않은 사진 한 장을 받
아 들었을 때, 나는 깜짝 놀라지 않을 수가 없습니다. 그것은 순이
와 나의 나이의 차이였습니다. 실지 나이로는 순이와 나는 열두 살
그냥 그대로인데, 나는 지금 나이 스무 살이니까요. - 중략- 모처
럼 찍어 준 사진도, 그런 걸 생각하니 우습기 짝이 없습니다. 그러
나 내게 있어서는, 이게 제일 귀한 보물이 아닐 수 없습니다.39)

---

38) 강소천, 〈꿈을 파는 집〉, 『강소천 아동문학전집』 4, 배영사, 1963, 220
    쪽.
39) 강소천, 앞의 책, 17~18쪽.

위의 인용문은 주인공 '나'의 소원이 이루어지는 결말 부분이다. 예시된 글에서 보는 바와 같이 여기에는 환상과 현실의 경계는 없다. 환상이 현실 같고 현실이 환상 세계처럼 느껴지는 것은 작가가 환상과 현실의 경계를 의식하지 않고 고정된 사고를 훌쩍 뛰어넘어 스토리를 전개하고 있기 때문이다. '합리'라는 울타리를 뛰어넘을 때 환상세계는 보다 선명한 색채를 지니게 된다.

주인공은 현실로 돌아와, 마음속으로 그리워했던 대상이 사진에 찍힌 것을 보고 새로운 깨달음을 얻게 된다. 이러한 깨달음은 주인공이 깊은 잠을 통해 이미 정신적으로 성숙되었다는 것을 의미한다. 현실-꿈-현실로 돌아오는 순환적 구조 속에 화자의 마음에 억눌린 무의식 욕구40)를 해소하여 새로운 깨달음을 얻고 있는 것이다.

1958년에 발표된 〈인형의 꿈〉은 작가가 "가장 자긍심을 가지고 있었던 작품"41)으로, 복합적 환상 구조를 통해 미래를 향한 화해 의지를 잘 드러내고 있다. 역사적으로 볼 때, 1950년은 전쟁에 의해 조국이 완전히 분단으로 굳어진 시기이다. 이러한 참혹한 현실의 아픔을 누구보다 강하게 느낀 것이 강소천이었다. 참혹한 현실의 아픔 속에 아동문학가가 해야 할 일은 동심의 세계를 형상화하여 밝은 전망을 아동과 어른들에게 제시해 주는 것이라고 믿었다. 그러므로 강소천은 작품에 등장하는 모든 사람들로 하여금 절망을 허락하지 않으며 환상으로 꿈을 꾸게 하고 꿈에 매달리게 한다. 그가 염원하는 꿈의 구심점은 삶에 대한 새로운 자각과 화합으로 미래를 향해 달려가기를

---

40) 나는 골목길에서 이북에 두고 온 내 아이와 모습이 흡사한 아이를 만난 적이 있다. 나는 달려들어 부둥켜안고 싶은 충동을 느꼈다. -중략- 나는 때때로 사진이라도 한 장 있었으면 하는 생각을 가져본다. 그런 생각이 이번 나로 하여금 〈꿈을 찍는 사진관〉이란 작품을 쓰게 했는지도 모른다.
   강소천, 「세월」, 『강소천文學選』, 정진사, 1954, 226쪽.
41) 강소천, 〈나의 작품 중 가장 재미있는 작품〉, 소년동아일보, 1960. 5. 10.

희망한다.

화가 아버지를 둔 정란이는 가난한 생활에 불만을 가지고 있는 타산적이고 허영심이 많은 소녀이다. 타산적인 정란이는 부유한 생활을 동경하여 아버지가 그린 그림이 잘 팔리기를 고대하지만 가난한 생활은 나아지지 않는다. 정란이와는 달리 그녀의 어머니는 가족에 대한 사랑으로 불만보다는 순종과 인내심으로 현실을 극복해 나가는 인물이다. 정란이 아버지의 미술 전람회 성공으로 정란이네 가족은 전세집을 얻어 서울로 이사를 가게 된다. 이사 도중에 정란이 엄마는 평소 가장 소중하게 여겼던 불란서 인형을 잃어버린다. 그 인형은 정란이 엄마가 아가씨였을 때, 젊은 미지의 작곡가에게서 받은 선물이었다. 훌륭한 성악가가 되면 작은 인형보다 더 큰 인형을 보내준다는 편지와 함께 받은 선물이기 때문에 정란이 엄마는 그 인형을 찾는데 매우 적극적이다. 마침내 잃어버린 불란서 인형을 찾게 되고 정란이네는 평화로워진다.

정란이는 새 학교에서 유명한 작곡가의 딸 명애와 친구가 된다. 명애는 그림 그리기를 좋아하고 정란이는 돈을 벌지 못하는 아버지보다 노래를 잘 부르는 어머니를 닮고자 음악에 온 힘을 기울인다. 명애 아버지가 주선하는 작곡 발표회에서 정란이가 독창을 하게 되고, 그것이 인연이 되어 정란이 엄마도 노래를 부를 수 있는 기회를 얻는다. 작곡 발표회는 대성공이었다. 정란이 엄마가 사람들에게 인정을 받게 되자 며칠 후 발신인 없이 큰 인형이 배달되고, 정란이 엄마는 감격해한다. 다음날 정란이 엄마가 가지고 있는 인형을 본 명애가 자신도 모르게 "저 인형은 아빠가 가지고 있었던 것"이라고 하는 말에 정란이 엄마는 불란서 인형을 선물한 사람이 명애 아빠라는 확신을 가지게 된다. 정란이 엄마는 명애 아버지에게 편지를 썼다가 찢어버리고 남편의 그림이 국전에 당선되기를 기원한다.

〈인형의 꿈〉은 인간의 내면적인 꿈에 대한 성취 과정을 운명의 문제를 통해 형상화한 작품으로, 심리적 꿈을 창작의 주된 원리로 사용하고 있다. 강소천은 초기의 작품을 통해 현실의 불행에 빠져 절망하는 자세는 비전이 없으며, 가난한 현실의 불행을 이겨낼 수 있는 것은 미래를 향한 꿈뿐이라고 생각했다. 가난한 생활고를 이겨내고 성악가에 대한 꿈을 실현하는 정란이 엄마, 정란이와 정란이 아빠의 꿈, 명애와 명애 아버지의 꿈이 환상의 씨줄과 날줄로 형성하는 과정을 보여주고 있다. 화자는 등장하는 인물들이 꿈을 실현하기 위해서는 개인의 의지 못지않게 가치관이 서로 다른 세대와 세대간의 이해, 사회와의 융화가 전제되어야 함을 강조한다. 이러한 화합을 도모하기 위한 방법으로 사회 구성의 기초가 되는 가족과의 융화를 내세운다.

"엄마! 우리 아빤 밤낮 그림만 그려두 왜 저 모양이야?"
"난 우리 아빠도 무역회사 했음 좋겠어!"
"-- 참말 우리 아빠는 바보야! 우리 아빠는 왜 음악 공부를 하지 못하구 미술 공부를 했을까? 만일 아빠가 음악 공부를 해서 독창회를 한다면 입장료두 받구 돈도 벌 수 있을 텐데⋯⋯. 방송국에 나가서 노래도 부르구, 텔레비에 나가서 노래도 부르고 하면, 돈도 많이 벌 수 있다는데⋯⋯" 정란이의 머리엔 이런 생각뿐입니다.42)
버릇없는 애두 그게 무슨 말 버릇이람? 넌 아직 나이 어리니깐 아빠의 그림을 알 수 없는 거야. 이 엄마도 아빠의 그림을 잘 이해하지 못하는데 너 같은 어린애가 그런 걸 알 수 있겠니? 그러니까 아빠 들으시는 데선 물론 아무에게도 그런 소릴 함부로 하지마, 응?--중략-- 팔기 위해 그림을 그린다면 그야 간판장이이지 어디화가라구 하겠니? 아빠는 늘 이런 말씀을 하신단다. '백 사람에 한

42) 강소천, 앞의책, 39~40쪽.

사람, 아니 천 사람에 한 사람이래두 좋다. 내 그림을 이해하구 내 그림을 아껴 주는 사람이 있다면 그래도 할 수 없는 일이지. 그렇게 생각하면 무척 쓸쓸한 일이지만 알겠니?[43)

아빠는 그게 나빠요! 정란이는 마치 어른들이 하는 말 같이 톡 쏘았습니다. 엄마는 정말 기가 막혔습니다.[44)

아버지에 대한 두 모녀의 성격을 살펴볼 수 있는 부분이다. 여기서 보면 타산적이고 허영심이 있는 신세대 정란이와 인내심을 가진 전형적인 옛날 여인의 모습을 지닌 정란이 어머니의 성격은 서로 대립적이다. 물신주의 환경에서 자란 정란이는 돈이 없는데도 돈을 벌기 위해 그림을 그리지 않는 아버지가 이해되지 않는다. 뿐만 아니라 생활고에 시달리면서도 오히려 아버지를 변호하고 이해하려는 어머니의 태도도 납득이 되지 않는다. 정란이는 이미 이웃이나 학교에서 사회를 경험하고 인격이 본격적으로 사회화되는 학동기 단계에 놓인 아이다. 정란이는 한 인간으로서의 초보적인 아이덴티티(identity)를 가지고 있어 자발성을 들어낸다.

정란이 어머니는 자기의 통제가 가능했던 울타리를 벗어난 딸의 이기적이고 타산적인 태도를 발견하고 깜짝 놀란다. 이미 정란이는 자기 주장을 내세울 만큼 훌쩍 자라 있었던 것이다. 어머니는 이런 딸과 첨예하게 대립되는 갈등을 끊임없는 대화로써 풀어간다. 나아가 정란이로 하여금 아버지나 어머니처럼 음악가로서의 꿈을 가지게 한다. 정란이는 자기의 꿈을 성장시켜 나가는 과정을 통하여 비로소 타인이 가지는 꿈의 가치성에 대한 새로운 시선을 갖게 된다. 똑같은 처지에서 타인 바라보기이다. 그 결과 정란이는 무능하다고 생각했던

---

43) 앞의 책, 39쪽.
44) 앞의 책, 43쪽.

아버지를 긍정적인 시선으로 바라보게 된다. 이와 같이 이 작품은 가장 가깝다고 할 수 있는 가족 구성원간의 인식의 차이를 좁혀 세계에 대한 시야를 확대시킨다.

> 역시 아이들의 생각은 틀리는 거로구나. 괜히 알지도 못하고 내가 떠들었어. 아버지가 하시는 일이 옳아! 이렇게 아버지를 다시 한번 알게 되었습니다.45)

이 글은 부정적으로만 바라보았던 아버지에 대한 정란이의 마음이 달라지는 부분이다. 정란이의 깨달음은 부모와의 화해를 상징한다. 화해는 타인에 대한 진정한 이해에서 비롯된다는 점에서 타인에 대한 이해는 곧 순수한 인간 정신의 회복을 의미한다.

본래 정란이 어머니 꿈은 성악가이다. 그녀가 지닌 꿈은 불란서 인형의 운명과 나란히 병치되어 있다. 정란이 어머니의 꿈은 불란서 인형으로 대치되어 있기 때문에 인형의 꿈은 곧 정란이 어머니의 꿈을 상징한다고 볼 수 있다. 정란이 어머니의 꿈에 대한 장벽을 인형이 갇혀 있는 유리 상자로 볼 때, 유리 상자는 무의식의 관 속을 상징한다. 관은 죽음과도 연관된다. 그녀의 꿈이 크기 위해서는 죽음과도 같은 이러한 관에서 빠져 나오는 일이 급선무이다. 그것은 유리 상자를 깨뜨리는 일이다. 화자는 이와 같은 일을 성장의 상징물이라고 할 수 있는 '아이들'에 의해 시도한다. 유리 상자가 깨어지고 그 속에 갇혀 있던 인형이 세상 밖으로 나오게 되는 부분은 비인격적 인물에 인격을 부여하는 신화적 환상에 의한 것으로, 다른 한편으로는 정란이 어머니의 억압된 무의식이 의식 밖으로 표출되는 것을 상징한다고 볼 수 있다. 유리 상자 밖으로 나온 인형은 이제 정란이 어머니와 운명

---

45) 앞의 책, 45쪽.

을 같이하게 된다. 유리 상자 밖의 열려진 공간, 이것은 인형이 정란이 어머니와 정신적 교류를 같이할 수 있게 되었음을 나타내는 상징적 장치이다. 심리적인 꿈을 현실화시키는 이러한 환상의 장치는 독자에게 현실감을 줄 수 있다.

> 엄마는 다시 소롯이 두 눈을 떠서 노랫소리 나는 경대 쪽을 바라봤습니다. "응? 저 불란서 인형이?" 그제야 엄마는 여태껏 노래를 부른 것이 자기의 불란서 인형이었다는 것을 알았습니다. 자장가가 끝났습니다. 뒤이어 요란한 박수 소리가 엄마의 귀를 울렸습니다. 그제야 엄마는 잠을 완전히 깨었습니다.46)

인용문은 정란이 엄마가 마음속에 숨기고 있던 소망을 상징적 대상물에 구체화시키고 있는 부분이다. 꿈은 무의식의 소산이라는 점에서 꿈의 세계는 그 자체가 곧 심리적인 환상의 세계라고 할 수 있다. 강소천의 동화에서 형상화되는 심리적 꿈은 꿈 자체로 끝나는 것이 아니라, 대부분 현실과의 연계성으로 미래를 암시하고 예시할 수 있다는 점에서 의미를 찾을 수 있다. 이 작품에서 심리적 무의식의 꿈은 현실과 이상을 연결해 주는 방법으로 작용한다. 이것은 인형이 부르는 자장가가 훗날 정란이 어머니가 음악 발표회에서 노래를 부르는 현실의 꿈으로 실현되는 부분에서도 나타나고 있다.

강소천의 다른 작품에 등장하는 주인공이 현실의 꿈을 직시하는 데 머물렀다면, 이 작품에 등장하는 주인공 정란이와 인형은 자신의 꿈에 대한 태도가 적극적이며 진취적이다. 그들이 가지고 있는 미래 지향적인 밝은 의지는 가난이라는 현실의 장애물을 뚫고 앞으로 나가게 하는 원동력이 된다. 하지만 이 작품은 어려움의 극복 과정을 우

---

46) 앞의 책, 57쪽.

연성을 결부시켜 주인공의 의지보다는 타인의 도움으로 문제를 해결
하고 있다는 점에서 아쉬움을 주고 있다.

> 여보 그게 무슨 말이예요? 아예 정란이 어머니라니 나도 처음엔
> 누군가 했더니, 학생 때 이름을 날리던 배미숙이예요. 당신은 그
> 때, 전연 이름이 없는 사람이었으니까 모를지는 몰라도 배미숙이라
> 면 지금도 음악가들은, 참 아까운 분이지! 결혼한 뒤엔 전연 나타
> 나지 않아! 할거예요. 그러니 정란이와 명애 사이를 보아서라도,
> 다른 성악가들만 다소 못하더라도 무조건 작곡 발표회에 나오도록
> 해 주셔요47)

인용문은 딸인 명애로부터 정란이 엄마가 음악회에서 노래를 부를
수 있도록 해달라는 부탁에, 명애 아버지가 우선 정란이 엄마의 실력
을 시험해 보지 않고서는 어려우니 음악하는 친구를 시켜서 한 번 노
래를 시켜 보겠다고 제의를 하자 명애 어머니가 말한 내용이다. 여기
서 살펴보면, 작품 전반기에 제시된 정란이의 어려움에는 친구들이
도움을 주고, 후반기에는 정란이의 어머니가 친구인 명애의 도움으로
음악회에 나갈 수 있게 된다. 이와 같은 상황은 〈분홍카네이션〉에서
신분을 숨긴 친어머니가 피아노를 사 주고, 〈해바라기 피는 마을〉에
서 김 소위의 어머니가 나타나 양녀로 삼는 것에서도 찾아볼 수 있
다. 어려운 문제가 주인공의 힘으로 해결되지 못하고 타인의 도움이
나 우연한 행운 등에 의해 해결되고 있다. 이것은 작품 안에서 주동
인물과 반동인물을 불투명하게 제시한 것에서 찾아 볼 수 있다. 반동
인물을 뚜렷하게 제시하지 못하면 그에 비례하여 주동인물과 반동인
물의 대결 의지도 소극적으로 나타날 수밖에 없다. 그러다 보니 자연

---

47) 앞의 책, 271쪽.

후반부로 갈수록 작품에 긴장감을 주지 못하는 요인이 되고 있다.

> 어떻든 아빠가 이번 가을 국전에 꼭 특선을 해야 할텐데 ···· 이
> 렇게 생각한 정란이 엄마는 아빠를 위해 조금 더 집에 가만히 있어
> 야겠다고 생각했습니다. 어떻게 하면 아빠가 정말 맘놓고 좋은 그
> 림을 그릴 수 있을까?48)

작품의 마지막 결말은 아내로서 조용히 남편을 내조하는 전통 연
인의 자세가 짙게 배어 있다. 정란이 어머니의 삶의 자세는 남편의
꿈이 곧 그녀의 희망(꿈)이라는 동질성을 내포한다. 이런 측면에서
화자는 정란이 어머니의 꿈을 신화적 환상에 의해 복선적으로 전개시
키고 있지만, 화자의 관심은 정란이에게 더 많이 집중되어 있다.

아버지가 다시 그림을 그리고 정란이 역시 아버지를 이해하는 과
정에서 그들의 꿈은 비로소 새로운 빛깔로 밝게 빛난다. 서로가 서로
를 이해하는 과정을 통해서 진정한 꿈이 이루어지는 이 작품의 주된
정서는 세대간의 이해와 화합이다. 지금까지 분석을 종합해 보면 강
소천은 꿈의 기법을 통해 무의식에 잠재되어 있는 소원충족을 충족시
켜 현실의 불균형을 회복하고자 했다.

---

48) 앞의 책, 136쪽.

2) 입몽의 변이 양상

변신을 통한 자아 찾기는 동화의 또 다른 소망이자 꿈이라 할 수
있다. 변신의 사전적 의미는 '몸의 모양을 바꿈 또는 그 몸' 이다. 자
의든 타의든 간에 어떤 원형이 다른 형태로 바꾸어지는 것을 의미한
다. 변신은 원래 불교의 윤회 사상에서 기인한 것으로, 우리나라 설
화나 전래동화에서 많이 다루는 환상 기법이다. 이 방법은 인간의 합
리적인 질서와 무의식의 불합리함을 통합하는 역할을 담당한다.

6. 25전쟁으로 소중한 것들을 모두 잃어버린 상실감과 그것에 대
한 그리움 때문에 현실의 삶을 지탱할 수 없었던 강소천에게 무엇보
다도 필요한 것은 비틀거리는 자신을 바로 세우는 일이었다. 때마침
우리 사회에 유입된 문예사조는 개인의 자아 성찰에 한 몫을 담당했
다. 1946년 예술 신문에 처음 소개된 실존주의는 6.25전쟁의 비극
적인 체험과 함께 불안, 고민, 저항, 자학의 주제로 한국 문단에 군
림했다. 이 시기 한국 성인 문학에 나타난 실존주의는 개인의 자기
삶에 대한 자각을 불러일으켰다. 타인의 삶과 역할 바꾸기를 통해 자
신의 삶을 반추시키는 창작 태도는 바로 이와 같은 사회적 배경과도
무관하지 않다. 작품에서 이러한 역할 바꾸기는 "현시적 변신의 제
의"49)인 셈이다 즉, 주인공의 변신은 성년식과 같은 통과의례라고
할 수 있다. 여기서의 통과의례는 정신적인 성숙을 위한 통과의례를
의미한다. 그러므로 통과의례는 미성숙의 자기를 죽이고 보다 높은
차원의 존재로 다시 태어나는 것을 의미한다. 변신에서 겪는 시련 또

---

49) 이상일, 「변신의 이론과 전개」, 성균관대학교 박사학위 논문, 1978, 6쪽.

한 단순한 시련이 아닌 소년에서 성년으로 넘어가는 과정, 미약한 존재에서 성숙한 존재가 되기 위한 절차이다.

〈잃어버렸던 나〉와 〈꽃이 된 나〉는 인물의 변신을 통해 '자아 찾기' 꿈을 형상화한 작품이다. 주인공 영철이는 봄볕이 무척 따뜻한 날, 뒷산에 올라가 이상한 새를 발견하고 그것을 잡기 위해 새가 앉아 있는 나무에 돌을 던진다. 던진 돌이 되돌아와 영철이는 이마를 얻어맞고 정신을 잃는다. 눈을 뜨니 영철이는 자기 외모를 잃어버리고 구두닦이 만수로 변해 있다. 모습이 변한 영철이를 사람들은 알아보지 못한다. 영철이는 자기 집에 돌아갈 수 없게 되자 본래의 자기를 증명해 줄 수 있는 대상을 찾아다닌다. 그 과정에서 친구 정훈이를 만나 자신의 부끄러운 과거를 듣는다. 지난날 자기가 씌운 누명 때문에 어렵게 살아가는 할아버지 생활을 목격하기도 한다. 영철이는 구두닦이 소년 만수로 살아가면서 다른 사람의 고통을 이해하게 되고 사랑을 실천하는 아이로 변한다. 영철이는 처음 이상한 새를 발견했던 장소를 찾아간다. 그곳에서 영철이는 무언가에 머리를 맞고 본래 영철이로 돌아오게 된다.

회귀적 형태를 취하고 있는 이 동화는 시간적 변신과 이상한 새를 등장시킨 이미지 요소가 환상의 요소가 되고 있다. "시간적 변신이란 정상적인 사람이 시간적인 차원을 넘어 시대가 다른 사람들을 만나는 것이나, 또는 현실적인 시간제약을 받지 않고 다른 세계에 들어갔다가 나오는 것"[50]을 말한다. 〈잃어버린 나〉는 후자에 속한다.

동화에서 변신은 상상적인 세계에서 무한한 정신적인 자유를 부여할 수 있다는 데 기인한다.[51] 주인공 영철이는 정신은 그대로 있으

---

50) 김미란, 「고대소설에 나타난 변신모티브」, 연세대학교 대학원 박사학위 논문, 1983, 30쪽.
51) 이상일, 앞의 논문, 6쪽.

면서 신체적으로만 자기가 아닌 만수로 변하는, 부분적 변신을 통하여 다른 사람의 생활과 그들의 마음을 경험한다. 주인공 영철이가 겪게 되는 시간을 초월한 공간은 그의 의식을 전환시키는 역할이 되고 있다. 만수로 변한 영철이가 "나는 내 살을 꼬집어 보았습니다. 아팠습니다. 꿈은 아니었습니다"라고 현재를 확인하는 부분은 이 작품의 공간이 현실적 공간도 꿈의 공간도 아닌 환시의 세계, 상상적 공간에서 전개되고 있음을 뒷받침해 준다.

〈토끼 삼형제〉, 〈꿈을 파는 집〉, 〈이상한 안경〉에서처럼 〈잃어버린 나〉에 등장하는 상징적 대상물인 새는 현실의 세계를 환상 세계로 인도하는 매개물이다. 무의식에서 새는 갑자기 떠오르는 생각이나 사고의 흐름, 공상 등과 연관되어 있다. 새는 영혼, 정신의 고귀함을 나타낸다.52) 하늘을 자유롭게 날 수 있는 사실이 이러한 이미지를 생성하게 만든 것이라 할 수 있다.53) 현실에서 결코 누릴 수 없었던 '자유롭게 상상하고 꿈꾸는' 공간은 작가에게 있어 피안의 세계요, 희망이었을 것이다.

작품 구조를 살펴 볼 때, 이 동화는 현실의 어떤 상황-불안정 상태 - 초기 상황의 복원으로 되어 있다. 이 텍스트 안에서 환상은 불안정 상태의 공간에서 행하여지며, 이 공간에서 초자연적인 사건이 발생한다. 이상한 새를 잡기 위해 돌을 던지고 그 돌에 이마를 얻어맞고 정신을 잃은 뒤 눈을 뜨니 그는 자신이 다른 사람으로 변해 있는 것을 발견한다. 그 결과로서 거기에 가능한 주저함에 대한 몇 개의 징후들

---

52) T. E. Cirlot, 『Dictionary of symbols』, philosophical library, new york, 1962, 27쪽

53) 강소천과 동시대를 함께 산 김요섭은 강소천을 자유분방하고 '바람'과 같은 기질을 가진 사람으로 비유하기도 하였는데, 이런 측면에서 볼 때, 그의 작품에 나타나는 새의 상징은 강소천의 자유로움에 대한 강한 무의식의 표출이라고 해석할 수도 있다.

이 나타난다.

> 샘물에 비친 내 얼굴은 여태껏 내 얼굴이 아니기 때문입니다. 눈
> 이 한 쪽 이상해 보인다거나 입이 삐뚤어져 보이는 정도라면 또 몰
> 라도, 글쎄 전혀 내 얼굴이 아닌 딴 아이 얼굴이 물에 비치니 놀라
> 지 않겠어요? 이상하고 무서운 생각이 들지 않겠어요? 나는 내 뒤
> 를 돌아보았습니다. 혹시 내가 딴 아이 그림자를 보고 있지나 않나
> 하고. 그러나 내 앞에도 내 뒤에도 딴 아이는 없었습니다.54)

위의 인용문은 다른 사람의 모습으로 바뀐 화자가 주저함55)의 징
후들을 나타내는 부분이다. 화자인 영철이는 먼저 눈이 한쪽이 이상
하지 않는가를 생각한다. 하지만 그는 곧바로 그 반대의 경우를 확신
하게 된다. 그 다음엔 뒤를 돌아보는 주저함을 보인다. 그는 다시 그
의 주위에 아무도 없음을 확인한다. 그는 그가 직면한 변화된 사건에
대한 어떤 합리적인 설명을 찾아내려는 노력을 멈추지 않는다. 이것
은 곧 현실의 독자에게 현실감을 부여하려는 작가의 의지일 수도 있
다. 초자연적인 사건에 대한 이러한 주저함의 징조들은 서술의 일반
적인 이동에 빠져들게 만들고 어느새 이 사건에 관하여 더 이상 놀라
워하지 않게 된다. 영철이는 점점 비정상적인 듯이 보이는 자신의 상
황을 결국 가능한 것으로 받아들이게 된다. 그럼으로써 초현실적인
사건은 독자에게 하나의 가능한 사건이 될 수 있다.

자아의 변화에 대응하는 신체의 변화는 인간으로서 다른 모습, 또
는 인간과 다른 존재와의 넘나듦이라는 형태로 나타난다.56) 인간과

---

54) 강소천, 〈잃어 버렸던 나〉, 『한국아동문학전집 2』, 배영사, 1962, 31쪽.
55) 토토로프는 환상 문학을 구성하는 중요한 요소로 '주저함'을 들었다. 그러나
　　동화에서는 이러한 '주저함'의 모티브가 성인문학과는 달리 적게 나타난다.
56) 김미란, 앞의 논문, 230쪽.

다른 존재 사이의 동질성을 발견하는 것은 양자간에 동일시를 생각하게 하고, 동일시로 인한 영역의 초월은 한 존재가 다른 존재로 전신(轉身)할 수 있다는 가능성을 준다. 이것은 원시적 사고 방식이 지닌 특징 중 하나로[57] 신화적 환상에 속한다.

자기 외모를 잃어버린 영철이는 이제 더 이상 부잣집 영철이가 아니다. 그 동안 가족에 둘러싸여 보호받으며 살아온 영철이는 자기 자신을 바라볼 기회가 주어지지 않았다. 가난한 집 만수가 되어 타인이 바라보는 영철이를 바라봄으로써, 영철이는 객관적인 위치에서 자기 모습을 들여다볼 수 있게 된 것이다. 이처럼 심리적 환상은 현실과 상상 세계 속에서 존재하는 인물이 동일한 인물이면서도 전혀 다른 인간이 될 수 있다. 영철이는 자신을 들여다보고 다른 사람의 삶을 경험하게 됨으로써 육체적 변신이외에 정신적으로 새로워진 영철이로 또 한번 변신을 하게 된다.

여기서 한 가지 특이한 것은 환원된 꿈의 전개 방법이다. 이상한 새에게 돌을 던진 영철이가 그 돌이 퉁겨 나와 머리를 맞고 만수로 변해 있었다. 그러나 영철이가 겪는 이러한 상황이 영철이 어머니가 꾼 꿈으로 전환되어 나타나고 있다. 표면적으로는 영철이가 자신의 외모를 잃어버리고 새로운 삶을 경험하는 내용으로 되어 있지만, 사실은 영철이 어머니의 자식을 염려하는 심리가 작품의 기저에 환치되어 있음을 발견할 수 있다.

어머니는 꿈 이야기를 시작하셨습니다. 아마 어느 벌판이었던 것 같애. 아이들 몇이 놀고 있었는데 난데없는 독수리라는 놈이 하늘에서 내려와 웬 아이 하나를 차 가지고 하늘로 날아오르지 않겠니. 그러니깐 함께 놀던 애들이 모두 큰 소리를 지르겠지. 영철아! 영

---

57) 김열규, 『한국의 신화』, 일조각. 1976, 22쪽.

철아! 하고···· --중략--- 처음엔 독수리가 내려오는 것을 보고 네
가 내려온다고 좋아했었는데, 정말 독수리가 땅에 내려놓고 날아
가는 것을 보니 그앤 네가 아니고 한 번도 본적이 없는 딴 애였
어.- 중략-

　나는 어머니의 꿈 이야기가 어쩐지 내가 지난 일과 비슷한 일 같
이만 생각되었습니다.58)

　인용문은 자신의 모습을 되찾은 영철이가 집에 왔을 때, 어머니가
꿈 이야기를 영철이게 들려주는 부분이다. 어머니의 꿈 이야기를 들
으면서, 영철이는 어머니의 꿈과 자신의 경험이 비슷한 것이라고 생
각한다. 이는 영철이의 경험이 어머니의 꿈과 병치(竝置)되어 있음을
반증해 주는 부분이다. 이와 같은 병치는 영철이가 우연하게 다른 사
람으로 변신할 수 있었던 황당함을 완화시켜준다. 즉 꿈 모티브를 통
한 새로운 환상적 세계를 구축하면서, 두 개 이야기가 한 가지로 모
아지도록 구성하고 있는 것이다. 이러한 시도는 새로운 기법이 던져
주는 당혹감을 최대한 좁히려는 노력으로 어머니의 꿈과 영철이의 경
험을 환치시켜 놓았을 가능성이 높다. 이와 같은 시도는 그가 동화에
도입한 심리적 환상의 꿈 모티브에서 현실성을 확보하려는 근거라고
볼 수 있겠는데, 동화에서 올바른 환상 구현은 비현실 세계를 마치
현실 세계처럼 구축하는 것이기 때문이다.

　환상성과 신비성을 토대로 펼쳐지는 꿈의 세계는 동화에서 필수적
인 조건이다. 그러나 환상과 신비적인 꿈의 세계가 허황한 꿈의 요소
로만 끝난다면, 아동에게 허황한 몽환적 세계 속에서 꿈꾸고 살기만
을 바라는 것이 될 것이다. 고대에서 현대까지 문학의 전개는 인간
삶과 세계관의 변화가 조응하는 가운데 이루어져 왔다. 전래동화에서

---

58) 강소천, 〈잃어버렸던 나〉, 『한국아동문학전집 2』, 배영사, 1962, 31쪽.

보여지는 흥미위주의 공상적 세계가 현대 동화에 그대로 적용될 수는 없다. 동화가 예술성을 중요시하고, 그 예술성은 다름 아닌 환상 세계에서 리얼리티를 확보하는 것에 있음을 주지할 때, 동화에서 환상은 비현실적인 세계 속에서 리얼리티를 확보하는 것이다. 그렇게 되기 위해서는 보다 구체적이고 실현성 있는 꿈을 제시해야 하며, 동화에서 환상이 단순한 환상성을 구현하는 것이 아닌 예술적 차원에서 형상화되어야 하는 필요성을 갖게 되는 것이다.

일반적으로 강소천의 대부분의 작품은 과거 시점을 향해 날아갔다가 다시 현실로 돌아오며, 미래를 향해 날아간 상상력도 결말에서는 현실로 환원되는 구조를 취하고 있다. 사건이 어떠한 상황으로 전개되든지 간에 주인공 인물을 현실로 회귀시키고 있다. 이때 현실로 회귀되는 인물들은 대부분 전과는 달리, 변화되고 성숙된 인물로 바꾸어지게 된다.

> 영철아! 네가 잠깐 딴 데 갔다 왔기 때문에 고생은 무척 했지만, 그게 내게도 무척 좋은 일이 되었어. 난 그 동안 많은 공부를 하였어. 너하고만 늘 같이 있을 때보다는 무척 많은 걸 배웠어. 세상은 여러 가지로 복잡해. 제 생각만 해선 안 되겠어. 남이 되어서 날 볼 줄도 알아야겠어. 다른 사람들의 딱한 사정도 생각해 봐야겠어. 안 그래? 영철아!59)

인용문은 자기 모습으로 돌아온 영철이가 자신에게 독백하는 부분이다. 여기서도 살펴보면 자신의 처지만을 생각했던 영철이는 전보다 성숙되고 변화된 인물로 변모되어 있다. 주인공의 이러한 결의는 현실에 대한 긍정적인 자세이며 미래지향적인 성격을 내포한다. "성숙

---

59) 앞의 책, 76쪽.

은 세계 인식의 확대이며 자아 발견의 중심이다."60) 다른 사람에 대한 이해는 자아 성숙을 의미하며, 자신에 대한 성찰에서 보다 구체화될 수 있다. 타인의 삶을 경험한 영철이는 자신의 모순을 알게 되고, 현실을 이해하는 방식이 되어 타인과의 융화를 촉진시킬 수 있게 한다. 아동 독자 역시 이와 같은 심리적 환상을 통해 자신의 내면을 체험할 수 있다. 변신 모티브는 강소천 동화의 환상 세계를 인식하는 한 방식이며, 다른 사람과의 공존의 논리를 추구하고 있다는 점에서 의의를 구할 수 있다. 이처럼 상상적인 공간을 설정하여 평면적인 삶을 입체화시키는 동화에서의 환상은 인간의 상상을 풍부하게 할 수 있다.

이상으로 강소천 문학에서 환상의 주된 요소인 의식과 무의식의 꿈의 다양한 양상을 통해 작품을 분석하였다. 이를 통해 밝힐 수 있었던 것은 그의 정신 세계를 지배하는 중요한 인자는 그리움과 화합 의지이다. 〈돌맹이〉와 〈꿈을 찍는 사진관〉, 〈꿈을 파는 집〉 등은 환상적인 매개물과 초자연적인 인물을 통해 상실로 인한 만남의 꿈의 정서를 담고 있으며, 〈꿈을 찍는 사진관〉과 〈꿈을 파는 집〉은 실재적인 입몽에 의한 환상 세계를 통해 현실에서는 불가능한 그리운 사람과의 만남의 꿈을 그리고 있다. 이때 입몽의 환상 세계에서 현실에서 꿈꾸었던 소원이 충족되어 현실에서 불균형은 새로운 질서를 구축하게 된다.

〈잃어버렸던 나〉는 입몽의 변신모티브를 통한 환상을 보이고 있으며, 자아 발견의 꿈을 주제화하고 있다. 이 작품은 현실 세계가 아닌, 심리적 상상의 공간에서 부잣집 영철이가 가난한 만수로 변하여

---

60) 이재선, 『한국현대소설사』, 홍성사, 1978, 471쪽.

객관화된 자신을 들여다보게 한다. 타인이 바라보는 자기 자신 들여다보기를 통해 사회와의 화합을 추구한다. 〈인형의 꿈〉은 인간의 희망을 무생물인 인형과 대비시키는 환상 기법을 통해 미래를 향한 화합 의지를 구현한 대표적인 작품이다. 이 작품은 꿈을 실현하기 위해서는 개인과 개인의 이해, 세대와 세대 사이의 이해가 사회와의 융화로 연결되어야 한다는 의미를 함축하고 있다.

강소천은 무의식의 꿈과 입몽이라는 '꿈' 형식을 창작원리로 삼아 환상을 구현하고 있다. 강소천 작품에서의 꿈은 꿈 자체로 끝나는 것이 아니라, 현실과의 연계성으로 미래를 암시하고 밝혀주는 하나의 상징적인 기호로서 의미를 가진다. 현실에 상상적 공간을 설정하는 수법은 평면적인 삶을 입체화시켜 인간의 상상을 풍부하게 해 줄 수 있다.

앞서 살펴본 마해송 작품 특징이 자연계의 섭리와 현실을 과학적으로 진단한 다음 알레고리를 통한 풍자 수법이라면, 강소천 작품의 특징은 심리적인 꿈을 가상적 공간에 구축하여 밝은 미래를 지향하는 환상에 있다고 할 수 있다.

〈작 품〉

꿈을 찍는 사진관

강 소 천

따스한 봄볕은 나를 자꾸 밖으로 꾀어 내는 것이었습니다.

어젯밤만 해도, 내일은 일요일이니 어디 나가지 않고, 방에 꾹 들어박혀 책이라도 읽으리라 생각했던 것이 정작 조반을 먹고 나니 오늘은 유달리 날씨가 따뜻했습니다.

나는 스케치북과 그림 물감을 가지고 뒷산을 향해 올라갔습니다.

그렇다고 내가 그림을 굉장히 잘 그리거나, 그림에 취미를 가진 것도 아닙니다. 그저 빈손으로 가기는 싫었기 때문입니다. 책을 들고 앉아 그 따스한 봄볕에서 읽는 것이 한층 더 싱그러울 것 같았습니다. 봄을 그리려고 산에 오른 이 서투른 화가는 좀처럼 그림을 그리기 시작하지 않았습니다. 그리는 것보다 가만히 앉아 바라보는 것이 더 좋았습니다.

그리하여 내 눈이 맞은편 산허리에 갔을 때, 나는 내 눈을 의심하리만큼 놀라지 않을 수가 없었습니다. 거기에는 활짝 핀 꽃 나무 한 그루가 서 있었기 때문입니다.

아직 살구꽃이 피려면 한 달은 더 있어야 할 텐데, 저렇게 연분홍 꽃이 전등이라도 켠 듯이 환히 피어 있는 것은 이상한 일이 아니겠습니까?

나는 그 꽃나무 아래까지 갔습니다. 단숨에 달려간 나는, 숨이 차서 그만 땅에 주저앉았습니다. 숨을 돌리며 내가 꽃나무를 자세히 바라보니, 나무 밑줄기에 이런 간판이 붙어 있었습니다.

꿈을 찍는 사진관으로 가는 길, 동쪽으로 5리.

나는 그 연분홍 꽃나무에 핀 꽃 같은 건 생각할 사이도 없이, 곧
이 꿈을 찍는 사진관을 찾아 떠났습니다.

동쪽으로 사뭇 좁다란 산길을 걸어가노라니까, 정말 조그만 집
한 채가 보였습니다.

그러나 내가 그 집 문 앞에 다다랐을 때는 약간 실망하지 않을
수가 없었습니다. 집 문 앞엔 또 이런 것이 씌어 있었습니다.

꿈을 찍는 사진관은 여기서 남쪽으로 5리 되는 곳으로 옮겼습니
다.

나는 남쪽을 향해 또 걸었습니다. 지금 온 만큼 가니까, 정말 또
집 한 채가 보였습니다.

나는 참 잘 왔다고 좋아라 집 문 앞으로 갔습니다.

그러나 나는, 아까보다 좀 더 크게 실망하지 않을 수가 없었습니
다.

아까와 똑같은 글이 문 앞에 붙어 있었습니다. 아니, 꼭 한 자만
틀립니다. 그것은 '남쪽으로 5리'가 아니라, '서쪽으로 5리'라 씌어
있었습니다.

나는 조금 주저하였습니다. 그러나 나는,

'한 번만, 더 속아 보자.'

하고 또 서쪽을 향해 걸어갔습니다.

마침내 나는 꿈을 찍는 사진관을 찾은 것입니다.

이런 산중엔 어울리지 않을 만큼, 커다랗고 훌륭한 양옥집이었습
니다. 벽과 창문만이 아니라 지붕까지 새하얀 집-- 다만 정문에 커
다랗게 써 붙인, '꿈을 찍는 사진관'이라는 일곱 글자만이 파아란
하늘빛이었습니다. 나는 문득 문을 두드렸습니다.

"누구시오? 들어오시죠!"

낮고 부드러운 목소리가 안에서 들려왔습니다. 나는 문을 열고 안으로 들어갔습니다.

하늘빛 파란 가운을 입은 점잖은 신사 한 분이, 하늘빛 파아란 안경을 벗어 테이블 위에 놓으며, 회전 의자에서 일어났습니다.

"어떻게 오셨지요?"

"저어……, 여기가 꿈을 찍어 주는 사진관입니까?"

"예, 그렇습니다."

"어떻게 찍지요?"

하고 나는, 찍는 방법을 물었습니다. 그랬더니 그는, 내게 조그맣고 얄팍한 책 한 권을 주며, 저쪽 7호실에 가 앉아, 소리내지 말고 읽어 보라고 했습니다.

나는 7호실을 찾아갔습니다. 1호실 다음엔 3호실, 그 다음이 5호실, 바로 그 다음이 7호실입니다. 어떻게 사진관이 꼭 여관집과도 같습니까? 나는 그제서야 이 집의 방 번호가 모두 홀수로만 되어 있다는 것을 알았습니다.

벽과 천장까지 새하얀 방…….

들어가는 문밖엔 들창 하나도 없는 방입니다

나는 그 방에 앉아, 지금 받은 얄팍한 책을 펴 들었습니다. 불도 안 켠 방이 왜 이리 환한지 모르겠습니다. 어디서 빛이라곤 조금도 들어올 곳이 없습니다. 9포 활자만큼 작은 하늘빛 글씨가 어쩌면 그리도 잘 보입니까?

꿈을 찍으시려는 분들에게!

이렇게 멀리서 찾아오신 손님께 먼저 뜨거운 감사를 드립니다. 당신께서 이곳을 찾아온 데는 두 가지 뜻이 있을 줄 압니다.

그 하나는 신기한 것을 즐기려는 마음이요, 또 하나는 무척 그립고 보고 싶은 사람이 있기 때문일 것입니다.

사실 당신이니 말이지만, 오늘 저 세상 사람들은 오늘의 문명을 자랑해서 '텔레비전 시대'라고 합니다.

그러나 지금 내가 새로운 실험을 하고 있는 이 일에 비하면, 그까짓 게 다 무엇입니까? 문제도 안 되는 것입니다.

오늘, 더욱이 6·25 사변을 치르고 난 우리들에겐, 많은 잃은 것 대신에 가진 것은, 안타깝게 보고 싶고 그리운 얼굴들입니다.

눈에 보이지 않는 것 중에 우리에게 얻지 못할 가장 귀중한 것의 하나는, 과거를 다시 생각할 수 있는 '추억'이라는 것입니다.

우리는 옛날을 다시 생각하기 위해서, 묵은 앨범을 꺼내어 사진 위에 머물러 있는 지난 날의 모습들을 바라봅니다.

그러나 사진이란, 다만 추억의 어느 한 순간이요, 그 전부는 아닙니다. 정말 아름다운 추억이란 흔히 사진첩 속에서는 찾아보기 어려운 것입니다. 우리는 그런 불완전한 것이나마, 사변으로 인하여 거의 잃어버리고 말았습니다.

그러나 요행히 우리에겐 '꿈'이란 게 있습니다.

이미 저 세상에 가 버리고 없는 그리운 얼굴들도, 꿈에서는 서로 만날 수 있습니다.

남북으로 갈리어 서로 만나지 못하는 사이라도 쉽게 만날 수 있습니다. 꿈길엔 38선이 없습니다.

정말 꿈을 꿀 수 있다는 것은 얼마나 행복한 일입니까?

그러나 이 꿈이란, 사람의 마음대로 꿀 수는 없는 것입니다. 아무리 그립고 보고 싶은 얼굴이 있어, 꿈에 보려고 애를 써도 뜻대로 잘 안 되는 수가 있습니다.

그러나 어떻게 잠깐 꿈을 꾸게 된다 해도, 그 꿈에서 곧 깨어나면 한층 더 안타까운 것뿐입니다.

여기에 생각을 둔 나는, 이번에 꿈을 찍는 사진기를 하나 발명했습니다. 이는 결코 거리의 사진사들처럼 영업을 목적으로 한 건 아닙니다.

내게는 안타깝게 그리운 아기가 있습니다. 나는 그 아기의 사진 까지 송두리째 잃어버렸습니다. 내가 이 사진기를 만들게 된 게 그 때문인지도 모릅니다.

자아, 쓸데없는 이야기가 길었습니다.

그럼 인제, 꿈을 찍는 방법을 설명해 드려야죠. 무엇보다 그게 더 궁금하실 테니까요.

지금 당신이 앉아 있는 방에서부터 나오는 한 줄기 빛이 있습니 다. 그 빛은 바로 사진기가 놓여 있는 곳과 연결되어 있습니다. 그 래서 당신이 꿈을 꾸기만 하면, 사진기는 저절로 '쩔거덕' 하고 사 진을 찍어 버리는 것입니다. 필름에 사진이 찍히면 곧 현상하여, 손님의 요구대로 크게 또는 작게, 인화지에 옮겨드립니다.

그런데 문제되는 것은 꿈을 꾸는 일입니다. 어떻게 짧은 시간에 꿀 수 있으며, 또 꿈을 꾼다 해도, 그게 정말 자기가 사진에 옮기고 싶은 꿈을 꾸겠느냐 하는 것입니다.

실로 내가 제일 오랫동안 연구에 고심을 한 것이 이것입니다.

꿈을 찍는 것은, 이것에 비하면 식은 죽 먹기였습니다. 그 문제 를 풀기 위해서 나는, 잠 못 이루는 밤을 오래 가졌었고, 무수한 실 패를 거듭하였습니다. 그러나 나는 실망하지 않았습니다.

마침내 나는, 마음대로 꿈꿀 수 있는 방법을 발명했습니다. 실로 이것은 세계적인, 아니 세기적인 발명이 아닐 수 없습니다.

자, 그럼 당신도 곧 그리운 이를 만나는 꿈을 꾸십시오. 그리운 이의 꿈을 사진 찍어 드릴 테니……

그 방법--당신이 있는 방 한 구석에 흰 종이 한 장과 만년필 한 개가 놓여 있습니다. 당신은 그 종이에 그 파란 잉크로, 당신이 만 나고 싶은 이와 지난 날의 추억 한 도막을 써서, 그걸 가슴 속에 넣 고, 오늘 밤을 주무십시오. 내일 날이 밝으면, 당신은 지난 밤에 본 꿈과 꼭 같은 사진을 가지고 집으로 돌아갈 수가 있을 겁니다.

한 가지 미안한 것은, 이곳은 산중이어서 손님들에게 대접할 음

식이 준비되어 있지 못합니다. 미안하지만 하룻밤 그냥 주무셔 주십시오

꿈을 찍는 사진관 아룀.

2

나는 종이 쪽지에 이렇게 썼습니다.

살구꽃 활짝 핀 내 고향 뒷산---따스한 봄볕을 쬐며, 잔디 위에서 같이 놀던 순이, 노랑 저고리에 하늘 빛 치마---할미꽃을 꺾어 들고 봄 노래 부르던 순이--- 오늘 밤 정말 우리는 만날 수 있을까?

아직 해가 지기엔 시간이 좀 남아 있을는지 모릅니다. 그러나 내가 쓴 종이를 가슴에 품고 방바닥에 눕자, 방은 그만 캄캄해졌습니다
참 신기한 일입니다. 그러나 나는, 잠이 오질 않았습니다.
샘처럼 솟아오르는 지난 날의 추억들…….
정말 내가 민들레와 할미꽃을 좋아하는 까닭은, 순이 때문이었는지도 모릅니다.

3

순이의 그 노랑 저고리가 어쩌면 그때 내 마음에 그렇게도 예뻐 보였을까요?
"순이야! 오늘은 정말 네게 꼭 해야 할 말이 있어. 감추려고 했

지만 역시 알려 주는 게 좋을 거야. 그렇지만 순이야, 울어서는 안
돼! 응?"

"무슨 얘기야? 어서 말해 줘!"

"정말 안 울 테야?"

"울긴 왜 우니? 못나게……."

"그래! 픽 하면 우는 건 바보야. 울지 말아, 응?"

"저어……."

"참 너는 바보구나. 왜 제꺽 말을 못하니? 아이 갑갑해. 어서 말
해봐!"

"저어, 말이지. 이건 정말 비밀이야. 우리 아버지도 어머니도 그
랬어. 아무에게도 얘길 해서는 안 된다고. 그렇지만 난 네겐 숨길
수 없어. 우리는 며칠 있으면 38선을 넘어 서울로 이사를 간단다.
여기서야 살 수가 있어야지. 지난해 8월, 해방이 되었다고 미칠 듯
즐거워했지만, 우리는 토지와 집까지 다 빼앗기지 않았어? 지주라
고. 그리고 우리더러, 딴 데로 옮겨 가 살라고 그러지 않아. 우리는
마음놓고 살 수 있는 자유로운 곳을 찾아가야 해……."

"애, 나보고 울지 말라더니, 제가 울지 않아?"

소학교를 졸업하면 중학교는 원산이나 함흥에 같이 가자던 순이,
너와 내가 헤어진 것은 겨우 소학교 5학년 때…….

4

이 얼마나 위대한 발명입니까? 생각한 대로 곧 꿈꿀 수 있고, 그
장면을 곧 사진에 옮길 수 있다는 것은 …….

잠을 깬 것은, 아니 꿈을 깬 것은 아침이었나 봅니다. 밖의 빛이
전혀 방 안에 비치지 않아, 때를 알 수가 없었습니다. 내겐 시계도
없었습니다.

나는 자리에서 일어나 방문을 열고 사진사가 있는 방으로 가려고 하였습니다. 그러나 문을 밀었으나, 문은 밖으로 잠겨져 있었습니다. 내가 손잡이를 돌리자, 내 앞에는 한 장의 종이 쪽지가 날아 떨어졌습니다.

아직 시간이 이릅니다. 그냥 거기서 두 시간만 더 기다려 주십시오

그러면 사진을 가져다 드리겠습니다.

찍는 사진관 주인 아룀

"옳아, 아직 두 시간 더 있어야 된단다. 내가 너무 일찍 일어났는지도 몰라. 날이 밝지 않았을까? 그 동안 나는, 어제 저녁 순이와 고향 뒷산에서 꽃을 따며 놀던 꿈을 다시 되풀이해 보자. 얼마나 아름답고 즐거운 꿈이었나! 사진은 어느 장면을 찍었을까? 그렇지 않으면 순이가 노래를 부르는 장면일까? 그렇지 않으면 순이가 내게 할미꽃을 꺾어 주는 장면일까?"

5

내가 사진관 주인에게서 아직 채 마르지도 않은 사진 한 장을 받아들었을 때, 나는 깜짝 놀라지 않을 수가 없었습니다.

그것은 순이와 나의 나이 차이였습니다. 실지 나이로는 순이와 나는 동갑입니다. 그런데 사진에는 여덟 해나 차이가 있는 게 아닙니까?

순이의 나이는 열두 살 그냥 그대로인데, 나는 지금 나이 스무 살이니까요. 그 동안 여덟 해나 나이를 먹은 것입니다.

생각하면 그도 그럴 수밖에 없는 일입니다.

사실 순이도 북한 땅 어디에 그냥 살아 있다면, 꼭 내 나이와 똑같을 게 아닙니까? 그러나 나는 그 뒤, 순이를 본 적이 없었습니다.

내 마음 속에 살아 있는 순이는 언제나 열두 살 그대로입니다.

스무 살---스무 살이면 제법 처녀가 되었을 순이, 머리채를 치렁치렁 땋았을까? 제법 얼굴에 분을 발랐을지도 몰라. 지금은 노랑 저고리와 하늘 빛 치마가 어울리지 않을 거야.

모처럼 찍어 준 사진도, 그런 걸 생각하니 우습기 짝이 없습니다.

그러나 내게 있어서는, 이제 제일 귀한 보물이 아닐 수 없습니다.

사진을 가슴에 품은 채, 사진관 주인에게 몇 번이나 감사드리고, 나는 그곳을 나왔습니다.

벌써 아침 해가 하늘 높이 올랐습니다. 하루를 꼬박 굶었으나 나는 배고픈 생각이라곤 전혀 없습니다.

내가 처음 앉았던 뒷동산에 앉아 다리를 쉬며, 가슴 속에 간직했던 사진을 꺼냈을 때, 나는 또 한 번 놀라지 않을 수가 없었습니다

분명히 내가 넣었던 곳에서 꺼냈는데, 내가 사진관에서 받아 든, 순이와 같이 찍은 사진은 아니었습니다. 그것은 내가 좋아하는 동화집 갈피 속에 끼어 있던, 노란 민들레 카드였습니다.

3. 자유 연상 이미지와 역동적 환상-김요섭

마해송에서 강소천으로 이어져 오던 한국 동화의 환상 미학은 김
요섭61)과 이영희에 이르러 본격적인 궤도에 오른다. 특히 김요섭은

---

61) 동화 작가이며 시인이었던 김요섭은 1927년 함경북도 나남에서 태어났다.
   기독교인이 되어 얻은 김요섭을 그의 아버지는 성서의 인물 요셉에서 이름
   을 따와 요섭으로 불렀는데, 그는 어린 시절 비교적 부유한 가정 형편으로
   많은 동화책과 『아이생활』과 같은 잡지를 접하고, 문학적 관심이 높은 담
   임 선생님 덕분에 일찍부터 문학적인 성향을 기를 수 있었다. 때문에 14세
   의 나이로 1941년 매일신보 신춘문예에 동화 〈고개 너머 선생〉이 2석에
   당선됨으로써 문단에 데뷔하였다. 1947년 동화 〈연〉을 『소학생』지에 발표
   한 이후부터 전개된 그의 작품의 경향은 초기에는 민족적 비극의 소재를
   신화적 환상적으로 형상화하였고, 1957년 〈따뜻한 밤〉 이후부터 1997년
   까지 주로 폭넓고 자유로운 상상력으로 환상과 담론적 환상 세계를 이끌어
   갔다. 그는 1941년 작품 활동을 시작한 후 생을 마감한 1997년까지 56년
   중, 50여 년을 동화 문학의 본질인 환상을 집중적으로 추구해 왔다. 그의
   환상에 대한 강한 집념은 창작 활동 이외 이론 정립을 위한 연구로 이어졌
   는데, 1966년 릴리언 H.스미드의 『아동문학론』을 번역하여 출간하고
   1970년에는 『아동문학사상』을 편집 발행하였다. 그는 이론 부재의 아동
   문학의 문단에 비평과 연구의 토대를 마련한 것으로 평가되고 있으며,
   1982년에는 『현대 동화의 환상적 탐험』을 간행하여 동화의 환상에 있어서
   이론을 정립하기도 하였다. 김요섭에 대한 연구로는 이재철의 「김요섭론」,
   한상수의 「김요섭 동화론고」, 김원석의 「한국 창작동화에서의 현실과 환상
   의 변용 연구」, 김은숙의 「창작동화에서의 환상의 미적 기능 연구」, 김현
   숙의 「김요섭론」 등이 있는데, 이 중 김현숙의 「김요섭론」은 부분적인 고
   찰에서 한 걸음 나가 통시적인 시각에서 접근하고 있다. 김요섭은 1997년
   작고하기까지 20여 편의 중 장편 동화와 200여 편의 단편 동화를 발표하
   였는데, 주요 창작동화집으로는 『깊은밤 별들이 울리는 종』(1958년), 『날

무한을 동경하는 낭만주의 정신62)에 기인한 상상력63)으로 자유 연상에 의한 환상 세계를 구축한 것이 특징이다.

그의 작품 세계는 시기별로 크게 세 부분으로 나누어 살필 수 있다. 초기는 해방 이후에 발표한 작품 군으로, 〈늙은 나무의 노래〉, 〈연〉, 〈아기와 별〉, 〈은행잎 편지〉 등을 꼽을 수 있다. 이 작품들은 당대의 현실 의식에 의한 신화적 환상을 시도하고 있다. 중기는 6·

아다니는 코끼리』(1968), 『인형의 도시』(1974), 『햇빛과 바람이 많은 골목』(1973), 『어른을 위한 동화집』(1979), 『지하철 속의 동화집』(1979), 『꽃잎을 먹는 기관차』(1981), 『이슬꽃』(1992), 『푸른 머리의 사나이』(1997) 등이다.

62) 고전주의 이후 합리적인 이성에 의해 억제되던 감정을 내적으로 개방하려는 문학사조로서 등장한 것이 낭만주의이다. 동화가 낭만주의자들의 주목을 끌게 된 것도, 바로 동화가 그 속에서 경이적 초월 세계를 표현하고 있기 때문이라 할 수 있다. 무의식에 대한 인식 가능성을 지니고 있는 동화 문학 속에선, 격동하는 혼란과 조화로운 세계가 생겨나며 마법적인 혼란이 야기된다. 그러므로 무의식에 대한 인식과 마법의 혼란을 발생시킨다는 점에서, 초자연적 경이적 표상을 지닌 동화는 현실의 구성 성분을 더욱 강하게 탈현실화하는, 동화의 추상적인 모습이 거의 모든 통속문학 형태와는 떨어져 분리될 수 있는 것이다. 환상을 생명으로 하는 동화는 낭만주의 문학화 과정에서 모든 삶과 사고의 영역에 자아의 의지를 적용하여 나타내는데, 김요섭은 바로 이러한 낭만주의 정신에 의해 동화에서 환상을 펼치고 있다. 따라서 낭만주의 정신에 대한 이해는 김요섭의 정신 세계, 나아가 그의 환상 세계를 바로 볼 수 있는 열쇠가 된다.

63) 상상력에 관한 코울리지의 철학적 고찰은 예술창작의 동인(動因)을 '지성의 한계를 지닌 초월한 이념의 생명적인 힘'으로 객관화시키고 있다. 그는 환상과 상상을 '보편적 인식능력과 의식적인 창작의지'로 구분하였는데, 이에 대해 워드워즈는 '인간의 인식활동이란 객관세계를 주관에 맞게 조직하는 것이므로 반은 감각이고 반은 창조라고 의견을 달리한다. 그는 주관에 의해 지각되고 의식되는 객관세계를 이미 창조된 세계로 보았다. 즉, 코울리지가 말하는 자연현상에 대한 자유로운 정신활동, 즉 환상은 대상을 거울처럼 복사하는 것을 의미하지 않는다는 점에서 상상과 본질을 같이 한다.
김택남, 「코울리지에 있어서 상상력의 연구」, 고려대 석사논문, 1979 참조.

25전쟁 이후에 발표된 〈종과 백합화〉, 〈샛별과 어머니〉, 〈진달래와 고향〉, 〈무지개와 시인〉, 〈은하수〉, 〈밤은 깊은데〉, 〈나비를 잡는 마을〉 등에 속하는데 신화적 환상과 이미지에 의한 환상으로 전쟁의 피해에 대한 저항 의식을 담고 있다. 1960년대 이후에 해당하는 말기에 오면, 〈날아다니는 코끼리〉, 〈인형의 도시〉, 『어른들을 위한 동화집』, 〈푸른 머리의 사나이〉에서처럼 뚜렷한 주제 의식과 기법 면에서 훨씬 자유로운 환상 세계를 보여주고 있다.

김요섭 동화에 구조적으로 드러나는 특징은 '자유'에의 관념이다. "꿈꾸고 상상한다는 것은 자유의 숨결이며 생명의 깃발이기도 하다."64) "바람처럼 힘차게, 바람처럼 자유롭게"65) "본래 말에는 자유가 있었소. 음악이 있었소."66) "자유 신문(〈무지개와 시인〉) 찻집의 이름은 날개(〈무지개와 시인〉, 〈은하수〉) 자유의 닻(〈앵무새〉)" 등. 여기서도 감지할 수 있듯 김요섭과 '자유'는 밀접한 연관성을 지닌다. 그만큼 김요섭의 모든 작품 속에는 자유의 정신이 다양한 형태로 흐르고 있다.67) "바람처럼 힘차게, 바람처럼 자유롭게"68) 그가 던진 이 말은 그의 전 작품에 구현하고자 하는 상상력으로 작용하고 있으며, 종횡무진 넘나드는 환상의 중심에 변화와 자유를 갈망하는 자유의 크고 작은 이미지가 깔려 있다. 그는 이러한 상상력의 날개를 마

---

64) 김요섭, 〈환상공학〉, 『현대 동화의 환상적 탐험』, 서문당, 1985, 22쪽.
65) 김요섭, 『뻐꾸기 우는 마을』, 여명, 1995, 159쪽.
66) 김요섭, 〈앵무새〉, 『어른을 위한 동화집』, 서문당, 288쪽.
67) 이러한 이유는 김요섭의 행적에서 찾아볼 수 있겠는데, 그는 해방 후 들어선 러시아 군정 체제에서 자신의 작품에 대한 교조주의적 비판과 자유에 대한 억압으로 삼팔선을 넘은 작가였다는 점이다. 그러나 자유를 찾아 넘어온 그를 맞이한 남한의 상황은 좌우 이념이 대립하는 진정한 자유의 모습이 아니었다. 그의 의식 속에 자리잡은 자유의 모습과 현실의 자유는 유리되어 있었던 것이다. 그리하여 그의 내면 세계에서는 자유에 대한 보다 강력한 소원 충족 욕구가 자리잡았을 가능성을 배제할 수 없다.
68) 김요섭, 『뻐꾸기 우는 마을』, 여명, 1995, 159쪽.

음대로 펼칠 수 있는 왕국은 동심의 세계뿐이라는 확신을 가졌던 것으로 보인다. 무한의 가능성을 가진 마법의 세계 속에서 사는 아동은 최초로 받은 이미지를 보존하려 하지 않고 그것을 변형시키고 깨뜨려 부수고 먼저 것보다 다른 아름다움을 만들어 내는 존재이다.69)

김요섭 동화의 창작논리는 자유 연상과 감정이입에 의한 역동적 환상이다. 김요섭은 사물의 고정된 이미지를 변형하고 일상적인 사실들을 낯설게 하는 수법으로 환상 세계를 구축한다. 그의 '자유로움'에 대한 끝없는 동경은 시공간의 벽을 뚫고 크고 넓은 상상력으로 확대된다. 이 논문은 그가 끊임없이 추구한 이러한 '자유'의 관념이 환상의 공간에서 어떻게 기능하는지를 자유에 대한 동경과, 감정이입에 의한 역동적 환상에 주목하여 분석하고자 한다. 대상이 된 작품은 〈해님〉, 〈꽃잎을 먹은 기관차〉, 〈해시계〉, 〈사랑의 나무〉, 〈바람과 보석〉, 〈안개와 가스등〉, 〈푸른 머리의 사나이〉 등이다.

---

69) 앞의 책, 15쪽.

1) 자유에 대한 무한한 동경과 변형

김요섭은 자유연상에 의한 상상력으로 사물의 고정된 이미지를 깨뜨려 부수고 먼저 것보다 다른 아름다움을 만드는 것, 이성을 멀리하고 情意를 중히 여기는 것, 틀 속에 갇힌 것을 꺼리고 변화를 사랑하는 일, 멀리 있는 것, 무한한 것을 동화 속에서 끊임없이 추구했다. 이러한 추구는 제한되고 도식적인 일상적인 통념을 훌쩍 뛰어넘는 감정의 개방으로 나타난다. 동화 속에서 감정의 개방은 끝없는 시야와 다채로운 색, 다양한 형태, 감동을 주는 선율로 역동적인 환상을 구축한다.

이 세계에는 해님이 꼭 하나밖에 없다고들 모두 알고 있습니다. 일 년에 한 번씩 새 해가 어느 먼 나라에서 떠올라 일 년 동안 지구를 도는 것으로 알고 있습니다. 아니면 하루에 한 번씩 해님이 돋아나는 것으로 알고 있습니다. 그러나, 해님은 하나가 아닙니다. 밤하늘의 별 수보다 더 많은 해가 이 세계에는 살고 있습니다. 본래 해님 나라가 따로 있었습니다. 아동들은 해님 나라 나무에 열렸던 과일이었습니다. 해님 나라의 뜰은 아주 넓습니다. 그 넓은 뜰에 해님이 과일처럼 열리는 나무가 울창하게 들어서 있습니다.70)

인용된 예문은 해님이 하나라는 과학적 상식을 해님은 하나가 아니라는 개인적 심상의 측면에서 바라보고자 한다. 아동을 해님 나라에 열렸던 과일로 인식하는 것과 자연을 동일체로 생각하는 사고는

---

70) 김요섭, 〈해님〉, 앞의 책, 87쪽.

태초의 마법 세계를 상징한다. 환상에서 사물들은 새로운 차원에서 재인식된다. 인간 삶의 유한성에서 벗어나고자 하는 화자의 의지는 상식적인 사실을 낯설게 하는 상상력으로 시도된다. 그가 작품에 보인 상상력은 결코 비현실적인 것이나 허망한 것이 아니라, 보다 적극적인 현실 의식의 한 방편이며, 틀에 박힌 삶을 초월한 매우 긍정적인 현실 의식적인 기능이라고 할 수 있다. 즉, 우리가 지금까지 기준으로 살아왔던 과학적이고 논리적인 판단 기준을 지양하고, 지금까지 사실이라고 믿어왔던 현실의 모든 것들에 대해 불확실성을 가지게 하는 것이다. 이러한 심리적 사유는 동화의 세계에서 더 실재적인 것으로 예감할 수 있다는 점에서 또 다른 의미를 던져준다. 이처럼 현실과 환상 세계의 경계를 와해시키는 화자의 의지는 〈꽃잎을 먹는 기관차〉에 이르러 더욱 확대되어 나타난다.

자유에 대한 열망으로 가득 차 있는 〈꽃잎을 먹는 기관차〉는 시작부터가 일상적인 통념에서 벗어나 자유 연상에 의한 상상과 사물의 이미지 표현으로 현실보다 더 선명한 색채로 환상 세계를 구현하고 있다.

> 지도를 펼치면 장미로 국경을 둘러친 나라가 있습니다. 나라 이름을 뭐라고 부르느냐고요? 그까짓 나라 이름쯤은 장미로 국경 지대를 이룬 나라 사람들한테는 별로 대수로운 것이 못 됩니다. 혹시 국기 같은 것이 있느냐고 물으면 이 나라 사람들은 빙긋 웃으면서 "국기요?" "국기보다 더 아름다운 것이 있죠!" 하면서 쟈스민이든지 튜울립이든지 글라디오러스든지 아네모네든지 라일락이든지 백합이든지 물망초든지 나팔꽃이라든지 카네이션이든지 바로 자기 곁에 피어 있는 꽃을 뚝 따서는 줄 뿐입니다.71)

---

71) 김요섭, 〈꽃잎을 먹는 기관차〉, 앞의 책, 91~92쪽.

인용문은 자유 연상에 의한 상상력의 자유와 사물의 선명한 색채를 느끼게 하는 서두 부분이다. 장미로 국경을 친 나라는 현실 세계에 존재하지 않은, 상상의 지도를 펼치면 나오는 환상의 나라이다. 이 나라에서는 나라 이름이나 국기 같은 도식적인 관념이나 표상 등은 아무런 의미를 갖지 못한다. 그것은 환상 그 자체에 부여되는 풍요롭고 무한한 자유 때문이다. 이 나라에서는 꽃이 국기가 되고 정거장 이름도 된다. 이 나라는 산과 들이 온통 꽃으로 덮여 있기 때문에 구태여 나라를 상징하는 국기가 필요 없다. 역 이름 또한 자스민역, 튜울립역, 장미의 역, 아네모네역, 백합의 역 등이다. "꽃은 불변하는 유전적 관성에 의해 영원성과 동일시되는 유전인자"72)이다. 그러므로 꽃을 실은 기관차는 평화를 상징한다. 꽃 정거장에서 꽃짐을 싣고 도착되는 역은 모험의 역, 토요일의 역, 축구의 역, 만화의 역, 과자의 역이다. 아동들도 좋아하는 기호적인 이름이 붙여져 있어 상상력을 확대시킨다. 꽃짐을 싣고 가는 기관차가 달릴 수 있는 힘 또한 우리가 알고 있는 기름이나 석탄이 아니라, 꽃잎에 의해서이다. "환상의 세계는 현실보다 더 선명한 색채와 힘있는 리듬을 가진 현실"73)이란 말을 상기할 때, 상상 속에서 구현되는 환상 세계는 꿈과 같은 기쁨으로 우리에게 감동을 자아낸다. 종달새의 울음이 기적 소리가 되고, 이웃과 이웃의 국경이 필요 없는 세계는 이해 관계도 전쟁도 존재하지 않는 인류가 꿈꾸고 바라는 세계이다.

전 우주적 평화의 이상을 꽃잎의 힘으로 가능하게 한 상상력이 조화를 이루면서, 반복되는 언어 역시 환상을 고조시키고 있다. 융은 『인간과 상징』에서 "같은 사물이 반복되어 나타나는 것은 어떤 부족한 것을 보상하려는 시도"74) 라고 했다. 이런 관점에서 생각해 볼

---

72) 윤홍노, 『한국문학의 해석학적 연구』, 일지사, 1976, 328쪽.
73) 김요섭, 『아동문학사상』, 보진재, 1970, 1쪽.

때, 작가의 내면에는 충족되지 않는 자유에 대한 보상 심리가 무의식에 침전되어 있었다고도 볼 수 있다.

〈해시계〉는 화자의 자유로운 연상과 사물에 부여한 상징과 비유를 통해 '시간의 영원성에 대한 화자의 이상'을 구현하고 있다. 전체 이야기 속에 또 하나의 이야기가 액자로 진행되는 이 텍스트의 실재적 이야기 공간은 화자가 상상하는 시계 속의 세계이다.

시간을 고치는 할아버지에게 어느 날 한 선원이 '달님의 고독'이란 태풍과 싸우면서 멎어 버린 시계를 놓고 간다. 할아버지는 그 시계의 시간을 고치기 위해 시계 뚜껑을 열자, 해시계 도시가 펼쳐진다. 이 작품에서 주목되는 것은 할아버지가 액자 속에서 단순한 화자의 입장에 머물지 않고 이야기를 주체적으로 이끌어 간다. 또 이야기를 들려주는 현실의 할아버지가 시계 뚜껑을 통해 환상 세계로 들어가는 발상은 독자의 호기심을 자극하여 흥미를 불러일으킨다.

온통 유리창으로 둘러싸인 시간을 고치는 병원·해시계 도시·신비스러운 밤의 시간을 파는 가게·저녁 시간을 고치는 병원 등으로 나누어져 전개되는 이 작품은 이상한 시계에서 현실 세계에서는 일어날 수 없는 사건들이 일어난다. 이상한 해시계를 구경하러 세계에서 많은 사람이 모인다. 사람들은 시계를 보고 각자 그 모양을 달리 말한다. 할아버지는 해시계 밑에서 해 그늘을 쓸고 있는 사람에게 사람마다 해시계가 달리 보이는 이유를 묻자, 자기 마음속에 가지고 있는 꿈에 따라 모양이 바뀐다고 대답을 한다. 사람들은 '신비스러운 밤의 시간을 파는 가게'로 몰려와 밤의 시간을 사 간다. 할아버지는 아이들의 장난감 시계로 밤의 신비로운 시간이 든 등잔을 사 가지고 이상한 해시계 도시를 빠져 나와 시간 병원으로 돌아온다. 그러자 시계

---

74) 카알. G. 융, 『인간과 상징』(조승국 역), 범호사, 1981, 59쪽.

속의 글자들이 다 빠져나가고 이때부터 시간을 알리는 종소리 대신 한 시간에 한 번씩 시를 읊는다. 이처럼 화자는 막힘 없는 연상을 통해 일상적 시간을 초월하고 언어를 상징적으로 배열하거나 낯설게 하는 방법으로 환상을 심화시키고 있다.

　신비로운 밤의 시간을 돈으로 살 수 없습니다. "자 손목을 내보이시오." 신비스러운 밤의 시간을 사러 온 사람들이 어떨결에 손목을 내보이면, 가게 사람은 손목에서 번쩍거리는 고급 시계를 풀어내면서
　"엉터리 시간이 돌아가는 이까짓 시계하고."
　"아니, 엉터리 시간이라니! 십 년 동안 일 초도 틀리지 않고 맞는 금시계를."
　"아무튼 엉터리 시간이 돌아가는 이 시계하고 우리 등잔을 바꾸는 것은 손해 보는 장사인데?"
　하고는 손목시계든 회중시계든 가게 안 까만 상자 속에다 휙 던졌습니다. 그때마다 까만 상자 속에서는 마른 나뭇잎이 타는 소리가 나면서 검붉은 연기가 일어났습니다. 그때마다 까만 옷을 입은 사람은 이렇게 일러 주었습니다. "집에 가서 해가 지거든 켜세요. 기름을 부을 필요는 없습니다. 기름 대신 저기 해시계 밑에 떨어진 비싼 해 그늘 쓰레기들을 여기 채웠으니까요. 자, 다음 사람!"75)

　위의 인용문은 일상적인 시간 개념에서 자유로운 사고를 나타내는 부분이다. 밑줄 친 글에서도 살펴볼 수 있듯 화자는 〈꽃잎을 먹는 기관차〉에서처럼 우리가 일상적으로 지니고 있는 통념을 불식시킨다. 해 그늘 쓰레기를 등잔의 기름으로 사용하고, 신비스러운 밤의 시간을 장난감 시계로 살 수 있는 곳은 현실의 시간과 공간의 질서에서

75) 김요섭, 〈해시계〉, 『푸른 머리의 사나이』, 교학사, 1997, 198쪽.

해방된 세계에서 가능한 일들이다. 화자는 상징적인 언어가 던져주는 트릭과 '이상한', '신비로운'이란 단어들이 지니고 있는 이미지를 통해 환상적 분위기를 고조시키고 있다.

머리가 하얀 할아버지에게 있어 '시간'이란 무엇으로도 바꿀 수 없는 소중한 것이다. 그렇다고 할아버지가 임의적으로 시간을 바꾸거나 고칠 수는 없다. 동화에서 할아버지가 시간을 고치는 일은 무의식에 잠재되어 있는 영원성에 대한 염원, 꿈의 표출이라고 할 수 있다. 동화에서 환상은 이처럼 현실에서의 제약을 가뿐히 뛰어넘는 시공간의 초월과 통념에 지배당하지 않는 정신의 자유로움을 수용한다.

기름 대신 해시계 밑에 떨어진 해 그늘 쓰레기를 연료로 채운다는 것은 새로운 이미지의 생성 효과를 자아낸다. 환상에 의한 이 작품 공간에서 해는 낮과 밤의 시간뿐만 아니라, 모든 공간을 골고루 보살피는 전능한 주체이면서 전 우주적 질서의 원동력이 되고 있다. 이러한 원동력에 의해 '아이들의 시간'이라는 새 질서가 세워지고, 이로 인해 인간의 삶은 발전의 축을 만들어 간다. 해가 재현하는 공간은 어떠한 강압도 불허하는 영원하면서도 활기찬 공간이기 때문이다.

그 순간 시계 속 글자판에 동그랗게 적혀 있던 1,2,3,4……11, 12 숫자는 한 줄로 서더니 '앞으로 가' 하는 구령과 함께 '하나 둘, 하나 둘, 시간의 병원 안을 한바퀴 돌고는 밖으로 나갔습니다. 하나 둘, 하나 둘, 바다를 향해서 걸어가던 1, 2, 3, 4 …… 12 들은 조금 있다가 그 모습들이 보이지 않았습니다. 그 대신 갈매기들이 1, 2, 3, 4 …… 숫자를 그리면서 하얀 파도와 같이 놀고 있는 것이 보였습니다. 그런데 이상하게도 숫자들이 다 달아난 글자판에는, 아래와 같이 시계마다 열두 글자가 동그랗게 앉아 있었습니다.76)

인용문은 물리적인 시간에 감정을 이입시켜 자유롭게 연상하는 부분이다. 비현실적 환상 세계에선 시간은 완성되어 멈추어져 있는 것이 아니라, 영원히 존재한다. 따라서 동화 속에서 존재하는 화자는, 스스로 시간을 상상해낼 수 있는, 인간 능력을 다른 현실 창조를 위해 현재의 현실을 반영하도록 하며, 아울러 역사 체험으로 변화시킬 수 있는 가능성을 제시할 수 있다. 이런 관점에서 분석할 때, 이 동화는 무한한 자유 의지를 강하게 표출하고 있다. 그러나 이미지에 의한 고도의 상징과 작품 전개의 이중적 구조는 의미전달을 불분명하게 만든다는 점에서 독자 수용의 한계성을 드러내기도 한다.

---

76) 앞의 책, 204쪽.

2) 감정이입과 역동적 환상

　김요섭의 창작 논리는 사물에 감정이입을 통해 역동적 환상을 불러일으키는 방법이 하나의 기제로 기능한다. 사물의 이미지화란 "이미지에 효과를 주는 것은 이미지의 느낌보다 감각에 특수하게 연결되어 있는 이미지의 성격이다."77) 이 말은 어떤 작가가 즐겨 선택한 사물의 중요성을 나타낸다.

　김요섭은 비유와 상징을 통한 환상 이외에 바람·음악 등 사물에 감정을 이입시키고 비유와 언어의 배열, 액자식 구성 등 언어의 字意性에 의한 환상도 비교적 많이 사용하고 있다. 『어른을 위한 동화집』은 그의 다양한 환상 구조를 살필 수 있는 주목할 만한 동화집이다. 이 작품집에 실린 동화 23편 중, 무려 13편에서 '바람'이 인격화되어 나타나고 있다. 이와 같은 사실은 그가 얼마만큼 바람의 이미지를 즐겨 사용했는지를 알 수 있게 한다. 김요섭 작품에서 바람은 '자유로우면서도 힘찬 역동성'으로 상황의 변화를 주도하는 매개물, 때로는 환상과 현실을 잇는 가교 역할을 담당하기도 한다. 〈바람과 보석〉에서는 과거를 회상하는 촉매제로, 〈나뭇잎과 보리씨〉, 〈바람이 만드는 눈물〉에서는 바람이 이야기를 이끌어 가는 주인공이 되기도 한다. 또한 〈진달래와 고향〉, 〈사랑의 나무〉, 〈푸른 연〉, 〈잔디밭에 그린 지도〉, 〈종이집〉, 〈푸른 머리의 사나이〉, 〈나비 잡는 마을〉에서는 객체가 되어 이야기를 이끌어 가는 보조자가 되기도 한다. 이처럼 '바람'은 감정이입의 통로이며, 환상의 역행을 보여주는 기제로서 역할을

---

77) 김현자, 『시의 상상력의 구조』, 문학과 지성사, 1982, 19쪽.

하고 있다.

뿐만 아니라 김요섭 동화에는 안개, 달, 나비, 하얀 눈, 날개, 꽃, 새, 바람 등 사물과 자유, 사랑, 꿈과 같은 명사, '어두운', '고요한'이란 형용사를 사용한 字意的인 이미지 요소가 환상의 중요한 몫이 되고 있다. 특히 김요섭에게 있어 '바람'은 강소천 동화에서의 '꿈'만큼이나 상상력의 중심에서 작품의 환상 세계를 주도한다. 그리고 이러한 '바람'은 겨울이라는 계절과 밤의 이미지와 연결되고 있다는 것이 특징이다.

   (1) 꽃나무는 무서움에 몸을 후들후들 떨었다. 그때 바람마저 일어났다. 바람은 힘껏 꽃나무를 흔들었다. 몇 송이의 꽃송이가 나뭇가지에서 떨어졌다. 다시 쩌렁쩌렁 우릉 쿵 번쩍하고 번개가 치고, 이번에는 정말 사나운 바람이 거친 벌판에 자욱하게 일어났다. 번개, 바람. 어둠의 벌판 속에서 늙은 꽃나무는 마지막으로 죽음을 각오하지 않으면 안 되었다. --중략-- 바람은 더욱 사납게 불어왔다. 꽃나무 가지를 흔들어댔다. 꽃송이들이 마구 떨어져 버렸다. 꽃송이들은 애절하게 울었다. 그러나 나무는 울음을 삼키고 있었다. 〈휘잉〉 더욱 사나운 바람이 용을 쓰며 불고 꽃송이들은 마구 휘날리기 시작했다. 또 바람은 연거푸 불어왔다. 어디선가 깨지는 듯한 울음소리가 바람 속에서 들렸다. 꽃나무는 귀가 번쩍 띄었다. "무슨 소릴까?" 그러나 꽃송이들이 마구 눈보라를 일으키기는 바람에 아무 것도 보이지 않았다. 그때 번개가 벌판을 달려와서 꽃나무의 커다란 나무 둥치를 내리쳤다. 우릉 와직지끈 하고 커다란 꽃나무는 바람에 넘어졌다. 그리고 가지에 피웠던 꽃송이들은 바람에 날아가고 새소리가 간간이 들려왔다. 언젠가 이 나뭇가지에 와서 꽃 한 송이를 피워 놓고 간 새였다.[78]

---

78) 김요섭, 〈사랑의 나무〉, 『어른을 위한 동화집』, 서문당, 1975, 22~23쪽.

(2) 휘잉— 하고 앙칼지게 째지는 듯한 바람 소리. 언젠가 귀에 많이 익은 듯한 소리 같아서 신부는 성서에서 눈을 떼었습니다. 창밖을 바라보았습니다. 그러고 보니 지금 들은 바람 소리는 지난번 6,25동란 때, 함경도 지방으로 겨울의 전선을 전진할 때 들은 바람 소리를 기억하게 하였습니다."[79]

(3) 바람이 어찌도 사나운지, 바람이 어찌도 무서운지, 산 속 나뭇잎들은 나뭇가지에서 파들파들 떨며 울기 시작하였습니다."[80]

(4) 우리는 어디로 가는 줄도 모르오. 그저 바람이 부는 대로 같이 춤추며 몰려다니오. 다른 나뭇잎 하나가 이렇게 힘없이 대답했습니다. "예끼, 어디로 가는 줄도 모르고, 또 가고 싶지도 않은데 바람이 부는 대로 몰려다니는 사람들이 어디 있담!" 나뭇잎은 울상이 되어 말했습니다.. "그렇지만 바람은 너무 힘이 세고 우리는 약하고……." 또 하나의 나뭇잎이 맞장구 치며, "그렇지, 우리는 약한 몸이라 바람이 부는 대로 살아가야지 할 수 있소."[81]

위의 인용문들은 환상의 매개물이 되고 있는 인격화된 바람의 여러 이미지를 잘 나타내고 있다. 여기서 인격화된 바람의 이미지는 대부분 시련을 상징하는 가을의 쓸쓸한 바람, 사나운 바람, 겨울 바람, 무서운 바람, 매서운 바람, 휘몰아치는 강한 바람이라는 점이 주목된다. 이런 바람들은 덮어 버리고 날려 버리는 파괴의 속성으로 기존의 형태를 변화시키는 역할을 한다.

(1)은 한 노인이 우연히 공원에서 만난 아이들에게 꽃나무 이야기를 해 주는 이야기 속의 이야기이다. 봄이 다가오는 북쪽 도시 공원의 분수가에 낯선 노인이 나타난다. 노인은 분수가에서 놀던 아이들

79) 김요섭, 〈바람과 보석〉, 앞의 책, 180쪽.
80) 김요섭, 〈나뭇잎과 보리씨〉, 『꽃잎을 먹는 기관차』, 신구미디어, 1995, 147쪽.
81) 김요섭, 앞의 책, 150쪽.

에게 '남준'이란 소년의 행방을 묻는다. 수수께끼를 푸는 것처럼 대화 끝에 노인이 남준이와 헤어졌다는 말을 듣고 아이들은 깜짝 놀라고 노인이 그린 그림을 통해서 남준이는 바로 할아버지 자신임을 알게 된다. 노인이 두번째로 그린 그림은 꽃이 가득 피어 있는 꽃나무였다. 노인은 눈을 감은 채 꽃나무 이야기를 아이들에게 들려 주는데, 내용은 꽃나무가 가지에 앉았다가 떠나간 파랑새를 생각하며 꽃을 피워 가는 그리움의 여정을 담고 있다.

움직일 수 없는 꽃나무는 운명적인 한계를 감내하며 파랑새를 기다리는 염원으로 일관한다. (1)의 장면은 기다림으로 피워낸 꽃송이들을 날려 보내고, 꽃나무를 흔들어대고, 더 나가 '울음을 삼키고 있는 나무'마저 넘어뜨리는 바람의 모습이다. (2)는 어여쁜 소녀를 남몰래 사랑하는 남이의 소망과도 같은 연이 산산이 찢어지는 부분인데, 이것은 주인공의 앞날에 닥칠 어두운 그림자를 암시하며 (3)은 가을날 산 속 연못 나뭇가지에 매달려 있던 나무 이파리가 바람에 떨어져, 자기 의지와 상관없이 살아야 하는 상황을 묘사하고 있는데, 미래에 닥칠 나뭇잎들의 고난을 상징적으로 나타낸다.

친구를 원하면서도 주어진 자리에서 움직일 수 없는 나무의 존재는 각자의 상황 속에서 고통을 인내해야 하는 인간의 모습이며, 이 나무를 흔들어대는 예측 불허의 사나운 바람은 인간이 헤쳐나가야 할 고난을 의미한다. 여기서도 감지할 수 있듯이 동화에서 형상화되는 바람은 관조되는 사물이 아니라, 자아의 내면 세계를 반영시킨 상관물이다. 인격이 반영된 바람은, 바람이라는 표면적인 속성에 의해서는 아름답게 표현되지만, 전혀 예측할 수 없는 기이성을 가졌다는 점에서 등장 인물에게 시련과 불안을 가져다 주는 존재이다. 따라서 바람에 의해 흔들리는 나무나 나뭇잎, 레이션 상자 〈종이집〉 등은 어두움이 함축된 이미지 언어로 작품에서 또 다른 의미를 유추하게 한다. 즉, 바람의 내포적 이미지는 고난과 시련이라는 어두움 이외 봄의 기쁨을 가지기 위해 인내하지 않으면 안 되는 겨울의 거칠고 춥고 캄캄한 어두운 속성을 동시에 상징하고 있다.

(1)의 경우, 꽃나무의 의지로는 도저히 붙잡을 수 없었던 파랑새가, 시련의 바람이 지나고 난 다음, 꽃나무에 날아온 것이라든지 바람이 뿌리째 쓰러질 때, 새도 그 밑에 깔려 숨을 거두었지만, 쓰러진 나무들의 꽃송이가 나비가 되어 날았다는 것은 위에서 언급한 바람의 이중적 속성을 잘 나타낸다.

(4)의 경우를 살펴보면, 바람은 우울한 상황을 걷어 버리고 희망의 구름을 그려 놓는 존재로 형상화되고 있다. 높이 올라가고, 또 날아간다는 것은 현재의 상황에서 해방되려는 욕망을 의미하며, 화자는 그런 인간의 욕망을 바람에게 이입시켜 놓았다. 그런 의미에서 볼 때 작품에 등장하는 바람의 이미지는 시련과 고통, 봄의 탄생과 재생의 이중적 의미로 해석된다.

〈사랑의 나무〉는 자유에 대한 무한한 동경과 감정이입으로 인한 역동적 환상이 잘 나타나 있는 대표적 작품이다. 영원의 불멸은 사랑을 통해서만 이루어진다는 〈인어공주〉[82]처럼, 김요섭의 〈사랑의 나무〉는 영원한 사랑에의 동경을 꿈의 세계로 그리고 있다. 특히 이 작품은 작가 일생과 연관시켜 볼 수 있는 동화이면서 구조적으로 다양한 해석을 가능하게 한다는 점에서 주목되는 작품이다.

〈사랑의 나무〉는 한 노인이 공원에서 우연히 만난 아이들에게 꽃나무 이야기를 회고조로 들려주는, 액자 형식으로 구성되어 있다. 전

[82) 낭만주의 영향을 받은 안데르센의 〈인어공주〉는 먼 데 있는 것, 절대의 무한을 동경하다가 현실적으로는 비극적인 파국으로 운명을 몰아가는 영원한 사랑이 주조음을 이루고 있다.

체 이야기 패턴이 '현재- 과거-현재'의 입체적 방법으로 진행되는 이 작품에서 할아버지와 액자 속 꽃나무의 현실은 독립적이지 않고 유기적인 관계 속에서 서정적으로 전개된다. 이 작품은 할아버지 삶을 꽃나무의 운명과 일치시키고 있으며, 꽃나무와 인간의 생애를 상징과 대비적 수법으로 형상화하고 있다. 화자이자 주인공인 할아버지는 탐스럽게 꽃이 핀 꽃나무를 그린 다음, 그 둘레에 숲 속에 사는 새들이 와서 지저귀는 그림을 그려놓는다. 그리고 놀이터 아이들에게 그 꽃나무가 꽃을 피운 과정을 이야기한다. 한 인물이 현실과 액자 속에서 동일한 화자로 설정된, 이른바 이중적 화자의 선택은 강소천과 김요섭이 환상을 획득하기 위해 자주 사용한 창작 기법이다.

> 나그네였을 때였다. 아주 거칠고 넓은 벌판이었다. 벌판에는 사나운 바람이 살고 있었다. 거기에 어린 나무가 혼자 살고 있었다. 나무는 앙상한 가지를 펼치고 쓸쓸하게 먼 하늘만 바라보며 살았다. 먼 하늘을 매일 혼자서 바라보며 산다는 것은 어린 나무에게 있어서는 고된 일이었다.[83]

위 예문은 액자 이야기 속에 현실의 할아버지와 환상의 나무가 나란히 병치되어 서술되어 있다. 어린 나무는 사나운 바람이 사는 공간에서 혼자 살고 있다. 일반적으로 바람은 예측 불허의 변형의 속성을 가지고 있기 때문에, 바람과 사는 어린 나무의 미래가 순탄하지 않으리란 것을 예측할 수 있다. 시련과 고통을 상징하는 바람과 어둠을 벗삼아 사는 어린 나무에게 있어 먼 하늘은 무한한 자유의 공간, 동경의 대상이다. 나무는 자유를 꿈꾸지만 대지에 뿌리를 내리고 있어야만 생명을 유지할 수 있는 운명적인 존재이다. 때문에 어린 나무에

---

[83] 김요섭, 〈사랑의 나무〉, 『어른을 위한 동화집』,서문당, 1975, 17쪽.

게 자유에 대한 꿈은 절실하게 와 닿는다. 반면, 하늘에 대한 막연한 꿈은 아득하고 멀게만 느껴진다. 환상의 세계에서 자연과 인간은 쉽게 하나가 될 수 있다. 실현될 수 없는 막연한 꿈을 안고 살아야 하는 나무의 고독과, 제한된 삶의 공간에서 벗어나려는 나무의 의지가 마치 인간의 내면처럼 세밀하게 묘사되고 있다.

환상은 만족될 수 없는 현실의 교정을 충족시킬 수도 있다. 실현 불가능한 동경은 환상을 창조하는 주요한 인자가 되며, 만족되지 못한 소망들이 역설적으로 환상의 추진력이 될 수 있기 때문이다 그러므로 현실의 한계를 초월하려는 어린 나무의 의지는 그것을 충족시킬 수 있는 미래 상황을 만들어 가는 역할을 한다. 이처럼 동화에서 환상은 현실에서 불가능한 것을 가능하게 하는 꿈의 자유성으로 미래를 뚫고 나가도록 작용한다.

어느 해였다. 어린 나무에게 뜻하지 않은 조그마한 사건이 생겼다. 어디서 날아왔는지 어느 바람에 묻어왔는지 모르는 파랑새 한 마리가 날아와서 이 어린 나무의 가지에 앉았다. 파랑새는 어린 나무의 가지에서 깊은 밤을 지내 주었다. 새는 어린 나무에게 길고 아름다운 이야기를 밤을 새워 속삭여 주었다. 어린 나무는 〈별빛의 영원〉이라는 이야기를 들었다. 어린 나무는 영원이라는 것이 무엇인지 또렷하게는 알 수 없으나, 새가 말한 대로 저 먼 별빛과 같이 아득하고 그리운 것 같은 막연한 느낌을 지어 보았을 뿐이다. 얼마 후 파랑새는 아무 말 없이 어린 나뭇가지에서 떠나가 버렸다. 어느 하늘 쪽으로 사라졌는지 어린 나무는 알 길이 없었다. 그러나 나무는 이번에는 어느 바람에 묻어갔는지도 모르는 파랑새를 사랑하는 것이 바로 새가 말하던, 영원 같은 것이 아닌가 생각하였다. 아주 조용할 때면 나무는 전에 영원을 말하던 새가 앉았던 자리인 가지 끝이 아파 왔다. <u>어린 나무는 소리도 못 내고 안으로 울음소리를</u>

죽이면서 혼자 울었다. 어느새 이 어린 나무는 새의 이야기보다 그
파랑새를 사랑하게 되었다.84)

인용문은 어린 나무에 화자의 감정을 이입하여 마치 어린 나무가
인간처럼 묘사된 부분이다. 어린 나무의 고독과 영원성에 대한 막연
한 동경은 〈별빛의 영원〉에서와 같이 파랑새가 날아옴으로써 나무에
게 실현 가능성을 부여한다. 새는 자유롭게 움직이는 것의 상징체이
며, 어디든 마음먹은 곳으로 향하고 오르고 내려오고 또 선회하며 가
까워졌다가 멀어질 수 있는 속성을 지니고 있다. 그러한 새의 이미지
가 투영된 파랑새를 사랑한다는 것은 자유를 갈망하는 나무의 무의식
적인 꿈의 발현이라 할 수 있다. 그러나 나무가 파랑새를 사랑하는
일은 더 큰 고독과 아픔을 동반한다. 파랑새가 앉았다 떠나 버린 자
리에서 붉은 꽃이 피고 그것이 시름, 기다림, 순정, 사무침 ···· 등
으로 그려지고 있는 것이 이를 반증해 준다. 인어공주가 왕자의 사랑
을 얻기 위해 꼬리 대신 인간의 다리를 획득하여 걷는 것처럼 파랑새
를 향한 사랑은 나무에게 내면의 아픔과 고통을 수반하게 된다. 안데
르센은 인어공주가 인간의 다리로 걷는다는 것은 바늘 끝이나 칼 끝
위를 걷는 듯한 아픔을 동반한다고 하였다. 밤이 되어 사람들이 모두
잠이 들면, 폭이 넓은 대리석 계단을 내려와 타는 듯한 다리를 차가
운 바닷물에 담그고 식히는 인어 공주의 행위처럼, 파랑새를 사랑하
는 나무는 소리도 못 내고 울음을 안으로 삼키는 것으로 대신한다.
돌아오지 않는 파랑새에 대한 나무의 모습은 은유적인 언어의 배열에
의해 신비한 분위기를 고조시키는 효과를 얻고 있다.

어디선가 깨지는 듯한 울음소리가 바람 속에서 들렸다. 꽃나무는

---

84) 앞의 책, 18쪽.

귀가 번쩍 띄었다.

"무슨 소릴까?"

그러나 꽃송이들이 마구 눈보라를 일으키기는 바람에 아무 것도 보이지 않았다. 그때 번개가 벌판을 달려와서 꽃나무의 커다란 나무 둥치를 내리쳤다. 우륵 와직지끈 하고 커다란 꽃나무는 바람에 넘어졌다. 그리고 가지에 피웠던 꽃송이들은 바람에 날아가고 새소리가 간간이 들려왔다. 언젠가 이 나뭇가지에 와서 꽃 한 송이를 피워 놓고 간 새였다 바람에 뿌리째 이 나무가 쓰러질 때 그 밑에 깔린 것이다. 새도 이윽고 숨을 거두었다.85)

인용문은 이 작품의 결말 부분으로 원시적 사고에 의한 인간과 자연의 감정을 일치시키고 있는 부분이다. 그의 작품 속에 등장하는 바람, 번개, 나무, 새들은 사람처럼 말이 있고, 생각이 있고 행동이 있으며, 꽃 또한 언어가 있고, 행동하는 인격체로서 텍스트 안에서 기능한다. '깨지는 듯한 울음소리'는 화자가 감정을 나무에 이입시켜 나타난 것으로 바람의 어두운 이미지를 통해 불행한 나무의 운명을 암시하고 있다. 앞에서 언급했듯이 김요섭 동화에서 바람의 이미지는 어둠, 불운을 상징하는 것처럼 여기서는 나무에게 죽음의 매개체가 되고 있다.

파랑새의 귀환은 사랑의 영원성을 상징적으로 나타내 주지만, 꽃나무는 죽음으로써 그것을 획득한다. 꽃나무의 죽음과 파랑새의 죽음, 이것은 외면적으로는 죽음으로 나타나고 있으나 영원한 사랑의 완성을 상징한다. 현실에서는 주어진 운명적인 한계를 초월할 수 없으나, 동양적 사고를 바탕으로 한 죽음의 세계는 그러한 한계를 극복할 수 있는 세계라는 믿음이 깔려 있다. 이것은 안데르센의 인어공주

---

85) 앞의 책, 22~23쪽.

가 목소리를 잃고 생명까지 잃었지만 결과적으로 영원한 사랑을 획득한 것과 같다. 이처럼 김요섭은 죽음을 초월한 사랑만이 우주의 질서 속에 불멸의 가치를 차지할 수 있다고 생각한 것이다. 이러한 사고는 죽음을 또 다른 탄생으로 생각하는, 동양의 내세관을 바탕으로 한 것이다. 이와 같이 죽음을 바라보는 눈마저 심미적으로 현실을 해석하는 태도는, 안데르센의 〈그림 없는 그림책〉에서 보인 현실 인식의 태도와 유사하다. 이 점은 작가가 안데르센 동화에 나타나는 환상 기법을 상당 부분 수용하고 있음을 알 수 있게 한다.

    번개, 어둠, 바람도 벌판에서 사라져 버렸다. 봄 꽃나무 없는 벌
  판은 다시 쓸쓸해졌다. 그 대신 많은 나비떼들이 벌판 위로 날았
  다. 그것은 쓰러진 나무의 꽃송이들이 나비가 되어서 이 벌판에 살
  게 된 것이다. 겨울이 되었다. 이번에는 벌판에 많은 눈들이 내렸
  다. 쓸쓸한 벌판을 덮기 위해서 전에 바람에 몰려간 꽃송이들이 겨
  울이 되면 눈이 되어 내리는 것이다.86)

  인용문은 인간의 순환적인 삶과 나무의 일생을 대비시켜 나타내고 있는 부분이다. 일반적으로 겨울은 소멸하는 이미지로서 죽음87)을 상징하는 계절이다. 그러나 사랑의 나무에서 죽음을 상징하는 겨울은 이미 바람에 날려간 꽃송이들이 다시 눈이 되어 내리는 순환적 질서에 의해 다스려지는 공간이다. 따라서 바람과 겨울로 상징되는 어둠, 죽음, 시련의 이미지는 영원 세계로 들어서는 문이며, 일종의 통과의례의 場이 되기도 한다. 여기서 시간과 공간을 초월한 영원성에 대한

---

86) 앞의 책, 23쪽.
87) 프라이는 『비평의 해부』에서 봄, 여름, 가을, 겨울의 사계절을 인생의 단계
    에서 생각할 때 각각 청년, 장년, 노년, 죽음, 즉 겨울을 죽음으로 해석하
    였다.

동경은 꽃나무로 대치된 인간, 다시 말하자면 작가의 희망이라고 할수 있다. 이와 같이 〈사랑의 나무〉는 현실에서 잃어버린 영원한 사랑에 대한 동경과 진정한 자유를 복합적인 환상 속에서 형상화하였으며, 이야기의 서두와 결말을 일치시키는 통일성으로 환상 세계에서 현실감을 획득하고 있다.

또한 〈사랑의 나무〉는 꽃의 아름다움보다, "꽃이 어떻게 아름답게 피어가고 있는가에 작가의 눈이 쏠려야 한다"[88]는 그의 문학적 세계관을 엿보게 하는 작품이라는 점에서 시사하는 바가 크다. 이 작품에서 추구한 '영원한 사랑에 대한 동경'은 그의 작품 〈샛별과 어머니〉, 〈은하수〉에서 아무런 보상을 바라지 않는 어머니의 깊은 사랑으로 보다 구체적으로 형상화된다.

한편 김요섭 동화에서 음악은 의식의 변화를 일으키는 심리적 환상의 중요한 방법으로 사용된다. "예술들은 서로 그 효과를 다른 예술에서 차용하려고 애를 쓰고 있다는 것 또는 그것들을 이러한 효과를 성취하는데 있어 상당한 정도까지 성공하고 있다는 것"[89]을 쉽게 발견할 수 있다. 작가가 감수성 속에서 포착하는 감각의 내용을 충실하게 그려내기 위해서는 감각의 전이를 이룰 수 있는 다른 예술의 차용이 필요할 때도 있다. 예술 상호간의 연관성을 응용하여 감각의 이중화, 환상기법의 다양화를 추구하는 것은 김요섭 동화에 있어서 흔히 발견되는 창작원리이기도 하다.

(1) 밤 골목입니다. 클라리넷이 혼자 울며 멀리 흘러갔습니다. 아들을 전쟁에 보낸 할머니가 사시는 판잣집의 어둔 등불 밑까지

---

88) 김요섭, 〈악의 세계 속의 아이들〉, 『현대 동화의 환상적 탐험』, 한국문연, 1985, 228쪽.
89) R. 웰렉·웨렌, 『문학의 이론』(김병화 역), 을유문화사, 1982, 193쪽.

흘러갔습니다. 2년 전에 부쳐온 〈지금은 어느 산 밑에 살아있습니다〉고 한 낡은 편지를 주머니에서 꺼내 등잔불 밑에서 밤마다 펼쳐보고 계시는 할머니의 집입니다. 그리고 큰 전쟁이 몇 번 중부 전선에서 일어났다는 소문만 있고, 아들은 죽었는지 살았는지 아무 소식이 없는 어머니의 집입니다. 그 어머니가 사는 판잣집 창까지 클라리넷의 구성진 곡조가 골목을 몇 굽이 돌아왔습니다. 할머니가 들어보니까 구성지기는 하나 귀익은 곡조입니다. 전쟁에 간 아들이 떠나던 날 동네 사람들이 불러주던 군가입니다. 혹 아들이 이 거리에 돌아와서 불지 않나 하는 생각이 듭니다. 할머니는 클라리넷의 군가 소리를 따라서 골목을 몇 굽이 돌아 나왔습니다.90)

(2) 지금 달은 골목에서 처량히 흘러오는 피리 소리에 귀기울이고 있습니다. 한 쪽 손에는 연필과 노우트를 안은 상이군인 한 사람이 피리를 불면서 골목과 골목을 돌아 찻집 앞에 선 할머니 앞으로 갑니다.91)

(3) 바람은 이번에는 휘잉휘잉 벌판 저쪽으로 달려가서 포로수용소 울타리에 핀 동백꽃 몇 송이를 흔들어 보고 흑인 병사의 구슬픈 노래를 싣고 왔습니다. 흑인 병사의 구슬픈 노래가 지도의 둘레를 처량하게 돕니다 내 고향으로 날 보내 주/ 오곡 백화가 만발하게 익었고/ 종달새 높이 떠 지저귀는 곳/ 이 늙은 흑인의 고향이로다.92)

인용문(1)은 6.25 전쟁을 배경으로 클라리넷에 실려 나오는 군가 소리를 듣고 아들을 그리워하는 할머니의 이야기이며, (3)은 전쟁으로 고향을 잃은 사람들이 고향으로 되돌아가고 싶은 마음을 아동 세계에 비추어 노래하고 있다. 여기서 보면 음악을 연주하는 사람은 이

---

90) 김요섭, 〈은하수〉, 앞의 책, 56~57쪽.
91) 김요섭, 〈나비 잡는 마을〉, 앞의 책, 77쪽.
92) 김요섭, 〈잔디밭에 그린 지도〉, 앞의 책, 154쪽.

야기 속의 주인공이 아니다. 주인공들은 모두 제삼자의 입장에서 음악 소리를 들을 뿐이다. (1)은 전쟁으로 참가하여 전투를 하다가 한쪽 눈을 잃은 한 젊은이가 클라리넷으로 군가를 부르며 찻집에서 연필을 판다. 화자는 그 상이군인에게서 연필을 사서 글을 쓰기 시작한다. 젊은이가 실려보내는 클라리넷의 군가 소리를 듣고 할머니는 아들이 전쟁터로 떠나기 전날, 동네 사람들이 불러주던 것을 기억해 낸다 혹시 아들이 돌아온 것은 아닐까 하는 기대감에서 할머니는 클라리넷 소리를 뒤쫓는다. 이러한 행동은 할머니가 클라리넷의 이미지와 아들을 동일시하고 있다는 것을 알 수 있게 한다.

전쟁터로 아들을 내보낸 어머니의 한결같은 희망은 하루라도 빨리 전쟁이 끝나 자식을 만나는 것이다. (1)에서 클라리넷의 구성진 곡조는 할머니의 현재 심정을 나타내고 있다. (2)의 처량한 피리소리나 (3)의 구슬픈 노래도 (1)의 경우와 마찬가지로 그것을 듣는 주인공들의 감정이 이입된 상징물이라고 할 수 있다. 자식을 전쟁터에 떠나보낸 어머니의 마음과 전쟁 때문에 고향을 등지고 피난을 와 있는 화자, 홀로 고향집에 두고 온 어머니를 그리워하는 등장인물의 불우한 처지가 애상적 음악 소리를 인격화하여 감정을 이입시키고 있다. 이러한 까닭에 작품에서 의인화된 음악 소리는 불우한 주인공의 운명을 암시하는 어두운 이미지로 나타나는 경우가 많다.

음악 소리를 매개로 작품의 주인공들은 그리운 대상에 대한 마음의 동요를 일으키게 된다. 그러나 음악 소리로 상징되던 아들은 이미 전쟁에 의해 희생되어 있다. 불행한 사실을 애써 받아들이지 않으려는 주인공의 모습은 역설적으로 애상적인 분위기를 자아내어 작품 전체의 비극성을 고조시킨다. 전쟁에 대한 인간의 비극적 심리 상태를 음악이라는 무생물에 이입시켜 죽음을 승화시키고 있다.

서술되는 작품이 현실적인 공간을 배경으로 하고 있으면서도, 환상을 느끼게 하는 데에는 언어의 字意性에도 원인이 있다. 여기서 字意性이란 지시적·기술적·표상적 등과 대립하는 의미를 일컫는 말이다. 김요섭의 동화에서 인물이 처해 있는 상황 설정을 살펴보면 몇 가지 특징이 발견된다. 먼저 공간적 배경을 살펴보면, 바람이 부는 산 속, 찻집이 있는 골목, 파도 소리 들리는 집안, 음악 소리가 들리는 오두막집 등 유동적이면서도 서정적인 공간이 많다. 시간적 배경을 계절면에서 본다면 가을에서 겨울로 넘어가는 사이, 겨울에서 봄에 집중되어 있으며, 시간적으로는 늦은 밤 또는 깊은 밤에서 새벽 사이의 시간이다. 시간적·공간적 상황 설정은 작품의 분위기를 조성하고 그 분위기를 통해 주제를 파악할 수 있게 하기 때문에 한 작품 속에서 어떠한 사건이 어떠한 배경 속에서 전개되어 가는 과정은 중요한 의미를 지닌다고 할 수 있다. 그렇기 때문에 동화에서 상황 묘사나 리듬적인 문장은 字意的인 의미로 환상적 분위기를 조성하기도 한다.

(1) 푸른 머리의 사나이. 한여름에 시원하고 푸른빛의 불을 만드는 사나이가 서울에 살고 있습니다. 자 여러분, 잠깐만 눈을 감아 주세요∝ 그 사나이를 제가 불러내겠습니다.
　　인.시.른.푸.의.울.서
　　인.시.른.푸.의.울.서
　　인.시.른.푸.의.울.서
　자, 여러분 이젠 눈을 떠도 좋습니다. 점잖게 줄을 지어 서 있는 푸른 머리의 사나이들을 보십시오. 푸른 불길이 머리에서 조용히 타오르고 시원한 바람까지 일으키고 있습니다. 푸른 머리의 사나이들의 이름은 가로수입니다.93)
(2) 눈에 파묻혀 무척 봄을 기다리는 북쪽의 마을이 있습니다.

창밖에는 새벽부터 밤까지 눈이 쉬지 않고 쏟아지고 먼 산에서는 눈 속에 빠진 노루가 길을 잃고 구슬피 우는 마을입니다. 어둡게 켜진 등잔불 아래서는 먼 남도에서 왔다는 겨울의 나그네들이 봄 이야기를 도란도란 합니다. 눈이 너무 와서 국경을 넘을 북쪽으로 갈 나그네들인데 길이 막혀 주막집도 아닌 집에 묵고 있는 판입니다.94)

위의 인용문을 살펴보면 상황이 시간의 흐름에 따라 연속적으로 물 흐르듯이 묘사되고 있음을 발견할 수 있다. (1)의 작품이 주제의 표출보다도 서정적 묘사로 이미지의 효과를 주고 있다면 (2)는 주제에까지 그 의미가 닿아 있다고 할 수 있다. 환상 세계일수록 사건의 상황을 구체적으로 묘사함으로써 마치 현실적인 이야기처럼 느끼게 하는 사실성을 획득하는 것. 이것이야말로 현대 창작동화에서 환상을 구현하는 올바른 방법이다.

의식의 흐름에 따라 연속적으로 이미지를 포착하여 주술적 언어로 나열하는 방법은 작품에 리듬감을 주어 생동감 있게 만든다. 한 예로 전래동화에서 서두에 시작되는 '옛날 옛날에', '갓날 갓적에'와 같은 주술적 언어는 현실 세계에서 환상의 세계로 들어서는 통로로서 중요한 기능을 담당해 왔다. 반복되는 언어의 주술력으로 우리는 아무 주저함 없이 팬터지 세계로 몰입할 수 있었다. 이와 같은 언어의 주술력은 보통 시적인 분위기를 나타낸다. 문체나 소통구조에서의 시적 흐름은 언어의 주술력을 가속화시켜 경이로움과 신비로움을 더해 환상의 분위기를 고조시킨다.

〈안개와 가스등〉은 화자가 책갈피에 그려진 가로등의 이미지를 떠

---

93) 김요섭, 〈푸른머리의 사나이〉, 교학사, 1997, 173쪽.
94) 김요섭, 〈옛날 어느 마을의 봄〉, 『어른을 위한 동화집』, 서문당, 1975, 113쪽.

올려 전하는 형식으로 다분히 자의적인 환상이 강한 편이다. 런던의
가스등을 켜는 할아버지와 아이와의 짤막한 이야기인 이 작품은 1인
칭 시점에서 출발하지만 이야기 속의 이야기는 3인칭 관찰자 시점에
서 전개되는 양상을 보이는데, 안개의 이미지가 아이의 심리를 나타
내는 짧고 불투명한 언어와 연결시켜, 마치 수채화 그림을 바라보는
것 같은 환상적인 분위기를 자아낸다.

　　아이는 소스라쳤습니다. 안개가 집과 골목과 하늘까지 다 가리워
　　버렸습니다. 골목을 지나가는 사람의 그림자도 안개 속에 풀어져
　　희끄무레했습니다. 가스등이 어디 서 있는지조차 보이지 않을 정도
　　입니다. 그때, 딱딱거리는 나지막한 소리가 들려왔습니다. 아이가
　　얼른 그 소리 나는 쪽을 보니까, 안개 속에 희미하게 불빛이 번지
　　기 시작했습니다. 가로등이 켜진 것입니다.[95]

　위 인용문은 안개라는 불투명한 이미지와 아이의 내면적인 심리를
반복적으로 묘사하여 공간적 상황을 절묘하게 연결시킨 부분이다. 이
단락에는 별다른 수식어나 상징적인 매개물을 등장시키지 않고서도
아이의 심리와 상황을 반복적으로 서술하는 방법으로 시적 분위기의
효과를 자아내고 있다. 모든 것이 희미해 보이고 방향을 가늠할 수
없는 안개 속에서 가스등을 켜는 소리는 불안감에 젖어 있던 아이에
게 희망으로 다가온다.

　　아이에게는 가로등의 불빛이 허공에 핀 것 같이 생각되었습니다.
　　아이는 용기를 내어 안개 속에 숨은 가스등 위를 향해 소리쳤습니
　　다.
　　"응, 누구냐?"

―――――――――――――――――
95) 김요섭, 〈안개와 가스등〉, 앞의 책, 112쪽.

할아버지의 모습은 보이지 않으나 <u>목소리만 가스등 위에서 떨어</u>
<u>졌습니다</u>. 아이는 자기가 부른 목소리에 할아버지가 대답해 준 것
이 신기했습니다.

"할아버지 왜 저녁마다 가스등을 골목에다 켜세요, 네?"

<u>할아버지의 목소리가</u> 천천히 안개 속 가스등에서 <u>떨어졌습니다.</u>

"이 가스등은 지구의 별이란다, 나는 밤마다 별을 켜러 다니는
거지"

안개 속에서 들려온 이 <u>목소리는</u> 이상하게 아이의 <u>가슴에 빛살처</u>
<u>럼 커졌습니다</u>.

"그럼 할아버지! 하늘의 별도 할아버지 같은 분이 밤마다 켜고
다녀요?"

"암, 그렇고말고……."

<u>할아버지의 젖은 듯한 목소리가 안개 속에서 떨어졌습니다.</u>96)

인용문은 언어에 감정을 이입시켜 자의적(字意的) 환상을 느끼게
하는 부분이다. 위의 밑줄 친 '할아버지 목소리가 가스등에 떨어졌다'
든지 '할아버지의 목소리가 아이의 가슴에 빛살처럼 커졌다'는 표현
등은 언어에 감정과 형태를 부여한 시적인 표현으로 신화적 환상의
요소를 가진다고 할 수 있다. 또한 '떨어졌습니다'란 단어를 세 번이
나 반복 사용함으로써 언어가 주는 역동성으로 상황을 더욱 생동감
있게 만들어 주고 있다. 언어의 반복적 리듬감은 공상적 사색의 지평
을 넓혀 시적인 분위기를 느끼게 하는 효과를 주게 된다.

아이의 마음에는 안개 속에서 흘러나오는 할아버지의 목소리가
먼 하늘에서 흘러나오는 것 같이 들렸습니다. 아이는 안개 속에서
오랫동안 기다렸는데 사닥다리를 타고 가스등 위에 올라간 할아버

---

96) 앞의 책, 113쪽.

지는 내려오지 않았습니다. ···· 할아버지는 안개를 타고 하늘의
별은 켜러 올라갔을까' 하고, 생각하면서 아이는 언제까지나 골목에
서 기다리고 있습니다.97)

인용문은 상황을 반복적으로 묘사함으로써 환상적 효과를 자아내
게 하는 부분이다. 이 작품이 한 편의 그림을 펼치는 것처럼 서정적
이면서도 환상적인 아름다움을 느끼게 하는 이와 같은 문체의 영향도
한 몫을 한다. '그러나', '그리고', '때문에'와 같은 연결 조사의 생략,
반복된 언어의 배열로 리듬감을 주는 문장과 감정을 부여한 사물의
묘사 등이 안개라는 이미지와 절묘한 조화를 이루고 있기 때문이다.
또한 이 동화는 언어의 자의성이 주는 시적인 아름다움 이외에도 자
신의 희생으로 희망의 불을 켜는 할아버지의 따뜻한 사랑과 아이의
순수한 정서가 새로운 진실을 깨닫게 한다.

앞에서 고찰한 바와 같이 김요섭 동화에서 창작원리는 사물에 감
정을 이입시키는 원시적 사고를 바탕으로, 상식적인 사실을 낯설게
하는 발상과 다른 예술의 차용, 언어의 字意性이 주요한 기제로 기능
한다. 김요섭은 이 세계의 중심을 인간의 자아에 두고 '자유'에서 기
인된 상상력을 중시하는 낭만주의 정신에 뿌리를 두고 있다. 그가 추
구하는 자유로운 상상력은 일상적인 현실보다 아름다운 현실을 만들
어 보려는 바람에서 기인한다. 그가 작품에서 보인 폭넓은 상상력은
결코 비현실적이나 허망한 것이 아니라, 보다 적극적인 현실 인식의
한 방편이며, 틀에 박힌 삶을 초월한 긍정적인 현실 인식의 기능이라
고 할 수 있다.

〈해님〉에서는 인간의 유한성에서 벗어나려는 작가의 자유에 대한

---

97) 위의 책, 113쪽.

의지가 자연 세계의 상식적인 사실을 낯설게 하는 환상이, 〈꽃잎을 먹는 기관차〉는 전 우주적 평화의 이상을 꽃잎의 힘으로 가능하게 한 자유로운 상상력이 기법적 소재와 반복적인 언어의 배열로 선명한 색채와 역동적인 환상 세계를 구현하였다. 시간의 한계를 초월한 〈해시계〉는 상징과 비유를 통해 '시간의 영원성에 대한 이상'을 추구하였으며, 상황을 구체적으로 묘사하는 수법으로 사실성을 획득하는 데 성공하고 있다.

〈사랑의 나무〉는 감정이 이입된 어린 나무의 생애를 통해 현실 세계에서 잃어버린 영원한 사랑과 자유에 대한 동경이 잘 조화되고 있으며, 〈푸른 머리의 사나이〉, 〈봄을 기다리는 마을〉, 〈안개와 가스등〉은 인격을 부여한 사물의 이미지와 반복되는 상황 묘사가 유기적으로 결합되어 字意性으로 환상의 분위기를 형성하였다. 이와 같은 폭넓은 환상의 구축에도 불구하고, 은유와 상징, 대비, 이중적 전개 구조에 의해 다양한 의미 분석을 가능하게 하는 김요섭의 작품들이 아동의 관심을 끌게 할지는 의문이 남는다. 그러나 기존의 동화 형식과 일상적인 통념들을 변형하고 바꾸고 덮어 버리고 뛰어넘는 그의 환상 세계를 향한 끊임없는 탐험 정신은 한국 동화를 문학의 본격적 위치로 끌어올리는데 공헌했다.

〈작 품〉

꽃잎을 먹는 기관차

김 요 섭

지도를 펼치면 장미로 국경을 둘러친 나라가 있습니다.

나라 이름은 뭐라고 부르냐고요? 그까짓 나라 이름쯤은 장미로 국경을 이룬 나라 사람들한테는 별로 대단한 것이 못 됩니다.

혹시 국기 같은 것이 있느냐고 물으면 이 나라 사람들은 빙긋 웃으면서,

"국기요? 국기보다 더 아름다운 것이 있죠!"

하면서, 라일락이든지 백합이든지 튤립이든지 글라디올러스든지 아네모네든지 물망초든지 나팔꽃이든지 카네이션이든지 바로 자기 곁에 피어 있는 꽃을 뚝 따서는 줄 뿐입니다.

이런 나라가 있는 지도 위에 새벽 빛이 퍼지면 새들이 수풀의 이슬을 털면서 고무공처럼 뛰어오릅니다.

그때부터 이 나라 사람들은 분주하게 움직이게 되고, 시골 역들은 모두 웅성거립니다.

정거장마다 세워 놓은 푯말을 읽어 볼까요?

장미의 역에서 축구의 역까지
튤립의 역에서 토요일의 역까지
아네모네의 역에서 만화의 역까지
백합의 역에서 과자의 역까지

그 밑에는 숫자로 거리가 몇 킬로미터라고 적혀 있습니다.

아직 다른 나라의 시계는 밤 12시가 아니면 1시, 2시를 가리키고 있을 때, 이 나라는 시골마다 꽃 이름의 푯말이 선 조그만 정거장을 향해 콩 볶듯 요란한 소리가 맑은 아침 공기를 깨트립니다

금빛 햇살에 바퀴를 반짝이면서 짐을 잔뜩 실은 삼륜차가 들판을 달리는 소리입니다.

삼륜차뿐만 아니라, 리어카들까지도 꽃 이름의 푯말이 선 정거장을 향해 달립니다.

정거장에는 어느새 나타났는지 벌써 기관사 아저씨가 화물차를 몇 개씩 몇 개씩 단 기관차에 앉아서 담배를 피우다가는 휘파람 대신 장난 삼아 기적 소리를 가볍게 울립니다.

"이크! 이크, 큰일났군! 차가 떠나가려고 하는군."

삼륜차들과 리어카들은 서로 앞을 다투어 내기라도 하듯이 정거장을 향해 달리는 것입니다.

정거장에 닿은 삼륜차와 리어카에서는 꽃짐이 부려지고 사람들은 그것을 화물 찻간에다 실었습니다. 그 꽃짐들은 모두 이 나라의 산과 골짜기와 들에서 따온 꽃들입니다.

화물 찻간에 꽃짐이 다 실어지자 금테 모자를 쓴 역장님이 천천히 기관차를 향해서 꽃을 흔들어댔습니다.

이 신호를 받고 기관사 아저씨가 하늘에다 멋들어진 파이프 오르간 소리 같은 기적을 울리면, 기관차 굴뚝에서 나오는 연기는 꽃잎의 모양일 때도 있고, 기관사 아저씨가 내뿜은 담배 연기 모양일 때도 있는가 하면, 때로는 기관사 아저씨가 존경하는 위대한 사람의 얼굴 모습일 때도 있습니다.

또한 언젠가 아프리카에서 사냥한 사자의 모양일 때도 있습니다.

꽃 이름이 적힌 푯말이 선 역에서 기관차는 힘찬 숨결과 함께 구르기 시작했습니다.

마을과 마을을 이으면서 기관차는 달립니다.

도시와 도시를 이르면서 기관차는 달립니다.

철교를 지날 때는 강물에 우레 같은 소리를 쏟아 놓고, 큰 산이 앞에 버티고 있으면 캄캄한 터널을 뚫고 달렸습니다.

그 모양은 마치 바람처럼 달리는 거인 같았습니다.

기관차의 굴뚝에서는 여러 가지 꽃 향기가 연기 대신 푹푹거리고 토해졌습니다.

그 까닭은 이 기관차가 끌고 가는 화물이 꽃짐이기 때문이라고 요?

그렇기도 하지만, 화부가 퍼 넣고 있는 것은 석탄이 아닙니다.

꽃다발이라든가 꽃나무 뿌리입니다. 이것이 화덕에서 타올랐습니다.

기적 소리가 다시 요란하게 퍼졌습니다.

그 소리는 구름 떼 같은 종달새들의 울음소리였습니다.

이윽고 기관차는 장미꽃 잎사귀를 함빡 뒤집어쓴 채 아무도 지키는 사람이 없는 국경 지대를 넘었습니다.

장미로 우거진 국경을 다 넘었을 때는 화물 열차의 무쇠 바퀴마다 숨이 막힐 듯한 꽃향기가 마구 뿜어졌습니다.

이 거인이 달려가는 곳은 이웃나라 조그만 시골에 있는 향수공장이었습니다.

이 나라의 단 한 가지 수출품은 향수의 원료인 꽃잎이었습니다.

4. 상황묘사와 은유적 환상-이영희

이영희98)동화 70여 편의 작품세계를 사실적 세계와 환상 세계로 분류해 본 바에 의하면, 사실적 세계를 그린 작품이 10편이고, 나머

---

98) 1931년 일본 동경에서 태어난 이영희는 1955년 한국일보 신춘문예에 동화 〈조각배의 꿈〉이 당선되어 문단에 데뷔한 우리나라 최초의 본격적인 여류작가이다. 그의 첫 동화집 『책이 산으로 된 이야기』의 책머리에서 강소천이 "옛날 이야기나 구연 동화조로 출발한 그런 작가들에 비해 얼마나 그의 작품이 앞으로 아름다워지고 뻗어나갈 수 있을까 하는 것을 의심하지 않는다"며 이영희에게 거는 기대가 컸다. 그는 등단한 이후 30여 년간 풍부한 상상력으로 순수 동화를 많이 발표해 김요섭과 함께 한국 동화의 수준을 본격적 문학의 위치로 끌어올리는데 공헌하였다. 이영희가 작품 활동을 시작한 1950년대의 우리의 현실은 전후의 혼란한 상황으로 사람들은 꿈과 이상이 실종된 시기였다. 각박한 인심 속에서 아동 문학 역시 상업화되고 통속화되어 갔다. 이러한 상황에서 이영희는 순수한 동화를 많이 창작함으로써 동화를 본격적인 문학으로 승격시키는데 공헌을 했는데, 1958년 출간한 『책이 산으로 된 이야기』는 신인으로서의 패기와 실험적인 동화의 진면목을 보여준다. 그에 대한 평가로는 "서구적 취향을 바탕으로 한 풍부한 환상과 상징력을 가진 최초의 본격 여류 동화 작가로서 우리 동화를 본격으로 치닫게 하는데 중요한 영향력을 끼쳤다"(이재철,『한국아동문학작가론』, 개문사, 1988, 238쪽)는 문학사적 위치 설정과 "시적 팬터지를 구사함으로써, 동화에 있어 환상의 새로운 개념을 일깨워 주고 있다."(신숙현, 「시적 팬터지의 문학」, 『아동문학 평론』, 여름호, 아동문학평론사, 1986), "동화 꽃씨와 태양은 독자 수용 측면에서 성공한 작품"(안승덕, 『아동문학 작품 해설』, 배영사, 1986, 120쪽.), "순수한 인간애와 아름답고 신비한 팬터지 세계의 조화"(정연지, 「이영희 동화에 나타난 팬터지 세계」, 『한국현대아동문학작가작품론』, 집문당, 1997, 209쪽)라는 작품에 대한 평가를 들 수 있다.

지는 환상적 세계가 주를 이루고 있다. 이런 사실은 그가 동화에서 얼마나 환상을 중요하게 생각했는지를 짐작케 한다.

그의 대표적 작품집으로는 『책이 산으로 된 이야기』, 『꽃씨와 태양』, 『날씨 굽는 가마』, 『별님을 사랑한 이야기』, 『사탕나라 꿈나라』를 들 수 있다. 이 중 그의 첫 동화집 『책이 산으로 된 이야기』는 현실과 환상 세계를 자유롭게 넘나들면서 동화적 환상 세계로 1950년대 후반기 아동 문학계에 신선한 충격을 주었다. 1960년대에 나온 『꽃씨와 태양』, 1970년대 『별님을 사랑한 이야기』에 수록된 작품 역시 여성 특유의 섬세한 감정으로 사랑의 본질을 드러내는 아름다운 환상 세계를 구현하여 한국 동화가 본격 동화로 발돋움하는데 일정하게 영향을 끼쳤다.

그의 동화에 나타난 작품 세계는 작품 활동 시기에 조금씩 변모하는 양상을 보이는데, 대략 세 부분으로 나누어 고찰할 수 있다.

초기는 1955년부터 1960년대 중반까지로 〈조각배의 꿈〉, 〈달님의 선물〉, 〈왕거미 검서방〉, 〈오월의 딸들〉, 〈책이 산으로 된 이야기〉, 〈촛불이 켜진 밤〉, 〈사탕나라 꿈나라〉가 여기에 속한다. 이 작품들은 꿈을 매개로 한 환상을 주축으로 소외된 삶과 부정적인 현실에서 탈피하여 꿈과 이상을 실현하는 경향을 보인다.

1960년부터 1970년대 중기의 작품은 상상력을 보다 확장시킨 환상으로, 상징에 의한 이미지화와 현실과 환상이 융화되는 환상을 형상화하였다. 대표적인 작품은 〈하얀 배가 된 아파트〉, 〈꽃씨와 태양〉, 〈별님네 전화번호〉, 〈민들레의 봄〉, 〈아기용의 꿈〉, 〈옛초롱〉을 들 수 있다.

1970년대 중반 이후 그가 보인 경향은 심화된 환상 세계의 구축을 들 수 있겠는데, 여기에서 그는 종래에 보였던 환상과 현실을 교직시키는 수법으로 환상의 미적 기능을 고양시키기 위해 이미지를 더욱 심도 있게 부각시켰다. 〈가슴에 꽃을 가꾸는 짐승〉, 〈불개가 있는 마당〉, 〈비둘기의 여행〉, 〈투명나비의 집〉, 〈날씨 굽는 가마〉, 〈별이 열리는 나무〉, 〈잉어등〉 등에서 사랑의 실체라는 주제를 표출하기 위한 이미지 묘사를 강화하고 초월적 세계를 지향하는 경향을 나타내고 있다.

'일체의 치기를 도려낸'99) 동화 창작, 그것은 바로 어떠한 이념이나 목적성을 배제한 순수 동화를 창작하겠다는 신념이라 할 수 있는데, 이러한 의지는 〈사탕나라 꿈나라〉, 〈오월의 딸들〉, 〈왕거미 검서방〉, 〈하얀 배가 된 아파트〉, 〈별님네 아파트〉, 〈현미경 속의 밤〉 등 주로 사건 중심으로 전개되는 초기 동화보다는 1960년대 이후, 상황 묘사에 의한 이미지 중심으로 한 동화들에서 나타나는 현상이다. 환상을 부여한 동화 창작의 염원은 그가 순수 동화를 표방하고 나선 1960년대의 동화들이 동화의 본령인 환상을 배제한 아이들 생활을 사실적으로 그린 동화였다는 점에서 중요한 의미를 던져 준다. '어른을 위한 동화집'이란 표제가 붙은 『별님을 사랑한 이야기』 후기에서 그는 동화 창작 의도와 독자 대상에 대해 언급하였는데, 독자 대상을 아동에만 한정시키지 않고 어른에게까지 확대시켜 놓고 있다. 이 점은 환상적인 동화를 지향해온 마해송, 강소천, 김요섭과 생각을 같이 하는 부분이다. 이와 같은 사실의 배경에는 여러 가지가 있겠지만, 그 중에서 중요한 것은 문학적으로 동화에 대한 뚜렷한 인식이나 마땅한 이론이 부재한 시대적 상황에서 개화된 아동문학가들이 동화에 관한 서구의 이론을 아무런 기준 없이 그대로 수용한 것에도 원인이 있다. 서구에서는 동화 대상으로 삼고 있는 아동의 연령이 18세(대

---

99) 이영희, 『별님을 사랑한 이야기』, 갑인출판사, 1978, 124쪽.

학교 1학년까지)이다. 동화의 무한한 상상의 세계, 동심의 세계는 그것을 갈망하는 어른에게도 필요한 것이다. 그러나 어른을 대상으로 한 이야기를 '동화'라고 지칭하는 것은 바람직한 일은 아닐 것이다.

이영희 동화의 창작원리는 상황 묘사와 은유적인 표현 방법이다. 그는 동화에서 사실성을 확보하기 위한 방법으로 구체적으로 상황을 묘사하고 상징을 도입하기도 한다. 이 논문은 이러한 그의 특징을 분석하기 위한 방법으로 환상의 구조적 특질에서는 가. '꿈' 형식을 통한 현실의 전환, 나. 현실과 환상의 교직, 다. 상황 묘사와 은유적 이입에 대하여 고구하고자 한다. 다음으로 작품에서 은유적 묘사가 갖는 의미를 통해 환상의 의미론적 특질을 분석하고자 한다. 대상이 된 작품은 〈조각배의 꿈〉, 〈책이 산으로 된 이야기〉, 〈하얀 배가 된 아파트〉, 〈옛초롱〉, 〈꽃씨와 태양〉, 〈해가 되고 달이 되고〉, 〈날씨 굽는 가마〉, 〈별이 열리는 나무〉, 〈어린 선녀의 옷〉 등이다.

1) 환상의 구조적 특질

가. 꿈의 형식을 통한 현실의 전환

『책이 산으로 된 이야기』에 나타난 작품 세계는 꿈을 통해 이미지 전환의 계기를 마련하는 내용으로 형상화되어 있다. 프로이트는 인간의 꿈은 소원 충족이라고 말한 바 있다. 즉, 꿈은 현실에서 불가능한 일, 무의식 속에 자리잡은 소원을 나타낸다. 바로 이러한 점 때문에 동화에서는 꿈을 환상적 기법으로 자주 등장시킨다. 꿈의 세계는 현실과 비현실을 자유스럽게 넘나들 수 있기 때문에 환상 세계에 대한 접근을 용이하게 할 뿐만 아니라, 인간의 무의식적 욕망이 투영되기 때문에 그 세계에 쉽게 동화될 수 있게 한다. 그러므로 좋은 동화는 무한한 꿈의 실현과 상상력의 자유를 확대시켜 현실을 변화하게 만든다. 이영희 동화의 초기 작품은 바로 이러한 꿈의 형상화를 언어의 반복과 묘사로 환상을 이어가고 있다.

> 쪽배는 나직이 외마디 소리를 쳤습니다. 그가 할 수 있는 것은 다만 사람을 태워서 나루를 오르내리는 일이었었는데, 그것조차도 인제는 낡아서 못하게 되고 보니 노를 저어주는 이도 하나 없었습니다 철렁이는 강물이 쪽배를 달래는 듯하였습니다. 까치 한 마리가 푸르르 저리로 날아가자 쪽배는 서러움에 지쳐 어느덧 잠이 들었습니다.
> -중략-
> "꿈이었구나."

쪽배는 아직도 몽롱한 머리를 들어 말하였습니다. 꿈에서 깨어남
이 섭섭하기도 했으나 꿈의 그 괴로움에서 벗어난 생각을 하니 물
약이라도 마시고 난 듯 가슴이 후련하였습니다.[100]

인용문은 의식의 흐름을 사용하여 환상의 세계로 이입하는 과정을
나타내는 부분이다. 1957년에 발표된 〈조각배의 꿈〉은 버려진 쪽배
를 의인화시켜 주인공이 지닌 이상을 실현시키고자 하는 작품이다.
흐르는 강물에 따라 조각배의 마음이 의식의 흐름에 반복적으로 자연
스럽게 접목되어 환상의 세계로 이어진다. 작품 서두에서 환상과 현
실의 경계가 분명한 것은 초현실의 한계성을 제시함으로써 환상 세계
가 줄 수 있는 낯설음을 최소화시키기 위한 하나의 장치로, 현실과의
괴리를 극복하기 위한 방법이다.

현실 세계에서 환상 세계로의 도입을 자연스럽게 형상화한 또 다
른 작품으로 〈책이 산으로 된 이야기〉를 꼽을 수 있다.

철이는 그만 책상 위에 푹 엎드려 버렸습니다. 정신없이 까불고
뛰어 놀던 뒤라 졸음도 쏟아질 만합니다. 철이는 밤 빛깔의 흰한
한길에 서 있었습니다. 신나는 군악대의 소리가 점점 가까워 옵니
다.
    -중략-
"애가 졸고 있구먼 원 도무지 공부를 하래면 엎대어 잠이나 자는
게 일이니 …… 애, 어서 일어나 댕기다 오너라.[101]

인용문은 현실에 머물렀던 주인공 의식이 점차 자신도 모르게 환

100) 이영희, 〈조각배의 꿈〉, 『책이 산으로 된 이야기』, 숭문사, 1967, 31~
    39쪽.
101) 이영희, 〈책이 산으로 된 이야기〉, 앞의 책, 92~100쪽.

상 공간으로 옮겨져 있는 부분이다. 이때 꿈이 도입된다. 그러나 꿈
은 통로의 경계가 분명하기 때문에 비록 꿈의 내용이 신비하고 경이
로운 것이었다고 하더라도, 현실과 멀리 떨어진 것으로 생각하게 만
드는 단점이 있다. 때문에 꿈을 매개로 하는 환상의 전개는 작품 안
에 한시적인 상황을 적절하게 설정할 때, 현실과 환상의 상반된 차이
를 극복할 수 있게 한다.

〈조각배의 꿈〉을 비롯한 〈책이 산으로 된 이야기〉, 〈사탕나라 꿈나
라〉에 등장하는 인물들은 굴절된 현실에서 무기력한 존재들이다. 낡
아서 더 이상 사람을 태울 수 없는 〈조각배의 꿈〉의 조각배, 하기 싫
은 숙제 때문에 고통받는 〈책이 산으로 된 이야기〉의 철이, 부모를
여의고 큰 형님 댁에 얹혀 살면서 제 나이 또래 조카에게 구박받는 〈
사탕나라 꿈나라〉의 민수, 이들이 숨쉬는 현실은 모두 어둡고 부정적
이다. 그러나 부정적이고 무력한 현실은 꿈이라는 환상 세계의 통로
를 통해 새로운 가치로 전환되는 계기가 된다.

〈조각배의 꿈〉의 주인공 쪽배는 현실에서 아무 쓸모가 없는 존재
에 지나지 않는다. 때문에 쪽배의 꿈은 쓸모 있는 배, 멋지게 항해를
하는 배가 되는 것이다. 주인공이 지닌 이러한 잠재된 꿈은 심리적
세계에 들어서게 됨으로써 새로운 모습으로 변형된다. 쪽배는 화려한
파랑호로 바뀌어 먼 남쪽 나라로 시집가는 공주를 태우고 멋진 항해
를 하게 된다. 그러나 남쪽 나라 항구에 닿게 되자 공주는 왕자와 결
혼하게 된다. 공주를 왕자에게 빼앗긴 파랑호는 주체할 수 없는 슬픔
을 가누지 못해 눈물을 흘리고 그 바람에 꿈에서 깨어난다. 환상의
도입으로 비생명체인 쪽배가 인격을 부여받아 꿈을 가진다는 것은 어
느 정도 설득력을 확보하고 있지만, 파랑호가 공주를 왕자에게 빼앗
겼다는 이야기의 전개는 현실에서의 개연성을 확보하지 못하고 있다.

아무리 호화롭고 호강하여 보이는 자들에게도 제가끔 남에게 못
지 않은 슬픔과 괴로움이 있는 법이군. 쪽배는 이렇게 깨닫자 마음
이 평안해졌습니다.102)

이 부분은 꿈에서 깨어난 쪽배의 독백이다. 꿈에서 깨어난 쪽배의
의식은 꿈으로 들어가기 전의 서럽고 부정적인 생각에서 평안한 마음
으로 전환되어 있다. 이와 같은 사실은 강소천이 꿈을 매개로 한 환
상에서 주인공이 대부분 새로운 가치 전환을 보이는 점과 일치한다.
가치 전환은 〈책이 산으로 된 이야기〉에서도 찾아 볼 수 있다.

〈책이 산으로 된 이야기〉의 주인공 철이는 숙제를 하기 싫어한다.
더욱이 산수 숙제는 철이가 제일 싫어하는 과목이다. 그러나 할머니
는 옆방에서 철이가 숙제를 잘 하는지를 감시한다. 철이 꿈은 숙제를
하지 않는 것과 감시받지 않고 자유롭게 행동할 수 있게 되는 것이
다. 꿈에서 철이는 자기가 마음먹은 대로 이루어지는 세계를 경험한
다. 야구글러브 하면 야구글러브가 생기고, 금호각하면 금호각이 철
이 앞에 툭 떨어진다. 그뿐만 아니라 현실에서는 감히 오를 수 없는
책이 산으로 된 골짜기를 정복한다. 그 골짜기에는 찬란한 보석으로
가득차 있고 눈이 부실 만큼 아름다운 빛이 비친다. 마음까지 후련해
진 철이는 저도 모르게 만세를 부르다가 잠에서 깨어난다.

현실에서 철이는 "그까짓 숙제쯤 문제도 아니다. 용기가 자꾸만 솟
아나는 것이었습니다103)"라고 생각이 꿈꾸기 전과 다르게 바꾸어져
있다. 꿈에서나마 자기 마음대로 해보고 또 책이 산으로 된 골짜기를
정복한 만큼 숙제 정도는 아무 것도 아니라는 생각이 든 것이다. 아
동이 동화의 환상 세계를 좋아하는 것은 바로 이와 같은 불만족스런

---

102) 위의 책, 39쪽.
103) 위의 책, 99쪽.

욕구를 충족하려는 바람에서이다

장편동화 〈사탕나라 꿈나라〉의 민수는 부모님을 일찍 여의고 큰 형님 댁에서 산다. 형님 댁 식구들과 창경원에 놀러가서, 부모님이 있는 다른 아이들을 바라보며 슬픔에 빠진다. 사탕과자를 먹으며 꿈을 꾸게 되는 민수는 사탕나라 왕자를 만나 여러 곳을 여행하게 된다. 꿈에서 깨어난 민수는 그 여행 경험으로, 많은 것을 깨닫고 현재 생활을 즐겁게 이어나간다.

이와 같이 이영희 초기 작품에서 꿈 세계는 주인공들에게 심리적인 전환을 마련하게 하는 이상적 공간이 되고 있다. C. G. 융은 억압된 소원 즉, "욕망은 꿈속에서 충족되는 것으로 끝나지 않고 현재 자신의 소원을 자각해 주도록 하며 실생활에 유익한 지혜를 공급해 준다"104)고 보았는데, 이영희 초기 동화에 등장하는 인물들 역시 현실에서 부정적인 사고가 꿈을 통해 간접적으로나마 소망을 실현시킴으로써 긍정적 사고로 바꾸어진 것을 발견할 수 있다. 커다란 파랑호가 되어 아름다운 공주님을 태우고 항해를 하는 것은 조각배의 이상이 실현된 것이며, 〈책이 산으로 된 이야기〉에서 갖고 싶은 것을 중얼거리기만 해도 자기 것이 되고, 할머니의 감시에서 해방되는 것은 철이의 욕구가 성취된 것이라고 볼 수 있으며, 〈사탕나라 꿈나라〉에서 민수가 사탕나라 왕자님을 만나 이제껏 한 번도 받아보지 못한 후한 대접을 받으며 여행을 하는 것도 억압된 소망이 실현된 것이다. 그러나 이와 같은 꿈의 실현은 이상향만을 그리는 한계성으로, 동심 세계를 좀 더 밀도있게 형상화시키지는 못했다. 동화가 지닌 꿈은 이상 실현, 또는 꿈 자체로만 끝나지 않고, 현실과의 연계성으로 미래를 암시하고 예시하는 것으로 발전시켜 나갈 때, 진정한 가치를 가질

---

104) C. G. 융,『Analysis of Unconsciousness』(설영환 역), 선영사, 1986, 249~253쪽.

수 있다.

나. 현실과 환상의 교직

꿈을 매개로 현실과 환상 세계를 뚜렷하게 구별하였던 초기 동화
는 중기와 말기에 이르면 현실 세계와 환상 세계가 불분명하게 서로
교직되어, 현실 같은 환상, 환상 같은 현실의 세계를 보인다. 환상이
란 현실에서 있을 수 없는 일이나, 초자연적인 이야기를 말하는 것이
지만, 문학으로서의 환상은 작가가 지닌 독창적인 상상력에 의해 비
현실적인 세계에 사실성을 창출해 내는 고도의 창작 기법을 요구한
다. 따라서 비현실을 어떻게 보다 구체적인 현실로 만들 수 있는가는
매우 중요한 일이다.

1967년 『꽃씨와 태양』에 수록된 〈하얀 배가 된 아파트〉는 연상과
상징을 주축으로 한, 달 밝은 밤 풍선에 매달린 아파트가 하늘을 나
는 이야기다. 1학년 아이들 수만큼 풍선이 아파트에 매달리고, 풍선
이 떠오르자 아파트도 같이 떠오르는 이 작품은 환상과 현실의 구분
을 자연스럽게 허물어 버린다.

한들거리던 고무 풍선 12개는 그만 스르륵 날기 시작했습니다.
아파트도 고무 풍선에 매달려 스르륵 언덕에서 떠올랐습니다. 그것
은 마치 하얀 배가 파란 풍선을 날리며 바다를 달리는 듯하였습니
다. 하얀 배가 달리기 시작하자, 아파트의 창이 1층에서 6층까지
모두 활짝 열렸습니다
    -중략-
이렇게 많은 얼굴들이 창문에서 내다보고 있는 아파트는, 한 척

의 하얀 배가 되어 밤하늘을 흘러갑니다. 별빛은 뱃길을 밝혀 주는
고운 등불들입니다.105)

　인용문은 무생물인 고무풍선이 나는 환상 세계와 현실의 인간이
사는 아파트를 접목시켜 떠오르게 하는 부분이다. 여기서 아파트가
밤하늘을 배처럼 달리고, 그 달리는 아파트 창문이 열려 많은 얼굴들
이 밖을 내다보게 하는 부분은 화자가 상상하는 이미지 세계이다. 사
람이 떠가는 아파트 문을 통해 밖을 내다보게 한 반복적 서술로 현실
과의 경계를 모호하게 만든다. 마치 스펀지에 스며드는 물처럼, 환상
세계 속으로 현실의 공간이 자연스럽게 스며들어, 현실이 환상 세계
인 것 같은 착각을 들게 하는 것이다. 이와 같은 현상은 이 작품 서
두에 작가가 설정한 구체적인 상황 묘사와 아이들의 행동 심리를 유
기적으로 연결해 놓음으로써 얻을 수 있는 효과이다. 부언하자면 6
층 아파트에 열두 개 풍선이 떠오르고, 일학년 학생이 열두 명 살고
있다는 상황을 설정하고, 시간에 따라 변하는 풍선 색깔이 아이들 일
상과 연계될 수 있게 함으로써 현실 세계가 환상 세계로 이입되는 거
부감을 최소화시키고 있는 것이다.
　아파트 하나가 배 한 척이 되어 하늘을 나는 상상력은 경이적인 일
로 동화의 흥미를 증대시켜 준다. 환상에는 일상 현실과 비현실 간의
대비적인 재미와 전환의 묘미가 전개되는데 보통의 경우, 이 비현실
적인 세계는 아동만이 입국이 허용된다는 점이다. 여기서 배가 된 아
파트가 굳이 일학년 아이들을 싣고 가는 것은 나이가 어린아이일수록
상상하는 세계가 더 크고 넓다는 사실에 화자의 시선이 닿고 있기 때
문이다. 현실 속에 비현실을 대담하게 투입할 때, 현실과 비현실 사
이에는 접점이 있다. 이 접점이 환상 속에서는 현실에서 이루지 못한

---

105) 이영희, 〈하얀 배가 된 아파트〉, 『꽃씨와 태양』, 숭문사, 1967, 9쪽.

일을 아무런 장애도 없이 달성할 수 있게 하는 것이다.106) 이 작품
에서 환상 투입은 밤이라는 자연적 현상을 이용하여 그냥 자연스럽게
뛰어넘어 스며들어 버린 것이다. 이와 같은 환상 세계와 현실 세계의
자연스런 이입은 〈옛초롱〉에 이르면 '동화에서 사실성'을 확보하기 위
한 심화된 방법으로 발전한다.

〈옛초롱〉은 한 외국 아동이 옛초롱을 통해 한국 고유미를 접하게
되는 이야기이다. 한나는 어머니 아버지를 따라 한국에 온 독일 소녀
이다. 한나 아버지는 골동품을 모으는 취미를 가지고 있어 한나가 사
는 집에는 이상한 물건들이 많다. 그 중 하나가 유리초롱이다. 한나
는 이상하게 생긴 유리초롱에 그려진 그림을 바라본다. 한나가 바라
볼 때마다 그림은 달라 보인다. 이것은 그림을 바라보는 한나 마음
속 상이 시간적 변화 속에 달라지고 있기 때문이다.

여섯 모가 진 유리초롱이 바라볼 때마다 모양이 달라진다는 도입
부 상황이 독자 시선을 환상 세계로 자연스럽게 끌어오는 역할을 한
다. 유리초롱 속에 살고 있는 젊은이가 집을 짓고, 꽃 밖으로 나와
집을 보살피던 꽃 아가씨와 만나게 되는 일은 화자의 상상이 이야기
를 끌고 가기 때문이다. 저녁에 아버지와 식사를 하고, 아버지 심부
름이라는 현재적 상황이 진행되는 사이에도 초롱 속 환상 세계는 멈
추지 않고 진행된다. 이것은 다른 일을 하면서도 화자가 지닌 의식은
유리초롱에 가 있기 때문이다. 화자의 의식 흐름과 화자가 처한 공간
이동 경로를 따라 텍스트 시간과 공간을 이동시키고 있는 것이다. 이
작품은, 심리적인 이미지 유추로 비현실 세계가 현실 질서와 축을 같
이하여 사실성을 획득하고 있다는 점이 특징적이다.

---

106) 정창범, 〈환상이 있어야 할 상황〉, 『아동문학사상』, 1집, 보진제, 1970,
　　42쪽.

그리하여 곱게 생긴 아가씨가 다시 꽃으로 돌아가지 못하도록 젊은이는 몰래 그 꽃을 꺾어 버렸던 것입니다. 눈을 동그랗게 뜬 채로 열심히 초롱을 올려다보고 있는 한나 가슴에 별안간 툭 떨어지는 것이 있습니다. 꽃이었습니다. 유리초롱 속의 젊은이가 몰래 꺾어서 버린 바로 그 꽃송이였습니다. 107)

위 예문은 환상과 현실이 분리되지 않고 주인공 인물이 머물고 있는 현실에 공존되어 있음을 나타내는 부분이다. 일반적으로 동화에서 현실과 환상을 이어놓으면 신비감이 가중되어 독자는 새로운 충격을 받게 된다. 유리초롱 속에서 펼쳐지는 환상 세계가 유리초롱 세계에만 머물지 않고, 환상의 벽을 뚫고 나와 일상 생활의 질서에 닿아 있다. 이야기가 진행되는 텍스트 공간에서 환상과 현실을 분리하지 않고 주인공 인물이 머물고 있는 공간에 공존시키고 있는 것이다. 사실, 작품에서 환상과 현실을 의식적으로 뚜렷하게 구분하다 보면 사실성 획득이라는 측면에서는 어느 정도 효과를 줄 수도 있겠지만, 독자에게 재미를 주지 못할 경우가 있다. 그렇다고 환상을 위한 환상을 섣불리 구현하다 보면 허황한 비현실적인 이야기가 되고 만다. 그만큼 동화에서 환상은 문학적으로 고도의 기술을 필요로 한다.

앞서 김요섭 동화가 구현하고 있는 환상이 상징과 은유라는 이미지 방법으로 만들어지는"108) 가시적 비현실 세계임을 고찰한 바 있다. 여기서도 감지할 수 있듯, 문학에서의 환상은 우연한 것을 나열하거나 황당무계한 사건을 만들어 놓은 비현실적인 이야기를 말하는 것이 아니다. 문학으로서 환상은 비록 비현실적일지라도 그 안에는 나름대로 질서를 가지고 있어야 하며, 내용이 전체와 유기적으로 연

---

107) 이영희, 〈옛초롱〉, 앞의 책, 132쪽.
108) 김요섭, 『현대 동화에서 환상적 탐험』, 한국문연, 1985, 56쪽.

결되어야 한다. 현대 창작동화 구현에서 사실성 확보는 미적 기능의 중요한 요소이면서 시대적인 요청이기도 하다. 19세기 후반에서 20세기에 걸쳐 리얼리즘 문학의 융성과 매직만을 전적으로 사용할 수 없는 과학적 사고 발달은, 오늘날 근대적 환상 문학의 기점이 된 〈이상한 나라의 엘리스〉와 같은 환상으로만 만족할 수 없게 만들었다. 즉 현실에서 과학적 사고 발달은 교훈과 흥미위주의 공상 세계를 전개한 전래동화에서, 현실 세계와 연계한 사실성을 투영시킨 환상동화를 필요로 하게 된 것이다. 때문에 인간 생활이 변모되어 감에 따라 동화 역시 점점 현실과 더 밀착된 환상을 필요로 한다.

강소천이 시간적 배경을 '현실- 꿈- 현실'로 귀환시키고 있는 점이라든지, 김요섭이 자유 연상에 의한 환상 세계 속에서 구체적 상황 묘사 등을 시도하고 있는 것은, 모두 작품에서 현실성을 확보하기 위한 방법의 일환이다. 이것은 동화에서 사실성 확보가 중요한 요소임을 나타내 준다. 그러나 환상 세계에서 현실성을 확보하기 위해 현실 세계로의 통로를 무리하게 개설하다 보면 독자로 하여금 환상 세계와 현실 세계가 유리되어 오히려 작품이 가지는 미적 기능을 상실케 하는 경우가 있다. 반면, 환상 세계와 현실 세계의 능숙한 교직은 환상 세계에 질서를 부여하여 동화로서 미적 가치를 획득할 수 있다. 이와 같이 문학 작품으로서 현대 동화는 환상에 대한 올바른 이해와 창조적 상상력의 세계를 구축하려는 작가적 역량을 필요로 한다.

인간의 삶은 현실인 동시에 환상이며, 이 세상은 환상과 현실이 공존한 세계이다. 환상이 없는 현실, 현실이 없는 환상은 인간에게 아무런 의미를 주지 못한다. 현대 동화는 바로 이러한 환상과 현실을 적절하게 융화시켜 짜낸 것이라야 한다. 이런 점에서 현실과 환상을 적절하게 융화시킨 이영희 동화는 미적 기능을 효과적으로 나타내고

있다. 얼마만큼 정교하고 능숙하게 환상 세계에서 현실성을 확보할
수 있는가의 문제는 오늘날 창작동화가 추구해 가야 할 방향이다.

다. 상황묘사와 은유적 이입

이영희는 동화에서 사실성을 확보하기 위한 방법으로 구체적인 상
황 묘사와 사물을 상징적으로 나타내는 방법을 취하기도 한다. 흔히
동화를 시적 문학이라고도 하는데, 이때 시적이란 말은 운율적 특수
성을 지칭하는 것이라기보다는, 언어가 함축하고 있는 특수한 의미를
가리킨다. 즉, 시가 직관적이면서도 내면적 세계를 암시와 상징으로
그려내는 것과 마찬가지로, 동화가 그러한 표현 수법을 이용한 환상
적 특성을 갖는 것을 말한다. 그러므로 동화가 시적이라고 하는 것은
상상력에 있어 시적 특성을 포함하고 있다는 의미와 같다

중기 이후에 씌어진 이영희 동화는 상징적 주제를 구현하기 위한
시적 이미지 특성이 강하다. 여기에 속하는 작품으로는 〈꽃씨와 태양
〉, 〈금빛 바람〉, 〈해가 되고 달이 되고〉, 〈별님을 사랑한 이야기〉, 〈
투명나비의 꿈〉, 〈가슴에 꽃을 가꾸는 짐승〉, 〈도깨비와 쌍둥이〉, 〈
불개가 있는 마당〉, 〈민들레의 꽃〉 등을 들 수 있다. 이 중 〈꽃씨와
태양〉, 〈금빛 바람〉은 주제를 암시하기 위해 은유적 수법으로 환상을
추구하고 있으며, 〈해가 되고 달이 되고〉, 〈별님을 사랑한 이야기〉,
〈투명나비의 꿈〉, 〈가슴에 꽃을 가꾸는 짐승〉, 〈불개가 있는 마당〉,
〈민들레의 꽃〉은 사랑의 본질을 이미지에 의한 상징적 수법으로 형상
화하고 있다.

(1) 하늘에 피는 꽃, 아침엔 빨강, 낮에는 하양, 저녁엔 주황…… 그게 뭐게?

네? 하늘에 피는 꽃이라구요?__ 109)

(2) 그때 입니다. 나팔 꽃씨가 하늘을 가리키며 외쳤습니다.

앗, 태양 꽃씨다!

비둘기 알만하고, 구슬처럼 비쳐 보이고, 무지개 빛으로 반짝이는……. 고운 비눗물 방울 하나가, 봄 하늘을 둥실 떠가고 있었습니다. 하늘과, 태양과, 들판과, 꽃씨들의 얼굴까지 모두 비쳐져 있는 예쁜 비눗물 방울이었습니다.110)

위의 인용문은 〈꽃씨와 태양〉에서 인격화된 나팔꽃, 분꽃, 채송화, 봉선화, 코스모스가 수수께끼 놀이를 대화체로 구성한 짧은 이야기다. 대화의 문답식 구성은 〈금빛 바람〉에서도 찾아 볼 수 있다. 전체 내용이 (1)에 대한 (2)의 해답 방식으로 되어 있으며, '하늘에 피는 꽃은 태양이다' 라는 주제를 암시하기 위해 언어를 상징적으로 묘사하고 있다.

고운 비눗방울이 주는 이미지를 은유적으로 나타내는 상징적 수법은 환상 세계에서 미적 기능을 증대시켜 준다. 이러한 상징적 이미지 수법은 '사랑'을 주제로 한 작품에서 더욱 선명하게 형상화되고 있다. 〈해가 되고 달이 되고〉는 〈불개가 있는 마당〉과 함께 초월 세계에 사는 불개의 사랑을 은유적으로 나타낸 작품이다. 상징적 주제를 은유적으로 구현한 작품으로는 이외에 〈오월의 딸들〉, 〈잉어등〉이 있다. 여기서 상징은 원시적 사고를 바탕으로 하는 신화적 발상에 의해 얻어진다. 신화적 발상은 언어의 은유적 특성을 일컫는 말이다. 모든 사물의 존재가 언어의 영역 속에서 구현되고 그 존재가 무한 무궁인

---

109) 이영희, 『꽃씨와 태양』, 숭문사, 1967, 14쪽.
110) 앞의 책, 14쪽.

바, 유한한 언어는 불가피하게 은유적 의미의 유동성을 갖게 된다. 신화적 세계의 표현은 외계의 사물에도 인간의 감정을 부여하여 작용시키고 행동하게 하여 인격적으로 파악한다.111)

　원시인이나 아동과 같이 신화적 원형을 간직하고 있는 사람에게 이 세계는 모든 사물이 인간과 똑같이 이해하고 분노하는 사물로 인식된다. 〈해가 되고 달이 되고〉의 시간과 공간은 현실에서 존재할 수 없는 환상의 언어망에 의해 구현된다. 그 환상의 언어망 속에 현실 세계가 은유적으로 투사되고 있을 때, 작품은 신화적 성격을 갖는다.

　단감 하나를 먹고 가슴을 덴 불개가 한약방으로 달려간다. 한약방 아저씨는 불개를 진맥하고 가슴 안에 있는 짙은 향기 때문에 화상을 치료할 수 없으니, 사랑한 애인을 찾아 그것을 토하게 하여 향기를 걷어내야 한다고 말한다. 불개는 사랑한 애인을 찾아 이리저리 헤맨 끝에 백자 항아리를 발견한다. 불개는 그 백자 항아리를 삼켰다가 토해낸다. 불개가 삼킨 백자 항아리는 하늘로 올라가 달이 된다. 이 이야기는 이처럼 은유와 상징적 언어로 연관된 두 개 이미지를 결합시켜 구성한다. 이 작품에서 사랑은 '은은히 빛나는 물종, 싸늘하면서도 따스하고, 하얀 듯하면서도 푸른 듯한 것, 그리고 우주처럼 둥근 것'으로 묘사되고 있는데, 이와 같은 특성은 백자 항아리 이미지 속성과 유사하다.

　하늘을 날던 불개는 여름 한나절의 태양처럼 이글이글 타오르는 것을 눈여겨보았습니다. 어느 기와집 뜨락 감나무에 맺혀 있는 단감이었습니다. 단 한 알, 높다란 가지 끝에서 빛을 토하고 있는 큼직한 그 단감은 흡사 불씨였습니다. 태양의 가운데 토막처럼 아주

111) Ernest Cassirer, 『인간이란 무엇인가』(최명관 역), 훈복문화사, 1967, 165~166쪽.

뜨겁고, 아주 알차고, 아주 순수해 보였습니다. 불개는 더 생각할
염도 내지 않고 그 감을 삼켰습니다. 그리고 곧 토해 버리고 말았
습니다.

　뜨겁다 뜨겁다 해도 그렇게 뜨거운 것은 처음이었습니다. 뭐라고
해야 할까요. 뜨겁다 못해 얼음장같이 저릴 듯 매웠다고나 할까요
얼른 토하고 났지만 가슴은 계속 쓰리고 얼얼했습니다.112)

인용문은 사랑의 이중적 속성을 상징적으로 암시하는 부분이다.
우연히 먹은 단감 한 알 때문에 불을 먹고 사는 불개 가슴이 화상을
입었다는 것은 그만큼 단감이 지닌 마력이 크다는 것을 상징적으로
나타낸다. 불개에게 있어 단감은 사랑의 씨앗과 같다. 단감이라는 사
랑의 씨앗을 품음으로써 불개는 그 동안 정신없이 지나쳐 버렸던 사
물에 대한 존재성을 비로소 파악하고, 세계에 대한 이해의 폭을 넓혀
간다. 이러한 행로는 사랑을 체험하는 인간 행로와 비슷하다.

완전한 의미체인 달이 탄생될 수 있는 것은 사랑이란 향기를 알게
됨으로써 얻을 수 있었다. 초월적 세계에서 태양을 먹고 사는 불개와
차갑고 서늘한 달의 이미지로서의 백자 항아리와의 대비적인 비유는
사랑이 지닌 이중적 속성을 내포한다. 이러한 사랑의 대비적 특성은
〈투명나비의 꿈〉에 나타나고 있는 뜨거움과 차가움, 〈불개가 있는 마
당〉에 등장하는 해로 만든 차의 뜨거움과 얼음덩이로 만든 단묵의 차
가운 맛과 그 본질이 일치하는 부분이다. "순수하기 때문에 더욱 감
미롭고 더욱 얼얼한 고통. 이 고통을 철저히 분해함으로써 '사랑이
아픔인 뜻'을 내 나름대로 납득하고 싶었다"113)는 작가의 말처럼 환
상은 아무런 설교를 드러내지 않고도 사회에 대하여 사랑에 대하여

---

112) 이영희, 〈해가 되고 달이 되고〉, 『소년소녀 한국문학전집』 16, 계몽사,
　　　1994, 7~8쪽.
113) 이영희, 「동화에의 초대」, 『별님을 사랑한 이야기』, 갑인출판사, 126쪽.

자유롭게 언급할 수 있게 한다. 그 동안 사랑은 동화에서 다소 부담
스러운 주제로 여겨 왔던 게 사실이다. 그러나 작가는 상징적 표현
기법을 통한 이미지 결합으로 사랑에 대한 문제를 동화 속으로 끌어
들였다. 일반적으로 동화가 아동을 주된 독자로 삼고 있다고 하더라
도, 동화 소재로서 사랑에 대한 문제를 제한하기보다 동심적인 것으
로 여과시켜 다루는 것도 바람직한 일이라 생각한다. 사랑은 안데르
센의 〈인어공주〉처럼 상징과 은유로 얼마든지 아름답게 형상화할 수
있기 때문이다.

　사랑의 본질에 대한 집요한 추구는 이영희가 동화에서 추구하고자
하는 핵심적인 정서로, 그에게 있어 사랑의 본질은 동양적 사랑으로
귀결된다. 〈불개가 있는 마당〉에서는 안주하고 받아들이는 사랑의 모
습이, 〈가슴에 꽃을 가꾸는 짐승〉에서는 사랑이 운명적인 것으로, 〈
민들레 꽃〉에서 사랑은 자신을 모두 던지는 것으로 그려지고 있다.
이 세계를 이해하는 한 방법으로써 동화에서 추구되는 사랑은 어머니
가 지닌 사랑과 가족을 향한 사랑의 모습으로 내면화된다.

　　솜밭 할머니는 마당에 솜돗을 깔고 솜송이를 고루 폅니다. 기다
　란 솜채를 가지고 부풀부풀한 솜송이를 내리칩니다. 그리고 나서
　솜돗을 두루루 말아 쿵쿵 밟으면 돗자리 크기의 솜반 한 장이 마련
　되는 것입니다. 햇살을 섞어서 갓 만들어낸 솜반 한 장이 가을 바
　람에 날려 그만 하늘로 날아오르고 말았습니다. 할머니가 잡을 사
　이도 없었습니다. 가을 바람이 약삭빠르게 꾀어냈기 때문입니다.
　솜밭 위 하늘에서 가을 바람은 솜반에게 말했습니다."그까짓 솜이
　불이 되면 뭘해. 나하고 놀아." 가을 바람에 실려 솜반은 높이 높이
　날아오르면서 가슴이 부풀고 부풀어서 솜구름이 되었습니다.114)

114) 이영희, 『별님을 사랑한 이야기』, 갑인출판사, 1978. 109~110쪽.

위의 인용문은 사물의 속성을 상징적 언어에 의하여 사랑의 의미를 함축적으로 나타내고 있다. 하늘을 날다 안개구름을 만난 솜구름은 꽃송이와 새로 자리바꿈하는 놀이를 즐긴다. 밤이 되자, 솜구름은 별님을 잡아보려고 넓은 그물로 변하여 별님을 휘감고 솜밭 할머니 방으로 들어선다. 그러나 별님 모습은 보이지 않고 솜구름은 방안을 장식하는 레이스 커튼이 되고 만다. 솜구름이 거듭된 변신을 통해 획득하려는 주제는 사랑에 대한 본질적 탐구이다. 솜구름이 소유하려고 하는 사랑은 잡으려고 할수록 더 멀리 달아나고 만다. 사랑의 참모습은 그것을 소유하는 것에 있는 것이 아니라 지켜주는 것이라는 메시지를 이 작품은 강조한다. 그러나 고도의 상징화를 통한 작품의 형상화는 주제를 무겁게 하고, 은유된 의미 전달로 동화에서의 재미와 흥미를 떨어뜨릴 수도 있다.

시적 분위기를 조성하여 환상성을 주는 것으로 운율적인 언어를 꼽을 수 있다. 시적 언어는 산문적 개념에서 탈피하여, 새로운 뉘앙스에 의해 새로워짐으로써 미적 감각을 느끼게 하는 독특함이 있다. 이영희 동화에서 구현되는 작품은 시기에 따라 조금씩 변모하는 양상을 보이는데, 이는 환상을 만들어 내는 기술의 변모와도 연결된다.

이 조그만 강 언덕도 버들 잎새로 홈빡 덮이운데다가 포도나무 잎새며 단풍잎새들이 드문드문 빨간 수를 놓아서, 마치 폭신한 담요를 깔은 듯합니다. 언덕을 돌아 아랫마을로 향하는 오솔길 역시 가랑잎으로 폭신, 오솔길 따라 구불구불 이어진 나무에도 버들잎, 강변에 매인 조각배도 버들잎, 천지가 떨어진 버드나무 잎새판입니다.115)

---

115) 이영희, 〈조각배의 꿈〉, 『책이 산으로 된 이야기』, 신교출판사, 1958, 30쪽.

무지개 같은 비단, 안개 같은 나이롱, 저녁노을 같은 양복지‥‥
주홍, 감정, 노랑, 자주‥‥ 가지각색의 옷감들이 찬란합니다.116)
　가을 하늘처럼 파아란 사파이어며, 우유 빛깔의 꿈같은 오팔알이
며, 안개 같은 진주알이며, 그물의 여기저기에서 마치 토끼 눈처럼
빠알갛게 비쳐 보이는 지홍석이며117)

위의 예문은 그의 작품이 지닌 문체적 특징이 잘 나타나 있는 부분
이다. 여기서 살펴보면 주로 수식적이고 직유를 중심으로 한 비유적
문체가 주를 이루고 있다. 이것은 언어에 의해 환상적 분위기를 조성
하기 위한 작가의 의도에 기인된 것이지만, 아름다움만을 조성하기
위한 지나친 비유가 감상적인 분위기를 자아내고 있다. 그러나 중기
에 이르면 이와 같은 비유적 문체를 지양하고 은유를 도입함으로써
상징적인 문체를 획득하기에 이른다.

　산토끼는 고개를 갸웃거리며 코를 실룩실룩하다가 병 같은 것을
손으로 쿡하고 눌러 보았습니다. 뭉클뭉클하고 새빨간 것이 쭉 나
왔습니다.118)
　흔들흔들 아지랑이 아물아물 보동보동하고 탐스러운지 몰라요.
몽실몽실하고 푸르까한 반짝 반짝‥‥ 훨훨 날아갑니다.
　푸른 나무엔, 금빛, 은빛, 붉고 푸른 빛깔의 별들만이 아니라, 주
렁주렁 눈부신 구슬도 열릴 것입니다. 그리하여, 끝내 기도를 잊지
않았던 외로운 나무를 에워싸고 어린이들은 "베들레헴"이랑 "징글
벨"을 부를 것입니다.119)

---

116) 이영희, 〈달님의 선물〉, 앞의 책, 10쪽.
117) 이영희, 〈왕거미 검서방〉, 『책이 산으로 된 이야기』, 신교출판사, 1958,
　　26쪽.
118) 이영희, 〈산토끼의 미술〉, 『가슴에 꽃을 가꾸는 짐승』, 교학사, 1987,
　　98쪽.
119) 이영희, 〈별이 열리는 나무〉, 앞의 책, 91쪽.

인용문은 색감 있는 언어와 의성어, 의태어와 같은 감각적이고 상
징을 나타내는 말이 시적 효과를 주는 부분이다. 이처럼 언어를 통한
상징은 연상 작용을 가능케 함으로써 환상적 분위기를 자아내고 시적
아름다움을 느끼게 한다. 색채어를 동원하여 시각적 이미지로 아름다
운 연못을 눈에 보이듯 형상화한 〈금붕어와 바람과 햇빛〉, '남빛 우
단은 잔잔한 바다와 같은'과 같이 연상의 언어 배열로 이미지 상황을
선명하게 하는 〈별님을 사랑한 이야기〉가 여기에 속한다. 동화가 시
적인 환상을 추구할 수 있었던 것은 바로 이러한 상징적이면서도 은
유적인 언어가 주된 역할을 했기 때문이다. 이와 같은 상징적 언어는
그의 동화 〈달님의 선물〉, 〈금빛 바람〉에도 나타나고 있다.

주인은 달님, 곱고 상냥하고 또한 그 바느질 솜씨가 놀라워 나무
가지에서 똑 따온 듯 옷을 지어낸다는 소문이었습니다. 온통 <u>파아
란 바닷물 빛깔로 칠해진 그 가게</u>는 깨끗하고 아담하였습니다. 늘
계수나무 향기가 감돌고 어디서부터인지 은은한 음악 소리가 흘러
나오기도 하였습니다.120)
<u>맑고 시원한 산바람에 익은 그 포도 물은 향기롭고 달고 차가워
서</u> 정말이지 세상 모를 지경이었지.121)

밑줄친 '파아란 바닷물 빛깔로 칠해진 그 가게'와 '맑고 시원한 산바
람에 익은 그 포도물'과 같은 촉감적이고 채색된 언어는 그 언어에 함축
된 이미지가 시적 환상을 돕는 기능을 하고 있다. 그러나 이러한 시적
언어가 환상적 상황을 더 신비롭고 풍부하게 만들어 주는 요소가 될지
라도, 그 사용이 지나치다 보면 주제를 모호하게 만들 수 있다

---

120) 이영희, 〈달님의 선물〉, 『책이 산으로 된 이야기』, 신교출판사, 1959,
　　10쪽.
121) 이영희, 〈금빛 바람〉, 『한국현대동화집』, 계몽사, 1977, 188쪽

2) 환상의 의미론적 특질

〈날씨 굽는 가마〉는 반복적 언어가 던져주는 주술력으로 시간과 공간을 초월하여 이야기를 끌고 가는, 전래동화 이야기 전개방식을 따르고 있다.

주인공 옥이는 어머니 병을 낫게 하려는 소망을 가지고 있다. 그러나 그러한 소망을 이루기 위해서는 봄 날씨 백 개가 필요하다. 옥이는 하루에 한 개 날씨를 구워 하늘로 날리는 도공 할아버지를 찾아간다. 그러나 뇌물을 받고 앞줄에 서게 하는 약삭빠른 심부름꾼과, 그에게 뇌물을 주고 새치기를 하는 부자와 영감, 한탕주의로 날씨를 마구 만들어 내는 옹기장이 방해로 할아버지를 만나지 못하고 곤경에 빠진다. 이기주의와 물신주의가 판을 치는 사회에서 옥이는 이에 편승하지 않고 효심으로 어려움을 극복해 나간다. 옥이가 보인 정성스런 효심은 마침내 꾸준하고 묵묵히 날씨를 굽는 도공 할아버지와 만남을 가능하게 만든다. 인내와 기다림으로 사회부조리에 당당하게 맞서 어머니 병환을 고치게 되는 옥이는 순수한 인간애의 표상으로 작가가 제시하려는 이상적인 인물이다.

옥이로 대변되는 순수하고 강한 아동상은 〈꿈농사 논농사〉에서 역경을 뚫고 꽃농사를 짓게 되는 시라소니와 〈도돌이의 도깨비 공부〉에서 장승이 되다 만 어린 소나무 도돌이가 꿈을 이루기 위해 역경을 헤쳐나가는 모습에서도 발견된다. 이와 같은 인물은 〈민들레의 봄〉에서 삶에 대한 확신과 주체성을 잃지 않는 민들레의 모습이다.

올해는 봄이 찾아오지 않을 것이라는 소문이 돌았습니다. 땅 위로 막 솟아나려던 꽃씨들은 놀랐습니다. 꽃씨들은 땅 속에서 부리나케 전화를 하며, 이 소문을 캐내느라고 야단들이었습니다. 그러나 그것이 정말인지 아닌지 아무도 알아낼 수 없었습니다. 지난해봄, 낙하산을 타고 내려와 이곳에 자리 잡은 민들레 씨앗은 생각했습니다. 소문만 듣고 떠드는 것은 어리석은 일이라고요. 그래서 혼자 땅 위로 솟아나가 보겠다고 마음을 굳게 먹었습니다.122)

위 인용문은 인격화된 동식물을 통해 인간 삶의 한 단면을 상징적으로 나타내고 있는 부분이다. 봄이 오지 않는다고 헛소문을 낸 뱀딸기 꾀에 다른 꽃씨들은 땅 위로 나올 엄두를 내지 못한다. 그러나 민들레는 소문만 듣고 움츠려드는 것은 어리석다는 주체성으로 용기 있게 땅을 뚫고 나오게 된다. 여기서 민들레는 현명하면서도 진취적인 아동상의 표본을 상징한다고 할 수 있다. 이처럼 신화적 환상으로 인격화된 동식물을 통해 화자는 아동이 좀 더 주체적이고 능동적으로 현실에 대응해 나가기를 기대한다.

〈별이 열리는 나무〉의 푸른 나무, 〈아기용의 꿈〉의 아기용, 〈어린 선녀의 날개옷〉의 어린 선녀는 모두 주어진 삶에 안주하는 인물이기보다는 꿈을 위해 현실의 장애를 극복해 가는 인물이다. 〈어린 선녀의 날개옷〉은 하늘에 사는 어린 선녀가 날개옷을 걸치고 땅과 하늘 사이를 마음대로 날아다니고 싶은 꿈을 잘 형상화한 작품이다. 신화적 하강 모티브를 도입하여 전개되는 이 동화의 발단은 날개옷을 가지고 싶은 어린 선녀가 소망하는 꿈에서부터 시작된다. 어린 선녀는 날개옷을 짓는 직녀 별님에게 가서 날개옷을 부탁한다. 그러나 직녀 별님은 선녀가 아직 너무 어리다고 날개옷을 지어주지 않는다. 직녀 별님 옆에서 다른 별들의 날개옷을 짓는 것을 바라보던 어린 선녀는 날개옷을 짓기 위해 재단하고 남은 자투리 천을 얻어 가지고 온다.

---

122) 이영희, 〈용기 있는 민들레의 봄〉, 앞의 책, 33쪽.

선녀는 서툴지만 제 스스로 천조각을 꿰매고 덧대자 커다란 보자기가 만들어진다. 보자기가 하늘로 날아 그걸 잡으려다가 선녀는 땅으로 내려오게 된다. 땅 세계를 구경하는 동안 어린 선녀의 보자기는 촉촉하게 젖어 날지 못하게 된다. 선녀는 보자기를 소나무에 말리지만 멀리 날아가 버려 하늘로 올라가지 못한다. 그 사실을 안 직녀 별님이 어린 선녀에게 날개옷을 보내고 선녀는 하늘로 오르게 된다는 줄거리이다.

> "별님, 이 조각 천들 제가 가지면 안 될까요?"
> 직녀 별님은 일손을 바쁘게 놀리며 대답했습니다.
> "그래, 그거야 못 주겠니?"
> 한 뭉치의 천조각을 얻어서 돌아온 어린 선녀는 이 조각들을 한 장 한 장 꿰매기 시작했습니다. 큼직한 색동 천 왼쪽에는 눈부신 금빛 조각을 대고, 오른쪽에는 하얀 천을 댔습니다. 은하수 선녀님의 옷 조각은 길게 그 옆에다 이었습니다. 서툰 솜씨지만 한 바늘 한 바늘 정성들여 꿰매어 나갔습니다. 바람 선녀님의 말간 천을 덧대는 일이 끝났을 때입니다. 이 커다란 보자기 같은 한 장의 천은 하늘하늘 절로 날기 시작했습니다.[123]

인용문은 어린 선녀의 실천적 행동을 통해 작품의 주제를 암시하고 있는 부분이다. 자투리 천조각을 가지고 와서 스스로 날개옷을 만들어 보는 선녀 행동은 능동적이면서도 실천적이다. 작가는 어린 선녀를 통해 꿈을 이루기 위해 끊임없이 도전하고 노력하면 언젠가는 성취된다는 것을 암시한다. 그러나 그런 꿈을 이루기 위해서는 갈등과 고난을 뚫고 나가야 함을 강조한다. 이것은 "낡고 부정적 사고에서 새롭고 건전한 인물이 탄생하기 위해서는 어떤 필연적인 과정이

---

123) 이영희, 〈어린 선녀의 날개옷〉, 『아침햇살』, 1998 봄호, 80쪽.

필요한데 그 과정이 바로 주인공이 겪는 고난과 갈등이다."124) 이와 같은 통과의례 역시 남의 도움으로 극복하기보다는 자기 힘으로 개척해 나갈 때 더 큰 가치를 지닐 수 있다는 것을 이 동화는 말해 준다.

이상으로 이영희 동화의 환상 세계를 구명하기 위해 구조적 특질과 의미론적 특질을 살펴보았다. 그 결과 그의 작품은 시기별로 조금씩 변모되는 양상을 보이는데, 그의 초기 작품이라 할 수 있는 〈조각배의 꿈〉, 〈달님의 선물〉, 〈책이 산으로 된 이야기〉, 〈사탕나라 꿈나라〉 등은 심리적 환상인 꿈의 매개체를 통해 환상과 현실 세계의 뚜렷한 경계를 나타내고 있었으며, 주된 정서는 소외되고 부정적인 현실에 안주하지 않고 이상을 실현하는 경향을 보이고 있다. 그러나 이러한 작품은 현실에서 이상향만을 제시하는 한계성으로 보다 면밀한 동심의 구현에는 도달하지 못하고 있다.

중기 작품은 상상력을 확장한 환상으로 현실과 환상을 융화시킨 작품 경향을 보이는데 이 시기 작품은 구체적인 상황 묘사와 개연성 있는 수법으로 작품에서 현실성을 획득하였다. 말기에는 환상 세계에서 사실성을 획득하려는 문제에서 한 발 나가 작품에서 미적 기능을 강화시키는 문체와 상징적 주체 표출을 위한 은유적 묘사에 주력하고 있음을 밝힐 수 있었다. 또한 〈날씨굽는 가마〉, 〈어린 선녀의 날개옷〉 등을 통해 동양의 대비적 사랑을 바탕으로 한 사랑의 본질에 대한 탐구는 그가 작품에서 실현하고자 하는 꿈이라는 사실도 아울러 밝힐 수 있었다. 그는 일체의 치기에서 벗어나 상징과 은유라는 기법과 시점과 문체 언어에 의한 이미지로 한국 동화 발전에 적지 않은 영향을 끼쳤다.

---

124) N. 프라이, 『비평의 해부』(임철규 역), 한길사, 1982, 261쪽.

〈작 품〉

꽃씨와 태양

이 영 희

꽃씨들이 수수께끼 놀이를 벌였습니다.

나팔꽃, 분꽃, 채송화와 봉숭아, 그리고 코스모스, 해바라기 꽃씨들…… 모두들 옹기종기 모여 앉아 있습니다.

새까만 세모돌이 나팔꽃씨가 맨 먼저 말을 꺼내었습니다.

"이른 아침 울타리에서 따따 따따다…… 그게 뭐게?"

그걸 모를라구요-.

꽃씨들은 소리 모아 그 수수께끼의 답을 댔습니다.

"나팔꽃!"

도톨도톨한 무당벌레 같은 분꽃씨가, 다음 문제를 말했습니다.

"빨간 상자 속에도 하얀 분, 하얀 상자 속에도 하얀 분… 그게 뭐게?"

그것도 아주 쉬운걸요.

꽃씨들은 얼른 답을 맞추었습니다.

"분꽃!"

이번엔 모래알처럼 빤짝이는 채송화 꽃씨 차례입니다.

"댓돌 밑에 나란히 나란히, 댓돌 밑에 울긋불긋…… 그게 뭐게!"

뭐 그것쯤이야-.

꽃씨들은 방싯방싯 웃으며 대답했습니다.

"채송화!"

아주 아주 조그만 풋볼, 봉숭아 꽃씨가 나서서 말했습니다.

"하룻밤 동안에 손톱이 빠알강…… 그게 뭐게?"

알았어요, 알았어요-.

꽃씨들은 입을 모아 답을 내었습니다.

"봉숭아!"

연필심처럼 뾰족한 코스모스 꽃씨가 성큼 일어섰습니다.

"산들바람에 한들한들 분홍빛 흰빛…… 그게 뭐게?"

그것도 문제없지요-.

꽃씨들은 신이 나서 답을 맞추었습니다.

"코스모스!"

모두들 정말 수수께끼 선수들이군요.

마지막으로, 납작한 깜장이, 해바라기 꽃씨가 나왔습니다.

"하늘에 피는 꽃, 아침엔 빨강, 낮에는 하양, 저녁엔 주황…… 그게 뭐게?"

네? 하늘에 피는 꽃이라구요-.

꽃씨들은 고개를 갸웃갸웃하였습니다.

"해바라기 아닐까?"

"아아니."

나팔꽃 씨가 답을 댔지만, 해바라기 꽃씨는 살래살래 머리를 흔들어 보였습니다.

"알았다, 알았어. 접시꽃이지 뭐야!"

분꽃씨가 이렇게 소리쳤습니다.

"아아니."

해바라기 꽃씨는 이번에도 살래살래.

"그럼 뭘까?"

채송화와 봉숭아 꽃씨가 똑같이 말했습니다.

"정말 뭘까?"

코스모스 꽃씨도 덩달아 중얼거렸습니다.

하늘에 피는 꽃, 아침엔 빨강, 낮에는 하양, 저녁에는 주황, 그게 무엇일까요? 아무리 머리를 짜내어도 생각이 나지 않는군요.

"에헴!"

그러자, 해바라기 꽃씨는 큰기침을 한 번 하고 나서 그 수수께끼 해답을 일러 주었습니다. 그것은 태양이라는 것입니다.

"태양?"

꽃씨들은 한꺼번에 하늘을 쳐다보며 되물었습니다.

"태양도 꽃씨야?"

모두들 미심쩍은 눈초리입니다.

"그럼 태양 꽃씨도 있게?"

그 중 작은 채송화 꽃씨가 말하자, 해바라기 꽃씨는 얼결에 대답해버렸습니다.

"있지, 있구말구."

"어떻게 생겼는데?"

봉숭아 꽃씨가 좨쳐 물었습니다. 그래서 해바라기 꽃씨는 열심히 생각을 헤아려야 했습니다.

"으응, 태양 꽃씨는 말이지, 으응…… 비둘기 알만하고, 구슬처럼 비쳐 보이고 말야, 그리고…… 응, 참, 무지개 빛깔로 반짝거리고…… 아마 그럴 거야. 아니, 꼭 그럴 거야."

꽃씨는 이렇게 혼자 말하듯 하고는 고개를 끄덕이었습니다.

그때입니다. 나팔꽃 씨가 하늘을 가리키며 외쳤습니다.

"앗, 태양 꽃씨다!"

비둘기 알만하고, 구슬처럼 비쳐 보이고, 무지개 빛으로 반짝이는…… 고운 비눗물 방울 하나가, 봄 하늘을 둥실 떠가고 있었습니다.

하늘과, 태양과, 들판과, 꽃씨들의 얼굴까지 모두 비쳐져 있는 예쁜 비눗물 방울이었습니다.

5. 실험적 기법에 의한 물활론적 환상-최효섭

아동문학사적으로 볼 때, 1960년대는 동화 문학이 본격 문학125)
으로 발돋움하던 때이다. 최효섭126)은 바로 이 시기에 등단하여 전
대의 작가들이 추구한 다양한 문학적 특성127)을 계승하면서, 특히
아동 시점에서 설화와 명작동화 인물을 환상의 세계로 끌어들이는 기
법을 동화에 접목시켰다.

최효섭 동화의 창작원리는 시공간을 초월한 과거와 현재의 통로를
구축한 실험성과 물활론적 사고를 기조로 한다. 등장 인물이 과거의
공간과 현실의 공간을 넘나드는 독특한 이야기 구조는 상상의 폭을

---

125) 이재철, 『한국현대아동문학사』, 일지사, 1978, 522~523쪽.
126) 1932년 황해도 해주에서 출생하여 해방 후 서울에서 생활하였으며,
    1963년 한국일보에 동화 〈철이와 호랑이〉가 당선되어 문단에 나왔다. 이
    후 비록 10년이라는 짧은 기간 동안 작품 활동을 하였지만, 활발한 작품
    활동과 주목되는 작품 창작으로 동화 문학이 본격 문학으로 발돋움하는데
    큰 역할을 하였다. 주요 작품집으로는 시(時)와 월(月)의 관계를 계절적
    배경으로 결합시킨 『시계탑의 열두 형제』, 한 아동을 통해 팬터지의 세계
    에서 선과 악의 대비를 꿈과 모험심으로 확대시킨 『일곱 개의 얼굴』, 명작
    동화의 가공적 주인공을 현실 세계로 끌어들여 상상의 세계를 전개시킨
    『열두 개의 나무 인형』, 시공을 초월하여 과거 세계로의 탐험을 그린 『거
    꾸로 돌아가는 시계』, 『최효섭 동화 선집』 등이 있다.
127) 50년대에 산문문학의 본격화를 출현시키는 데 영향을 미친 마해송의 사
    회성 부여와 우의와 풍자적인 동화 세계의 확대, 李元壽의 현실 참여와 역
    사성의 강화, 강소천의 예술적 환상 세계의 확장, 이주홍의 전래동화의 재
    화와 해학성, 김요섭의 동화적 환상의 구축 등.

증대시켜 준다. 이 논문에서는 이러한 실험적 서사 기법이 그의 동화에서는 어떻게 형상화되고 있으며, 주제를 부각시키는 데 어떠한 기능을 담당하는지를 분석하도록 할 것이다. 이를 위해 형식적 측면에서는 현재와 과거의 통로가 되는 가상적 공간에 주목하며, 내용적인 측면에서는 물활론적 사고를 바탕으로 한 인간애 희구와 평화에 대하여 분석하고자 한다. 주요 대상 작품으로는 〈철이와 호랑이〉, 기린과 순경아저씨〉, 〈시계탑의 열두 형제〉, 〈거꾸로 도는 시계〉, 『열두 개의 나무인형』 등이다.

1) 인간애 희구와 평화

최효섭 동화에 나타난 환상의 배경을 살펴보면 〈철이와 호랑이〉, 〈기린과 순경아저씨〉의 경우, 동심적 현실이라 할 수 있는 그림 속이다. 이야기 서술의 배경은 방안에서 밖으로 다시 방안으로 구성되며, 〈기린과 순경아저씨〉의 경우엔 방안에서 가까운 학교로 이동하고 있다.

(1) 마지막으로 꼬리를 길쭉하게 늘어뜨리고 연필을 떼었습니다. 철이는 눈을 가늘게 뜨고 제가 그린 호랑이를 들여다보았습니다. 고개를 이리 갸웃 저리 갸웃하며 자세히 살펴봅니다. 지금까지 그린 그림 중에서 제일 잘 되었습니다.

"흐흠! 호랑이 자식, 잘 생겼다 저렇게 입이 크니까 쌈도 잘할 거야!"

철이는 혼자 중얼거리면서 히죽 웃었습니다. 그랬더니 호랑이도 철이를 따라 히죽 웃었습니다.

"여 호랑이 자식이 날 보구 웃는 게 아냐?"

철이는 눈을 비비고 다시 한번 호랑이를 쏘아보았습니다. 불쑥한 호랑이의 두 발이 살금살금 움직이더니 또 한 번 히죽 웃었습니다.

"이, 이 자식아, 뭐 땜에 웃는 거야?"

골목대장인 철이도 겁에 질려 고함을 쳤습니다

"에 헤헤 무서워할 것 없어. 난 배만 부르면 남을 해치지 않으니까."

호랑이는 앞발을 쭉 뻗고 기지개를 한바탕 켰습니다. -중략- 이렇게 말하고는 성큼성큼 도화지에서 걸어나와 사방을 두리번거렸습

니다.128)

(2) 경은 도화지에 열심히 그림을 그리고 있었습니다. -중략- 먼저 기린의 머리를 그리기 시작했습니다. 그리고 나니까 그것만으로 도화지에 가득 찼습니다. 경은 화첩에 있는 도화지를 다 이어서 기린의 긴 목과 몸 그리고 다리를 그렸습니다. 기린의 몸은 노란 바탕에 검은 점들뿐입니다. -중략- 바로 이때입니다. 도화지 속의 기린의 눈알이 두리번거리고 굴렀습니다. 그리고 입이 움직이더니 말을 시작했습니다.

"경아, 학교에 가는 길을 가르쳐 줘 내가 교통 정리를 할 테니까."

정말 놀랐습니다. 기린이 사람의 말을 한다는 것 더군다나 아프리카의 기린이 한국말을 한다는 것은 시기한 일이었습니다. 기린은 목이 큰 것뿐이지 무척 아름답고 그 얼굴은 아주 순하고 귀엽기 때문에 경도 동무가 될 수 있었습니다.129)

위의 인용문은 환상의 구현에 있어 사실성을 획득하는 과정을 형상화한 부분이다. (1)과 (2)는 작품 구조면에서 환상 통로가 똑같이 그림에 의해서이다. (1)은 만화책에 나오는 호랑이를, (2)는 동물원에서 보았던 기린을 그림 속에 그려놓음으로써 현실 세계에서 환상 세계로 들어가게 된다. 이와 같은 환상으로의 진입은 아동이 지닌 物活論的 사고에 의해 그림 속 동물을 인격화함으로써 가능해진다. 物活論的 특성은 J. 피아제가 제시한 직관기에 나타나는 자기 중심적 사고에서 비롯되는 것으로, 무생물에게도 사람과 똑같은 감정과 의식이 있다고 믿고 있는 것이다. 자기 중심적 사고의 또 다른 특징은 실재론인데, 이는 꿈이 실제로 침대나 베개 속에 존재한다고 보며, 따

---

128) 앞의 책, 7~8쪽.
129) 앞의 책, 573~576쪽.

라서 현실과 환상을 명확하게 구분하지 못한다. 그러나 아동이 점차
성장하면서 자기 중심적 사고는 상상 놀이를 통해 조금씩 그 차이를
구별해 나간다.

철이와 경의 물활론적 사고가 그림 속 동물과 교감을 가지면서 환
상 세계는 구축된다. "내가 동화를 구상하는 순서는 테마를 생각한
뒤에 주인공 마음속으로 들어가 마음껏 자유롭게 환상을 여행하는
것"130)이라고 한 작가의 말처럼 화자는 철이와 경의 의식이라 할 수
있는 동심적 공간으로 들어가 환상 세계에 생명을 부여한다. 신화적
환상에 의해 창조된 이 세계에서 철이와 동식물과의 교감은 쉽게 이
루어질 수 있다. 화자는 바로 이러한 아동 심리와 발달 특성을 성찰
하여 환상을 창조하는 방법을 취하고 있다. 이와 같은 동심적 특성에
의해 발현되는 작품 경향은 〈철이와 호랑이〉, 〈기린과 순경아저씨〉
이외 〈비스키트 왕국과 초콜리트 왕국〉, 〈느티나무 아저씨〉, 〈벌거숭
이 만세〉, 〈아버지와 고릴라〉 작품, 『열두 개의 나무 인형』과 같은
작품집 등에서도 나타나는 현상이다.

---

130) 최효섭, 『최효섭 동화선집』, 성서교재 간행사, 1984, 3쪽.

2) 과거와 현재의 통로로서의 물활론

20세기를 지배하게 된 과학적 사고는 동화에서도 매직(magic)만을 사용하기보다는 사실적인 성격을 요구하게 되었는데, 최효섭 동화에서 환상은 구체적 상황 설정으로 사실성을 획득하는데 성공하고 있다. 예컨대 이 작품에서 환상 세계로 진입을 보면 갑자기 우연히 이루어지는 것이 아니라, 동심적 세계 질서를 바탕으로 이루어진다.

철이가 호랑이를 인격화하여 느끼는 과정을 보면, 그림을 자세히 바라보다가, 다시 눈을 비비고 바라보고 하는 점층적인 방법으로 아이의 심리적 변화를 따라 자연스럽게 도입되고 있다. 이러한 시도는 작품에서 임의적으로 마련된 환상 세계가 현실 세계 질서에 단단히 발을 붙이도록 하려는 창작 태도[131]에서 기인한다. 환상 세계의 현실일수록 그 세계 속으로 독자를 끌어들이기 위해서는 내적 개연성에 보다 확고한 뿌리를 내리고 있을 필요가 있다. 동화는 생활의 보편성에 근거해야 하며, 실제와 가깝게 연결되도록 하기 위해서는 등장 인물에 대한 구체적인 묘사 역시 사건과 사건 사이에서 필연성으로 구현되어야 한다. 이런 측면에서 볼 때, (2)의 상황 묘사는 (1)보다 상당한 설득력으로 사실성을 부여한다

도화지에 그린 작은 기린이 도화지 밖에서 커다란 모습을 보인다

---

131) 그는 〈나 자신의 이야기〉에서 동화를 구상하는 방법에 대하여, 테마를 생각한 뒤 주인공의 마음속에 들어가 환상의 세계를 마음껏 여행하는 것이라고 하면서, 그러나 그와 같은 환상의 세계가 허황한 것이 되지 않게 하기 위해서는 단단하고 날카롭게 현실에 발을 붙이도록 하겠다고 밝힌 바 있다.

면 독자는 도식성을 느끼기 쉽다. 〈기린과 순경아저씨〉의 경우, 작가
는 그런 작위성을 최소화하기 위한 방법으로 인물이 처한 정황을 세
밀하게 묘사하고 있다.

경은 기린 머리를 그리고 나자, 그것만으로 도화지가 가득 차 화첩
에 있는 도화지를 다시 이어 기린 몸과 다리를 그린다. 이와 같은 인
물행위에 대한 반복적 서술은 현실과 연계성으로 환상에 사실성을 부
여하게 된다.

철이가 웃자 철이를 따라 웃는 그림 속 호랑이는 의인화에 의해 비
로소 생명력을 가진다. 철이는 이미 호랑이가 자기처럼 똑같이 행동
할 수 있다고 믿고 있기 때문에 그림 세계에서 행동은 실제 살아 있
는 것처럼 행동할 수 있다. 아동이 상상적인 놀이를 통해 세계에 대
한 인식을 넓혀가는 것처럼, 주인공은 자기가 그린 그림 속 호랑이와
교감을 통해 현실 세계에 대한 인식 폭을 넓혀나가고 있는 것이다

> 갑자기 등뒤에서 형의 웃음소리가 들렸습니다.
> -중략-
> 모르면 가만히 있어. 이 호랑이는 나쁜 짓을 하려니까 이빨을 떼
> 어 버리는 거야. 이빨만 있으면 제일인 줄 알아?[132]

약한 토끼들을 잡아먹으려는 호랑이 행동을 저지하고, 이빨을 빼
앗아 버리는 철이 행동은 전래동화에 나타나는 약자우호 법칙에 근거
한 보편성으로 독자에게 긍정적으로 다가온다. 자기가 제일 힘이 세
고 무서운 동물이라고 교만해진 호랑이에게 만화책 속 사자와 호랑이
를 보여주는 것이라든지, 호랑이를 시켜 씨름에서 이긴 차돌이를 골
려 주면서도, 호랑이가 차돌이를 물려고 하자, 얼른 이빨과 발톱을

---

132) 앞의 책, 19쪽.

지우개로 지워 버리는 행동은 환상 세계 인물을 통해 현실 세계의 가치를 터득하는 부분이다. 동화 문학의 기능이 미적 추구를 통한 바람직한 인간성 획득에 있음을 상기할 때, 자기로부터 다른 사람을 포용하고 배려하는 철이의 심적 변화는 독자에게 설득력을 준다.

(1) 철이는 가슴을 쭉 펴고 형을 한번 쳐다본 다음 먼저 마당으로 뛰어나갔습니다. 그리고 허리를 비스듬히 굽히고 주먹을 불끈 쥐어 형이 달려들기만을 기다렸습니다.133)

(2) 내일 또 교통 정리를 하려면 푹 쉬어야 할거야." 하며 경은 방실 웃었습니다. 기린도 한 눈을 지긋이 감고 싱긋 웃는 것 같았습니다.134)

위의 (1)과 (2)는 〈철이와 호랑이〉, 〈기린과 순경아저씨〉의 결말에 해당하는 부분이다. 이차적 공간이라 할 수 있는 그림 속 세계에 머물렀던 주인공의 의식은 공간이 방안으로 이동하면서 현실 세계로 귀환된다.

(1)은 형이 씨름을 가르쳐 주기 위해 철이를 부르자, 밖으로 뛰어나가는 장면이고, (2)는 기린이 다시 그림 속으로 들어가 있는 장면에 해당한다. 이와 같이 현실의 공간과 동심적 현실을 뚜렷하게 구분하여, 주인공 의식을 갑자기 현실 세계로 전환하는 것은 꿈에서 깨어나는 것처럼 허무감을 안겨주는 단점이 있다.

장편 동화『열두 개의 나무인형』은 환상 구조면에서 주목되는 작품이다. 이 작품은 열두 개의 작품들이 동일한 형식으로 구성되어 연작 동화 형태를 취하고 있다. 명작동화 주인공을 실제 텍스트 공간으로 끌어들여 이야기를 구성하는 점이 독특하다. 이야기 안에는 시간

---

133) 앞의 책. 20쪽
134) 앞의 책. 578쪽.

적 질서가 드물어 각 장마다 순서에 관계없이 따로따로 읽힐 수 있으며, 화가에 의해 만들어진 가공적 인물이 숙이의 애니미즘과 결탁하여 전개되는 환상 세계는 풍부한 상상력으로 독자에게 흥미를 유발한다.

숙이는 여름방학을 맞아 가족과 함께 송정리 해수욕장에 있는 별장으로 피서를 간다. 숙이네 별장은 더벅머리 화가 아저씨가 지키고 있는데, 숙이는 그림을 그리는 화가 아저씨를 좋아한다. 화가 아저씨는 숙이에게 열두 개 나무인형을 깎아 선물로 주었다. 그 나무인형은 세계명작동화에 나오는 주인공들이다. 즉 이차적 현실에 존재하는 인물이라 할 수 있다. 숙이는 현실에서 문제가 생길 때마다 다락을 열고 인형을 하나씩 만나 현실의 시간과 공간을 뛰어 넘어 환상 세계로 들어간다. 이때 현실의 숙이가 명작동화 인물이 사는 공간으로 그대로 유입되면서 이야기 내용은 부분적으로 재구성된다. 물론 전에 이러한 방식이 시도된 적이 있지만, 기존에 시도되었던 설화·전래동화 재화가 설화+창작 덧붙이기, 창작 덧붙이기+설화+창작 덧붙이기 유형에서 크게 벗어나지 못한데 비해, 최효섭 동화는 설화에서 등장인물이나 소재를 취하고 있지만, 내용이 완전히 재구성된다는 점에서 다른 작품과 변별력을 가진다.

그러나 이러한 새로운 기법의 시도에도 불구하고 이 동화는 구성면에서 한계성을 노출시키고 있다. 작품에서 다루고 있는 제재들은 서구 동화에 편중되어 있고[135] 그것을 우리 현실 상황과 결부시킴으로써 정서적인 인식의 차이와 한계성이 노출되고 있다. 이 작품을 제대로 이해하기 위해서는 먼저 이 작품에서 제재가 되고 있는 열두 개 작품 내용을 이해하고 있어야 하며, 자칫 본래 작품이 가지고 있는

---

135) 이재철, 「최효섭 선생의 문학 세계」, 앞의 책, 594~595쪽.
　　최지훈, 『한국현대 아동문학론』, 아동문예, 1991, 179쪽.

주제를 왜곡시킬 우를 범할 수도 있다.

이 작품에서 환상으로 들어가는 과정을 보면, 〈철이와 호랑이〉의 경우, 주인공이 현실에서 의식의 흐름이라는 장치를 통해 바로 환상 세계로 들어가는 반면, 이 작품은 다락이라는 가공적 공간에서 숙이와 인형이 만나 다시 명작동화의 인물이 사는 환상 세계로 들어간다. 이와 같은 특이한 구조 때문에 작품 부분 부분에서 이야기가 서술되는 시점이 이중적으로 전개되기도 한다. 숙이 입장에서 보면 다락에서 인형을 꺼내는 것은 환상 세계로의 이입이 아니라, 환상을 현실로 끌어오기이며 인형의 입장에서 보면 다락 밖, 다시 말해서 숙이가 몸 담고 있는 현실로 '들어오기'라고 할 수 있다. 이때 인형에게 인간이 생활하는 현실은 역으로 환상 세계가 될 수 있다.

(1) '아빠, 미안해요. 원숭이가 아프기 때문에 약을 가지고 갑니다.' 하는 짧은 편지를 써 놓고 숙이는 레미를 따라 밖으로 나갔습니다.136)

(2) 다락문을 열고 오리를 꺼내 품에 안았습니다. 그리고 오리의 몸에 얼굴을 부비며 가만히 속삭였습니다.
"누렁아, 외롭지?"
-중략-
누렁이는 고개를 끄덕였습니다.137)

위의 인용문은 현실 세계에서 팬터지 세계를 전개시키는 과정이다. (1)은 현실의 숙이가 레미가 사는 환상 세계로 이입되는 과정이며, (2)는 전적으로 숙이가 환상 세계의 누렁이를 현실로 끌어들이는 부분이다. (1)의 경우, 숙이가 다락에서 인형을 꺼낸 것은 인형의 관점

---

136) 앞의 책, 136쪽.
137) 최효섭, 〈누렁이의 꿈〉, 앞의 책, 153쪽.

에서는 가공적 현실 밖으로 나온 것으로 해석할 수도 있다. 행위자인 숙이가 오히려 비행위자인 레미에게 이끌려가고 있는 것처럼 보이기도 한다. 이렇듯 이 작품은 시공간적 배경을 숙이의 입장과 인형의 입장에서 복선적으로 교차시킴으로써 다양한 상상의 지경을 넓힌다

그러나 다락이라는 또 다른 공간에서 인형을 매개로 환상 세계로 들어가는 방법은 그것이 현실감을 주기 위한 것이라 할지라도, 현실에서 환상 세계로 들어가는 동기가 설득력을 갖지 못한다. '우연히 다락에 있는 인형이 생각나서', 또는 '아버지, 어머니의 대화에서 우울함을 느끼거나', '숙이 자신이 심심한 것'에서 비롯되는 등 작품 곳곳에서 현실성을 유지하려는 의도를 과다하게 노출시키고 있다. 그러다 보니 자연 현실 세계와 환상 세계가 필연적인 연관성을 갖지 못하고 유리된다.

<표1>

작품	환상 세계 이입 동기(인형을 찾는 이유)
1. TV와 집없는 아이	엄마가 강요하는 텔레비전 프로가 보기 싫어서
2. 누렁이의 꿈	부모의 입씨름 끝에 무심코 내뱉은 오리라는 단어
3. 괴상한 행렬	마음이 우울하여
4. 가죽 채찍	마음이 우울하여
5. 벌거숭이 소년	심심해서
6. 고요한 밤	구호금을 내지 않는 아버지의 구두쇠 행동
7. 요술 나팔	어른들의 이야기가 재미없어서
8. 새로운 음악	우울한 마음에
9. 악어와 트랜지스터	인형이 보고 싶어서
10. 마지막 소원	아버지 어머니의 입씨름
11. 임금님의 시험문제	고양이 나비가 쥐를 잡아먹었다는 이야기를 듣고
12. 작은 천국	잠수함 노티러스호의 이야기를 듣다 네모 선장을 생각함

〈표2〉

작품명	명작 이름	나무인형의 이름
1. TV와 집없는 아이	집없는 아이	레미
2. 누렁이의 꿈	미운 오리 새끼	누렁이
3. 괴상한 행렬	황금거위	심푸리톤
4. 가죽 채찍	톰아저씨의 오두막	톰
5. 벌거숭이 소년	정글북	모우그리
6. 고요한 밤	크리스마스 캐럴	스크루지
7. 요술 나팔	바보 이반	이반
8. 새로운 음악	왕자와 거지	에드워드 왕자
9. 악어와 트랜지스터	피터 팬	피터팬
10.마지막 소원	알라딘의 요술램프	알라딘
11.임금님의 시험문제	콩쥐팥쥐	콩쥐
12.작은 천국	해저 2만리	네모 선장

위에 제시한 표 1, 2를 참고로 〈텔레비전과 집 없는 아이〉에 나타
난 현실 세계와 환상 세계 현실 상황을 구체적으로 살펴보면 다음과
같다.

(1) 현실 세계
  "한동일이의 피아노 독주 중계방송이야. 너도 부지런히 피
  아노를 쳐서 한동일이처럼 세계적인 피아니스트가 돼야지."
  하며 어머니는 혼자 신이 났습니다.
  -중략-
    피아노가 시작되었습니다. 그렇지만 숙이의 마음은 다락
  속에 있는 인형들에게 달려가고 있었습니다. 숙이는 텔레비
  전보다 엄마의 눈치만을 살피고 있었습니다. 엄마도 음악
  대학을 나오셨습니다. 그래서 그런지 피아노 감상에 정신이
  다 팔린 것 같았습니다.138)

(2) 환상 세계

---

138) 앞의 책, 133쪽.

집 없는 아이 레미를 통해 물질적 가치와 비인간적인 방법으로 텔레비전 문화를 이끌어 가는 사회의 단면을 비판하고 있다. 텔레비전의 위력에 밀려 거리의 악사 비탈리스 할아버지 가족은 가난한 생활을 영위할 수밖에 없고, 사람들로부터 소외당한다. 그러나 비탈리스 할아버지는 이러한 표면적인 것들을 사랑으로 극복해 간다.

위 인용문은 환상과 현실에서의 하나의 사건이 인과성을 지니지 못하고 있는 부분이다. 여기서 살펴볼 수 있듯 작품 서두에 해당되는 현실 세계에서 환상 세계로의 이동 경로가 필연성을 가지지 못하고 있다. 현실 세계에서 어머니는 피아노 독주 중계방송을 감상하며 숙이에게 와서 보도록 권하고 있다. 음악대학을 나온 어머니가 유명한 피아노 중계방송을 본다는 것은 맹목적으로 TV 프로를 감상하는 사람에 비해 당연한 관심거리일 수도 있다. 어머니가 숙이에게 음악 중계방송을 보도록 권하는 것은 딸의 장래를 생각하는 마음에서이다. 여기서 숙이가 피아노를 좋아하는지 싫어하는지는 명확하게 나타나 있지 않다. 다만 숙이 마음이 텔레비전보다 다락 속에 있는 인형들에게로 달려가고 있다는 것으로, 현재 숙이의 마음 상태를 짐작할 수 있을 뿐이다. 이와 같이 개연성을 가지지 못하는 정황들이 환상 세계의 레미가 체험하는 텔레비전 문화에 대한 비판과 잘 부합이 되지 못하고 있음이 발견된다.

"너희들은 나의 영원한 친구들이야. 너희들하고 얘기를 하고 있으면 시간 가는 줄도 모르게 즐거운걸."
　-중략-
　어머니가 방으로 들어왔습니다. 숙이는 얼른 다락문을 닫았습니다.

"말소리가 들렸는데 너 혼자 얘기했니?"

"아니, 친구들하고……"

"친구? 네 친구가 어디 있어?"

"엄마 눈에는 보이지 않아."

"별 소리를 다 듣겠다. 어서 숙제나 해라."

하고, 싱거운 듯이 말하며 어머니는 방을 나갔습니다. 숙이는 다락 문 틈에 입을 대고 가만히 말했습니다.

"모두들 잘 자, 내일 또 만나자."139)

작품 결말에 해당되는 부분이다. 열두 개 이야기는 숙이가 다락문을 열고 인형을 바라보며 가졌던 의식의 흐름, 즉 심리적인 자유로운 상상력이 주는 가공적 공간에서 비롯되었다는 것을 알 수 있다. 이처럼 이 작품은 새로운 기법의 시도라는 독창성에도 불구하고, 열두 개의 개별 작품이 지닌 구성이 다양하지 못하고 단순하며, 환상 세계로 들어가는 통로와 방법을 시종일관 무리하게 다락으로 설정함으로써 단편에서 확보했던 환상 세계에서의 사실성을 충분히 획득하지 못했다.

『열두 개의 나무인형』의 팬터지 구조와 비슷한 작품으로 〈거꾸로 도는 시계〉가 있다. 이 작품 구조가 『열두 개의 나무인형』과 다른 점이 있다면, 전래동화 줄거리 삽입이라고 할 수 있다. 이 작품은 1. 바가지 은행(제비와 박씨) 2. 다리 밑에 일하는 사람(심청전) 3. 혹이 달린 아저씨(혹부리 영감) 4. 구렁이와 종소리(은혜 갚은 꿩) 5. 괴물의 산(세 개의 병) 6. 꽃을 가꾸는 마음(금도끼와 은도끼) 등 모두 여섯 개의 전래동화가 작품의 모태가 되고 있다.

철이는 매일 밤 할머니에게 전래동화를 듣는다. 매번 듣는 동화가

---

139) 앞의 책, 358쪽.

재미있어 철이는 할머니를 졸라 그 내용을 다시 듣는다. 그러나 철이
는 할머니에게서 이야기를 듣고 난 후 오랫동안 이야기 내용을 생각
한다. 철이는 옛날 이야기 세계로 들어가 보고 싶다는 생각을 하다가
시계 숫자를 반대로 붙여 놓는다. 현실 세계의 철이가 팬터지 공간이
라고 할 수 있는 전래동화 속으로 들어가 이야기를 이끌어 가고 있
다. 심청전을 재구성한 〈다리 밑에 사는 사람〉을 살펴보면 다음과 같
다.

> 철이는 심청이와 장님 아버지의 이야기를 참 재미있다고 생각합
> 니다. 단지 약간의 다른 의견이 있을 뿐입니다.
> (아무래도 심청이를 한번 만나 봐야겠어.)
> 하고 생각하며 철이는 책상 서랍을 열었습니다. 그리고 지난번에
> 기둥 시계에 붙였던 숫자 쪽지를 꺼냈습니다. 책상에 올라가 시계
> 의 창을 열고 쪽지를 붙였습니다. 12, 11, 10 ···· 이렇게 거꾸로
> 붙여 나갑니다. 그렇게 하면 시계 바늘이 도는 데 따라 시간은 거
> 꾸로 흐르고 철이는 옛적 세계로 되돌아갈 수가 있을 것입니다.
> 쪽지를 다 붙이고 나서 철이는 만족한 듯이 빙긋 웃었습니다. 그
> 리고 거꾸로 돌아가는 시간을 따라 옛적 이야기의 세계로 스며들어
> 갔습니다.140)

시계탑 바늘을 거꾸로 놓아 환상 세계로 들어가는 부분이다. 이러
한 서술 구조 방법은 〈시계탑의 열두 형제〉와 유사한 것으로, 현실적
시공간을 초월하여 내용이 새롭게 구성된다는 점이 특징이다.

> "심청이의 집을 찾는 것은 아주 쉬웠습니다. 그 마을에서도 제일
> 가난한 오막살이였으니까요. 심청이는 툇마루에 앉아 멍하니 하늘

---

140) 앞의 책, 438쪽.

을 쳐다보고 있었습니다. 보름달처럼 예쁜 얼굴이었지만 근심의 빛
이 가득 서려 있었습니다.

"세 밤만 자면 떠나야 해."

—중략—

"바보 같은 소리 마, 기도를 드린다고 눈이 떠지니? 3백 석이 아
니라 3천 석을 바쳐도 장님이 눈을 뜨지는 못할 거야."

"그런 소리 마. 부처님이 들으시면 어떡할려고?"

심청이는 얼굴이 하얗게 질려서 하늘을 우러러보며 두 손을 모았
습니다.141)

인용문은 현재의 인물이 과거의 가상 공간으로 유입되는 과정을
살필 수 있는 부분이다. 이 작품에서 환상은 심청이가 내던지는 말에
철이가 자기 의견을 말하면서 시작된다. 화자는 시공이 초월된 가상
적 공간에 현실의 철이를 마치 전부터 심청이 옆에 있었던 인물로 착
각이 들만큼 자연스럽게 데려다 놓았다. 철이가 심청이를 만나러 간
날은 심청이가 뱃사람에게 팔려가기 3일 전이다. 철이는 근심하고
있는 심청이에게 무모한 기도보다는 안과 병원을 찾아가야 한다고 설
득한다. 철이로부터 신문에 난 안박사에 대해 듣게 된다. 심청이는
안박사에게 자기를 데려다 달라고 부탁한다. 의사는 눈을 수술하기
위해선 눈을 줄 수 있는 사람이 있어야 한다고 말한다. 심청이와 철
이는 눈알을 줄 수 있는 사람을 찾아 나선다. 대학생 아저씨와 여학
생을 만났지만 눈알을 얻지는 못한다. 마침내 철이와 심청이는 다리
밑 판잣집에 사는 장님 식구의 행복한 모습을 보고, 진정한 행복은
보여지는 것이 아니라, 마음에 있음을 깨닫는다.

과거 속 인물 심청이와 현실의 인물 철이와의 만남은 아동에게 시

---

141) 위의 책, 440쪽.

공을 초월한 상상력으로 흥미를 부여한다. 그러나 심청이가 사는 마을에 나타난 대학생이라든지, 여학생, 안과 의사 등 작품 주제를 위해 설정한 제재가 과거 세계와 조화를 이루지 못하고 있다. 그러다 보니 스토리 전개만을 위한 억지가 도출된다. 아무리 환상 세계라고는 하지만 현실 세계와 공존하는 공간 구성이 전체와 유기적인 관계를 맺지 못하면 오히려 작품성을 떨어뜨릴 수 있다.

그러나 이 작품은 전래동화 속 주인공을 바라보며 느꼈던 현대 아동 심리를 반영하여 상상의 폭을 넓힐 수 있게 했다는 점과 현대 인물을 과거 인물이 사는 공간에 접목시킨 서술구조는 환상의 새로운 방향을 제시했다는 점에서 의의를 부여할 수 있다.

이상으로 최효섭 동화의 창작원리인 과거와 현재의 통로를 위한 가상적 공간의 형상화와 물활론적인 사고를 중심으로 살펴보았다. 어린이 발달 특성이기도 한 물활론적 사고가 중심 기제가 되는 〈철이와 호랑이〉, 〈기린과 순경아저씨〉, 〈느티나무 아저씨〉, 〈시계탑의 열두 형제〉 등은 인간애의 희구와 평화 사상을 나타내고 있으며, 『열두 개의 나무인형』은 명작동화의 주인공을 실재 작품 공간으로 끌어들여 창작원리로 삼고 있다. 특히 이 작품은 서술 시점을 이중적으로 전개하는 구조적 특징을 보이며, 현재와 과거를 넘나드는 시공간의 구현으로 흥미를 불러일으킨다. 그러나 전래동화의 주인공을 보고 느꼈던 현대 어린이의 심리를 반영하여 상상의 폭을 넓힐 수 있도록 하였지만, 작품 구성면에서 현실성을 유지하려는 의도가 과다하게 노출되어 오히려 현실 세계와 환상 세계를 유리시키는 결과를 초래하였다.

〈작 품〉

거꾸로 도는 시계
바가지 은행

최 효 섭

"그렇게 해서 형하고 동생은 오래 오래 잘 살았단다."

"아이, 겨우 그 뿐이어요?"

"잘 살았으면 그만이지 뭐가 또 있니? 어서 자거라. 난 건너간다."

"내일 또 박씨의 얘기를 해 주셔요."

"원, 똑같은 얘길 몇 번씩이나 하니?"

하며 할머니는 힘들게 허리를 일으켰습니다. 철이는 할머니를 참 좋아합니다. 재미있는 옛날 얘기를 많이 들려 주시니까요.

동생 영희는 어느새 쌔근쌔근 잠들고 있습니다. 철이는 벌렁 자리에 누웠습니다. 그렇지만 잠은 안 오고 할머니께 들은 이야기가 자꾸 생각났습니다.

(나도 옛날 얘기의 세계에 가 보았으면 얼마나 재미있을까?)

하고 생각했습니다. 그 순간, 철이의 머리에 멋진 생각이 떠올랐습니다. 철이는 벽에 걸린 시계를 쳐다보았습니다. 아버지가 선사받았다는 큰 전기 시계입니다. 철이의 얼굴에 빙그레 웃음이 번졌습니다.

(그렇지, 시계를 거꾸로 돌아가게 하면 옛적 세계로 갈 수 있을 거야.)

그 방법은 아주 간단합니다. 철이는 열두 장의 종이 쪽지에 1에서 12까지의 숫자를 써서 시계판에 반대의 순서로 붙였습니다. 결국 시계 바늘은 12시, 11시, 10시…… 이렇게 거꾸로 돌아가게 되었습니다.

시간을 뒤엎어 놓으니까 아주 기분이 좋아졌습니다. 철이는 다시 벌렁 누워 싱긋 웃었습니다.

똑똑똑똑…… 누가 창문을 두드립니다. 귀여운 제비였습니다.

"철아, 어서 떠날 준비를 해."

"떠나? 어디로?"

하고 철이는 얼떨떨해서 물었습니다.

"제비 나라의 임금님이 너를 데려오라고 하셨어."

"제비 나라? 무슨 일로?"

"바가지 은행을 구경시켜 주려고."

"바가지 은행?"

알 수 없는 얘기입니다. 그렇지만 재미있다고 생각했습니다.

철이는 밖에 나가 보고 깜짝 놀랐습니다. 새털로 짜여진 아름다운 양탄자가 있고 수백 마리의 제비들이 양탄자에 붙은 비단 끈을 물고 있습니다.

"출발 준비, 하나 둘 셋!"

하는 대장 제비의 호령을 따라 철이를 태운 양탄자는 하늘 높이 떠올랐습니다.

제비나라에 도착했습니다. 임금님이 반갑게 맞아 주셨습니다.

"철아, 잘 왔다."

"고맙습니다, 임금님. 그런데 제 이름을 어떻게 아셨어요? 그리고 이런 나라에 오고 싶어하는 것을 어떻게 아셨어요?"

"응, 철이가 시간을 거꾸로 흐르게 했기 때문에 우리가 서로 알게 된 거다."

"그럼 여기가 옛적 세계여요?"

하고 철이는 눈을 반짝이며 물었습니다.

"그렇다. 네가 보고 싶어하던 곳이지."

"아이 좋아, 빨리 구경하고 싶어요."

"너 제비 얘기 들었지? 호박 씨를 물고 간 제비 말이다."

"아, 알아요. 마음 착한 동생과 욕심쟁이 형의…… "

"바로 그거야. 너를 데리고 온 날씬이 제비가 바로 그 얘기의 주인공이란다."

하며 임금님은 철이 곁에 서 있던 제비를 다시 소개했습니다. 날씬이는 눈을 깜박이며 고개를 갸우뚱 숙여 인사했습니다.

"이것 봐."

하며 날씬이는 왼쪽 다리를 가리켰습니다.

"이 다리가 부러졌었는데 그 착한 사람이 고쳐 주었어."

날씬이의 말을 받아 이번에는 임금님이 말씀하셨습니다.

"그래서 오늘은 그 고마운 분에게 선물을 보내려고 하는데 철이가 좀 도와 주어야겠어."

"어떻게 도와 드려요?"

"우선 바가지 은행으로 가서 얘기하지."

하며 임금님이 앞장섰습니다. 조금 가니까 대리석으로 지은 으리으리한 집에 도착했습니다. 현관에 〈바가지 은행〉이라고 씌어 있습니다.

"이것들은 모두 요술 박들이다."

하는 임금님의 말을 듣고 철이는 다시 고개를 끄덕였습니다.

"이 속에서 무엇이든 나오는 거죠?"

"무엇이든 나온다기보다는 우리의 생각대로 속을 채우는 건데…… 날씬이를 도와준 그 착한 사람을 위해서는 어떤 선물을 채워 주면 좋지? 그것을 철이가 생각해 주었으면 좋겠어."

철이는 신이 났습니다.

"임금님, 그것은 간단해요. 선물 받을 사람에게 가서 무엇을 원하는지 알아 보죠. 이쪽 마음대로 하지 말고 민주주의로 해요."

"응, 그게 좋겠군. 그럼 철이에게 맡길 테니까 가서 물어 보고 와."

철이는 다시 새털 양탄자를 탔습니다. 그리고 얼마 뒤에 낮은 언덕 기슭에 있는 작은 마을에 도착했습니다. 날씬이가 안내해 준 집은 그 가난한 마을에서도 제일 작은 오막살이였습니다.

"어서 와요. 이 근처에서는 못 보던 소년 같은데……"

하며 집주인이 반갑게 철이를 맞아 주었습니다. 제비가 말하던 착한 동생입니다. 철이는 그 사람을 보고 무척 놀랐습니다. 철이네 집에 줄곧 오는 우체부 아저씨와 꼭 같았기 때문입니다. 그 우체부 아저씨는 편지뿐만 아니라 온 동네에 웃음을 배달해 주는 어린이들의 친구였습니다.

"너 어디서 왔니? 여행 중인 것 같은데……"

하고 아저씨가 물었습니다.

"아저씨 집을 찾아온 거예요."

"나를?"

"네, 제비 나라 임금님의 특사로 온 거예요."

"허허허…… 재미있는 아이군. 농담을 아주 잘해."

"농담이 아니예요. 지금 막 '바가지 은행'에서 오는 길이어요."

"바가지 은행? 허허허…… 우스운 얘기를 참 잘 하는구나."

"그게 아니라니까요."

"그럼 특사의 말을 들어 볼까?"

철이는 점잖게 큰기침을 한 번 하고 의젓하게 말했습니다.

"임금님이 말씀하시기를, 아저씨가 원하는 것을 무엇이든 주시겠다고 하셨어요."

"내가 바라는 것?"

"네, 무엇이든 말씀하셔요."

"글쎄…… 당장 필요한 것은 비가 내렸으면 좋겠지만……"

"비요?"

"응, 밭에 씨를 뿌릴 텐데 오랫동안 가물어서 말야."

"그렇지만 그건 곤란한데요. 그리고 아주 어리석은 소원이어요."

"어째서?"

"비가 오면 남의 땅에도 내릴 게 아니예요? 더군다나 그 욕심쟁이 형님의 밭에도 내릴 게 아니예요?"

"그야 물론 이 강산 전체에 흠뻑 내려야지. 형님네는 땅이 넓은 만큼 걱정도 더할 거야."

정말 말이 되지 않는 아저씨입니다. 이렇게 좋은 기회에 사납고 욕심 많은 형의 걱정을 해 주고 있으니 말입니다. 어쩌면 착하다는 말과 바보라는 말은 같은 뜻인지도 모른다고 철이는 생각했습니다.

"좋아요. 그럼 다른 소원을 말씀하셔요. 세 가지까지는 들어 드릴 수 있으니까요."

"글쎄, 별로 소원이 없는데……"

하며 어물거립니다. 참 딱한 아저씨입니다.

"아이 답답해. 많지 않아요? 돈이라든가 금이라든가 다이아몬드라든가, 그런 값진 것이 있으면 비 걱정이나 농사 걱정을 하지 않아도 서울에 올라가 잘 먹고 잘 살 수 있지 않아요?"

철이의 말을 듣고 아저씨는 질겁을 하며 두 팔을 휘저었습니다.

"그런 소리 말아. 땅을 떠나면 일을 떠나는 거야. 그리고 일을 떠나는 것은 죽는 거지 뭐니?"

철이는 이 아저씨가 약간 모자라는 바보라고 생각했습니다. 그래서 기운 없이 물었습니다.

"나는 아저씨를 세계 제일의 부자로 만들어 그 심술쟁이 형님의 콧등을 꺾어 주었으면 했었는데…… 그렇지만 할 수 없어요. 아무거나 말씀하셔요. 저는 돌아가겠어요."

"화는 내지 말아라. 네가 정 그렇다면 소원 하나를 말하지 그건 건강이다."

"건강?"

"응, 우리 식구가 모두 앓지 않고 건강하다면 무엇이나 할 수 있을 거야. 어떠니? 멋진 소원이지?"

철이는 그 집에 더 있는 것이 싱거워졌습니다. 그래서 곧 제비나라로 떠났습니다

임금님은 철이의 보고를 듣고 빙그레 웃었습니다. 그리고 고개를 끄덕이며 말씀하셨습니다.

"내가 본 대로 역시 멋진 사람이야. 그 사람은 세상에서 가장 귀한 것이 뭐라는 것을 알고 있거든."

"전 그 사람을 바보라고 생각하는데요."

하고 철이는 입을 뾰죽하게 하고 말했습니다. 임금님은 철이의 말에는 대답하지 않고 혼자 신이 나서 중얼거렸습니다.

"우리 바가지 은행에도 하나밖에 없는 보물을 그 사람이 요구했지마는 줘야지. 암, 그 사람은 이것을 받을 만한 사람이야."

철이는 임금님을 따라 바가지 은행으로 들어갔습니다. 그리고 진열장에서 박씨 몇 알을 꺼냈습니다.

"바로 이거다."

하며 임금님은 그 박씨를 소중하게 봉투에 넣었습니다.

"그걸 심으면 요술 박이 열리는 거죠? 그럼 그 박에서는 무엇이 나오게 되나요?"

"약이 나온다. '몽땅'이라는 비타민이지."

"몽땅?"

"음, 무슨 병이든지 몽땅 낫고, 머리끝에서 발끝까지 몽땅 튼튼해지는 약이란다."

"그렇지만 선물로 약만을 주는 것은 싱거워요. 그 오막살이 집이 무척 낡았던데, 새 집이라도 한 채 지어 주셔요."

"철이의 희망이 그렇다면 나도 좋아."

하며 임금님은 다른 장에서 박씨 몇 알을 집어 봉투 속에 섞어

넣었습니다. 그리고 그것을 날씬이에게 내주었습니다.

철이는 요술 박을 깨는 사람의 놀란 얼굴이 보고 싶어서 다시 날씬이를 따라 언덕 마을로 돌아갔습니다.

"허어, 이거 박씨 아냐?"

"제비가 어디서 박씨를 물어 왔구려."

"울타리 앞에 심지."

날씬이가 떨어뜨린 박씨를 들고 착한 동생의 식구들은 흥겹게 떠들며 마당 한구석으로 몰려가서 그것을 정성스럽게 심었습니다.

그러자, 곧 요술 같은 일이 벌어졌습니다. 심은 그 자리에서 움이 돋고 줄기가 뻗고 잎이 나더니 작은 열매 세 개가 금세 열렸습니다. 그리고 그 열매는 고무 풍선처럼 눈 깜박하는 동안에 부풀어 큰 박이 되었습니다

너무 놀라서 엉덩방아를 찧고 쓰러졌던 아저씨는 한참 만에야 정신을 차리고 엉금엉금 기어서 박들을 만져 보았습니다.

"이상한데…… 세상에 이럴 수가 있나?"

아들이 톱을 가져왔습니다. 그리고 아저씨와 둘이서 첫번째 박을 썰었습니다. 그랬더니 그 속에서 한 줄기의 맑은 물이 분수처럼 하늘로 솟더니 그것이 비가 되어 내렸습니다.

두번째 박을 쪼갰더니 '몽땅'이라고 쓴 약병들이 나왔습니다. 온 식구가 한 알씩 먹었습니다. 아빠의 팔과 가슴에는 쇠붙이 같은 근육이 뭉게뭉게 오르고, 엄마의 얼굴을 덮었던 주근깨들이 말끔히 사라졌습니다.

셋째 박을 쪼개자 굉장한 일이 생겼습니다. 우선 불도저 한 대가 나오더니 뒷동산을 깎고, 많은 목수와 미장이들이 나와 문화 주택을 지었습니다. 전기가 들어오고 수도가 나오고 안방에는 텔레비전까지 놓였습니다

이것을 보고 있는 철이의 마음도 흐뭇해졌습니다.

"날씬아, 참 잘 됐지?"

"응, 이제 나도 은혜를 갚았어."

하며 날씬이 제비도 기뻐합니다. 그러나 그 다음 순간, 눈살을 찌푸려야 할 일이 생겼습니다. 욕심쟁이 형이 소문을 듣고 달려온 것입니다.

"으음… 이게 어떻게 된 거냐? 어서 말해 봐라."

하고 형이 눈을 빨갛게 하고 물었습니다. 착한 동생은 서슴지 않고 대답했습니다.

"다리가 부러진 제비를 도와 주었더니 이상한 박씨를 물어다 주었어요."

"알겠다. 그렇다면 나에게도 방법이 있지."

하고 투덜거리며 형은 돌아갔습니다. 철이의 가슴이 두근거렸습니다. 어쩐지 심술궂은 형이 나쁜 일을 저지를 것 같은 생각이 들었기 때문입니다. 철이는 욕심쟁이 형의 뒤를 밟았습니다. 건너편 마을에서 제일 큰 기와집이 형의 집이었습니다. 자가용 차까지 가지고 있는 부자입니다.

형은 집에 들어서자마자 화가 나서 소리를 질렀습니다.

"제비를 한 놈 잡아오너라!"

머슴들이 사방으로 흩어졌습니다. 말릴 사이도 없었습니다. 잠깐 뒤에 새끼 제비 두 마리가 붙잡혀 왔습니다.

"흐흐흐… 됐어. 이 봐라, 면도칼을 가져오너라!"

하고 무섭게 웃으며 다시 고함칩니다.

철이는 더 참을 수 없어 안으로 달려들어갔습니다.

"잠깐 기다리셔요. 그 제비 새끼를 어떻게 하려는 거예요?"

"넌 누구냐? 못 보던 아이인데……"

"지나가던 사람이에요."

"그럼 썩 나가거라. 참견 말고……"

"그렇지만 제비가 불쌍하지 않아요?"

"시끄러워! 흐흐흐… 난 부자가 되려는 거다."

"지금도 부자 아니에요? 자가용 차가 다 있는데."

"저 눈곱만한 코로나 차가 자동차냐? 적어도 크라운은 있어야 지."

하며 부자 형은 면도칼을 제비의 다리에 댔습니다. 철이가 그 우악스러운 팔에 매달렸습니다.

"그렇게 한다고 부자가 되는 게 아니에요. 제비를 놓아 주셔요."

그렇지만 사나운 형은 철이를 뿌리쳤습니다.

"닥쳐! 꼬마가 뭘 안다고 재잘거리느냐? 돈은 버는 것이 아니라 빼앗는 거야. 팔짱을 끼고 있으면 행복이 와 주질 않아. 행복이란 것은 말이다. 머리를 쓰고 손을 펴서 빼앗는 거다."

하고 부자 형은 입에 거품을 물고 연설을 하더니 사정없이 제비의 다리를 칼질을 했습니다.

"흐흐흐… 이렇게 다리를 절반쯤 잘라 놓고 약을 발라 준단 말야… 이 봐라, 페니실린 고약을 가져와!"

이거야말로 병 주고 약 주는 일입니다. 욕심쟁이 형은 제비의 다리를 붕대로 싸매고 하늘로 날려 보냈습니다.

"제비야 제비야, 박씨를 물고 오렴. 제비야 제비야, 돈을 물고 오렴."

철이는 제비나라로 돌아온 뒤에도 울음이 멈추지를 않아 훌쩍이고 있었습니다.

"어째서 우니?"

하고 임금님이 빙그레 웃으며 말했습니다.

"부자 형은 아주 나쁜 사람이어요."

"그건 나도 알고 있다."

"그럼 왜 혼을 내주지 않아요? 제비의 복수를 해야 돼요."

"복수를 어떻게 우리도 면도칼로 할까?"

"그런 정도로는 안 돼요. 욕심쟁이 형이 박씨를 기다리고 있으니, 무서운 박을 보내도록 해요."

"무서운 박?"

"바가지 은행에 가서 박씨를 고르겠어요."

임금님은 철이를 데리고 바가지 은행으로 갔습니다. 철이는 아직 흥분이 가라앉지 않아 손끝은 떨리고 눈은 빨갛게 타고 있었습니다.

"말해 보렴, 어떤 박을 보낼지……"

"첫째 박에는 폭탄을 넣고, 둘째는 독가스, 셋째 박에는 벼락을 넣어요."

"호오, 모두 죽이는 도구로군."

"그런 악한은 이 세계에서 없어져야 해요."

"흐음, 그런데 유감스럽게도 네가 말하는 세 가지는 모두 이 바가지 은행에는 없는 물건들이야."

하며 제비 임금님은 깊은 한숨을 쉬더니 조용히 다시 말했습니다.

"철아, 화가 났을 때 무엇을 결정하는 것이 아니다. 이번 일은 내가 결정을 하지."

임금님은 진열장에서 박씨 두 종류를 꺼냈습니다. 그리고 아직도 다리에 붕대를 동이고 있는 새끼 제비에게 그것을 내주었습니다.

철이도 새끼 제비의 뒤를 따랐습니다. 임금님이 내주신 박씨가 어떤 것인지 아주 궁금하였기 때문입니다.

이번에는 임금님 자신도 철이와 함께 욕심쟁이 형의 집으로 갔습니다.

시간마다 마당에 나와 하늘을 쳐다보고 있던 부자 형은 새끼 제비가 돌아오는 것을 보고 춤을 출 듯이 기뻐했습니다

"야아, 박씨를 물고 왔구나!"

하고 함성을 울리며 부자 형은 곧 그것을 울타리 곁에 심었습니다.

움이 돋고, 줄기가 뻗고, 잎이 나고, 박이 열렸습니다. 큰 박이

두 개입니다. 너무 좋아서 입이 귀까지 찢어진 부자 형은 미리 준비했던 톱으로 첫번째 박을 썰었습니다.

그 순간, 사이렌 소리가 요란하게 울리더니 박 속에서 소방차들이 달려나오고 소방수들이 뛰어내렸습니다.

소방수들은 호스를 잡고 부자 형의 기와집에 물을 끼얹었습니다 그랬더니 마치 잉크 지우개로 글씨를 지우듯 기와집 한 채가 깜쪽같이 사라지고 말았습니다. 철이의 눈이 휘둥그레졌습니다. 소방수들은 계속해서 이상한 물을 내뿜었습니다.

자가용 차를 첫머리로 그 으리으리한 세간들이 말끔히 지워지고, 넓은 논밭과 캐비넷 속에 있던 돈 뭉치들도 깨끗이 없어졌습니다. 그리고 그 다음에는 아들딸 일곱 식구마저 물을 끼얹어 고스란히 지워 버렸습니다.

부자 형은 처음에는 미친 것처럼 소리를 지르다가 차차 조용해지고 멍하니 사방을 둘러보았습니다.

곁에 섰던 임금님이 철이의 귀에 속삭였습니다

"철아, 사람은 말야, 둘레에 무엇을 가질수록 자기 자신에 대해서는 생각을 덜 하는 거야. 그래서 저 사람을 외톨박이로 만든 거다."

빈손이 된 형은 오랫동안 먼 지평을 바라보고 있었습니다. 그리고 한참 동안 넓은 하늘을 쳐다보고 있었습니다. 그리고 나서 나무 가지에 앉아 있는 새끼 제비를 보고 힘없이 웃었습니다.

"제비야, 미안하다. 빨리 다리의 상처가 나았으면 좋겠구나."

하며 형은 발길을 동생이 사는 언덕 마을 쪽으로 옮겨 놓았습니다.

"동생에게도 사과를 하고 먼 곳으로 떠나야지."

초라한 형의 모습이 멀어졌을 때, 제비 임금님이 철이의 어깨를 두드렸습니다.

"철아, 두번째 박을 네가 쪼개 보렴."

철이는 설레는 가슴으로 톱을 잡았습니다.

박이 두 쪽으로 났을 때 그 속에서는 따뜻한 바람이 불어 나왔습니다. 마치 봄바람이 스며들면서 차가운 땅속에서 풀잎을 끌어내고 검은 가지에서 파란 잎을 만드는 것처럼, 이 바람은 없어졌던 것들을 되찾아 주었습니다. 짙은 안개가 사라지듯 일곱 식구의 힘찬 모습도 집과 재산들도 모두 제 자리에 나타났습니다.

"임금님, 참 잘 됐어요."

"응, 철이도 정말 그렇게 생각하니?"

"네."

하고 철이는 자신 있게 대답했습니다.

형이 다시 돌아와서 놀라고 기뻐하는 얼굴을 보고 싶었지만 시간이 너무 늦었습니다. 내일은 아침반입니다. 빨리 자야 일찍 일어날 수 있습니다.

시계가 열한 번 울렸습니다. 철이가 새로 그려 붙인 숫자판으로는 바늘이 한 시를 가리키고 있는데, 시계 속의 종은 참 멍청이 입니다.

-〈바가지 은행〉의 씨가 된 전래동화의 이야기-

제비와 박씨

옛날에 형제가 살았다. 동생은 가난하지만 무척 착하고, 형은 부자였으나, 욕심과 심술로 뭉쳐져 있었다.

어느 날, 동생은 뱀에게 쫓겨 둥지에서 떨어진 제비를 돌보아 준다. 이듬해 제비는 박씨를 물어다 주었다. 여기에서 생긴 이상한 박 때문에 착한 동생은 큰 부자가 되었다.

질투심에 불타는 형은 그 비결을 알아내고, 제비를 잡아 일부러 다리를 부러뜨린다. 이듬해 이 제비도 박씨를 물고 왔다. 그러나 여기에는 도깨비들과 홍수가 나와 실컷 매를 맞고 알거지가 된다.

그렇지만 착한 동생은 형의 식구들을 기꺼이 맞아들여 즐겁게 살았다.

6. 동심적 상상력에 의한 환상-권용철

플라톤은 자기가 생각하는 미래 이상국가 국민들에게 문학을 배우게 하는데 있어, 단순한 사실만을 주입시키는 합리적인 가르침보다는 신화를 얘기해 주는 것부터 시작해야한다고 제안하였다. 이는 진실한 인간성을 만들기 위해서는 어떤 경험이 필요한지를 플라톤이 알고 있었던 것으로 해석할 수 있는데, 동화에서 환상의 경험 또한 아동에게 이 세계의 진실을 터득하게 하는 중요한 기능을 담당한다.

인류는 그 옛날 낙원이나 황금시대를 소유하고 있었지만 그것을 상실하였다. 인간의 원형적인 마음속에는 고대 의식에 나타난 죽음과 재생, 낙원에 대한 향수, 그것을 회복하려는 소망이 잠재되어 있다. 권용철142)은 바로 이러한 소망들을 동화의 동심적 세계에서 실현시킬 수 있다고 보고, 초월적인 세계에 대한 꿈을 동심의 정서와 자연물의 상징적 이미지 방법으로 형상화하였다. 인간은 낙원으로 상징되

---

142) 그는 1943년 안동에서 태어나 1965년 경향신문 신춘문예에 〈들국화〉가
   당선되어 문단에 등단했으며, 주요 작품집으로는 『들장미 언덕』, 『하늘이
   보내준 여행』, 『영혼이 부는 트럼펫』, 『하얀 물새의 꿈』 등이 있다. 권용철
   은 인간 삶에 대하여 근본적인 문제의식을 갖고 있었는데, 그것은 유한된
   삶 속에서 죄를 짓는 인간에 대한 안타까움이며 구원 의식이라고 할 수 있
   다. 즉, 그는 그와 비슷한 동화 세계를 보여주는 정진채와 마찬가지로 인간
   성 회복을 위한 구도의 자세로 동화를 썼으며, 아동을 어른들의 원형적인
   모태로 인식하고 인간 삶의 근원적인 문제에 접근하고 있다. 따라서 그에
   게 있어서 아동은 곧 동심을 상징하며, 동심은 곧 진실에 접근하는 길임을
   의미한다.

는 어머니 뱃속, 즉 양수의 공간을 이 세상에 태어남과 동시에 상실
하였다.143) 이 상실된 낙원으로 회귀성, 영원한 세계를 지향하려는
꿈은 작품에 일관되게 흐르고 있는 주제이다.

　권용철 문학에 나타난 창작원리는, 동심에 의한 현실 공간과 환상
공간의 일치, 음악·새·꽃, 주술적 언어, 하얀색이 주는 이미지 요
소 등 상징적 매개체를 통해 환상을 구체적으로 형상화하는 방법이
다. 그는 어린이를 어른들의 원형적인 모태로 인식하고 인간 삶의 근
원적인 문제를 환상을 통해 접근한다. 그에게서 어린이는 동심으로
상징되며, 이러한 동심은 인간의 진실을 표방한다. 이 논문에서는 권
용철 동화의 창작원리가 되는 동심이 어떻게 작품 속에서 기능하고
있는지를 초월적 세계관을 기조로 분석한다 그리고 그의 작품 속에
다양하게 구현되고 있는 상징적 매개체가 환상을 어떠한 방식으로 구
체화하고 되는지를 분석하고자 한다. 대상이 된 작품은 〈산호꽃 피는
바다〉, 〈소쩍새〉, 〈학이 된 누나〉, 〈꽃과 병정〉, 〈하얀 물새의 꿈〉 등
이다.

---

143) 신플라톤학파는 태어나기 이전 상태, 즉 現前(pre-existence) 상태를 빛
　　이 충만한 영원한 이상적 세계라고 말하고, 세상에 태어나는 것을 영원으
　　로부터의 추방이라고 보았다. 그러나 위즈워스에게 있어서 속세로 추방되
　　는 것이 곧 죽음을 의미하는 것은 아니다. 아동은 태어날 때 영원으로부터
　　빛무리를 가지고 와서 어른으로 성장하면서 점차 그것을 상실해 간다고 했
　　다.
　　　이태동, 「낭만적 인식과 구원의 세계」, 『한국현대아동문학작가작품론』,
　　집문당, 1997, 768쪽 참조.

1) 유토피아 지향적 환상

〈산호꽃 피는 바다〉는 이상세계를 염원하는 화자의 꿈을 물과 음악, 동화라는 상징적 요소를 통해 동심적 시선으로 구현한 작품이다. 이른 봄날, 주인공 '나'는 혼자 바닷가로 나가 '소라 껍데기'를 바라보며 '옛집'이라는 곡을 하모니카로 연주한다. 그러자 소라 껍데기는 그의 하모니카 소리를 듣고 그에게 동화를 들려달라고 말한다. 이유는 동화를 들으면 추방당한 아름다운 산호의 바다로 되돌아갈 수 있다는 생각에서이다. 여기서 상실된 바다 이미지는 〈학이 된 누나〉의 '물속 하늘'처럼 초월적 세계를 상징한다.

산호 꽃이 곱게 핀 바다 속에서 행복하게 살고 있었어요. 그곳에선 용왕이 사는 붉고 푸른 궁전이 보였어요. 용왕의 공주는 산호 숲으로 나들이를 오면 저희들에게 먼바다 나라의 이야기를 들려 주었어요. 그런 어느 날이었어요. 한 해녀가 나타나더니 저희들을 잡아갔어요. 뭍으로 나온 해녀는 저희들의 얼을 빼고는 껍데기를 이 모래톱에다 갖다 버렸어요 빈 껍데기뿐인 저희들은 그 뒤로 돌아갈 수 없는 고향 바다를 얼마나 그리워했는지 몰라요.144)

위의 인용문은 이상 세계를 지향하는 화자의 의지가 독백적으로 형상화된 부분이다.

물은 모든 생명 있는 것들의 근원인 모태를 상징하는 것으로, 천지

---

144) 권용철, 〈산호꽃 피는 바다〉, 『하얀 물새의 꿈』, 고려원미디어, 1992, 12쪽.

창조 사상과 출생, 부활145)과 연결되어 있으며, 정신분석학자는 물
을 여성의 상징, 특히 어머니의 상징으로 해석146)하기도 한다. 바닷
가에 버려진 소라가 잃어버린 세계는 아동이 이 세상에 태어나면서
두고 온 낙원 세계, 달리 말하자면 어머니의 자궁 속이다. 낙원으로
상징되는 모태, 이것은 카오스에서 코스모스에로의 전환을 의미한다.
자연물과 동심은 초월적 법칙에 의해 서로 연관성을 가진다는 점에
서, 자연물인 소라와 동심을 가진 주인공이 존재하는 시공간은 동일
하다. 인간은 살아가는 동안 존재론적 전환을 강하게 느낄수록 근원
적 세계에 도달하고자 하는 열망이 그만큼 강하게 표출된다.

바다는 생명 회생 이전인 태초의 시간을 연상시키는 세계로, 거기
에는 어떠한 혼돈과 무질서도 존재하지 않는다. 따라서 작품 서두에
등장하는 바닷가 공간은 체재에 의한 인간성 상실, 배금주의로 상징
되는 카오스적인 요소를 갖고 있다면 이 요소의 해결인 물은 코스모
스로 나가려는 과정을 상징한 것이다. 혼돈과 무질서가 존재하지 않
는 정돈된 상태에서 초월세계로 들어가는 방법을 화자는 자연적 법칙
이 지배하는 동화의 세계(동심적 공간)에 두고 있다. 화자가 생각하
는 초월적 세계는 곧 동화가 살아 있는 세계요, 동심의 세계인 것이
다.

　　나는 다시 곁을 살펴보았습니다. 역시 아무도 눈에 띄지 않았습
니다.
　　"참 잘 부시는군요 아저씨, 한 곡 더 불어 주세요."
　　그 때 앞쪽에서 가는 목소리가 들려 왔습니다
　　나는 입을 조금 벌리고 발치께를 내려다보았습니다.

---

145) 엘리아데, 『우주와 역사』(정진홍 역), 현대사상사, 1976, 95쪽.
146) Geurin, wilfrrd L. et al. 1966, 147쪽, A Handbook of Critical
　　　approaches to Literature, New York.

말을 건 것은 바로 소라 껍데기였습니다.

나는 잘 분다는 말에 기분이 좋아서 다시 하모니카를 불었습니다. '어머니'라는 곡이 끝나자, 소라 껍데기들은 활짝 웃으며 또 손뼉을 쳤습니다.

"아저씬 꼭 어린애 같은 분이셔요."

아기 소라 껍데기가 말했습니다.147)

인용문은 인간과 자연물인 소라가 내면적으로 하나가 되는 부분을 상징화한 부분이다. 여기서 보면 환상은 자연물인 소라와 인간인 철이가 하모니카 소리를 매개로 감정이 이입되는 것으로 출발한다. 성인문학에서도 음악은 심리적인 변화를 일으키는 이미지로 다루어지고 있는데, 철이가 부른 '어머니'라는 곡은 소라가 돌아가고 싶은 초월세계요, 모태로의 회귀를 갈망하는 주인공의 소망이기도 하다. 무생물인 소라와 인간인 철이가 똑같은 세계를 추구하는 것은 정서적으로 교감할 수 있는 공통의 공간을 창출하게 된다. 이 공통의 공간에서는 인간과 자연물과의 내적 교차에 의해 환상의 공간이 입체적으로 구성되어 진다.

철이는 하모니카를 잘 분다는 말에 기분이 좋아 다시 하모니카를 불 만큼 동심적 순수성을 지닌 어른이다. 따라서 소라가 동심을 간직한 철이로 하여금 동화를 써서 상실된 세계를 복원시키길 바라는 것은 설득력을 지닌다.

---

147) 앞의 책, 10쪽.

2) 상징적 매개체를 통한 환상의 구체화

작품이 함축적 의미를 지닌 상징성을 가질 때, 그것은 시적인 분위기로 환상성을 가지는데, 이때 환상과 현실 사이 경계는 뚜렷하지 않으며, 그 구분이 모호하여 신비감을 자아내는 것이 특징이다. 이러한 신비감은 새를 매개로 한 〈소쩍새〉와 〈학이 된 누나〉에서 이미지 투사라는 형식적 기법으로 탁월하게 구현되고 있다.

〈소쩍새〉는 전쟁터에 나가 돌아오지 않는 아들 북이를 기다리는 농촌의 한 늙은 어머니의 그리움을 자연의 소리를 통해 형상화한 동화이다.

전쟁터에 나간 아들은 늙은 어머니 꿈에 투사되어 나타난다. 어머니 꿈에 아들은 늙은 어머니를 놓아두고 먼저 가는 자신을 용서해 달라고 빈다. 어머니는 얄궂은 꿈 생각을 지우려고 노력하지만 그럴수록 꿈은 되살아나 늙은 어머니 마음을 괴롭힌다. 그와 때를 같이하여 들려오는 소쩍새의 구성진 울음소리는 주술적인 힘으로 늙은 어머니를 상상이라는 심리적 환상 세계로 끌고 가는 매개체가 된다.

"소쩍, 소쩍…."
"땔감은 아랫마을 물순이한테 부탁해 놓았습니다. 그리고 노루고개에 있는 산밭엔 수수와 목화를 심으세요. 수수풀대 먹을 때가 되면 저 돌아오게 될 것입니다."
아들은 어머니의 손을 잡고 눈을 자주 슴벅거렸습니다. 하지만 수수풀대를 먹을 때가 훨씬 지나도 아들은 돌아오지 않았습니다. -중략-

'올 가을엔 이 어미 품으로 돌아오겠지.'

늙은 어머니는 혼자 말로 중얼거리며 자리에서 일어나 천장가의 서까래에 매달려 있는 씨수수 묶음 쪽으로 갔습니다. -중략-

"소쩍, 소쩍‥‥‥"

소쩍새는 사뭇 애타게 울어댔습니다.148)

위의 소쩍새 울음소리는 김요섭의 〈바람과 보석〉에 나타나는 바람처럼 환상의 주요 구성요소로서 환상과 현실을 잇는 가교 역할을 담당한다. 전통적으로 새는 영혼을 상징한다. 여기서 새는 아들을 암시한다. 영혼으로 상징되는 새가 한 번씩 울 때마다 비극적 사실은 현실의 어머니 가슴으로 증폭되어 다가온다. 시공간을 초월한 세계가 범신론적인 자연의 이미지를 통해 연결되고 있는 것은 언어가 주는 주술적인 힘 때문이다. 하나의 스토리는 문체·언어·매체에 미묘하게 의존하고 있는데149), 실제의 시간에 의해 진행되는 텍스트의 사건과 수면시의 꿈을 연결하거나, 의성어를 반복적으로 사용하는 언어의 서술은 작품 전체에 신비한 분위기를 자아내어 환상을 느끼게 하는데 일조하고 있다.

소쩍새의 구성진 울음소리를 아들의 죽음으로 인정하지 않으려는 어머니와 저승에 가서도 어머니에게 효도를 다하고자 하는 아들의 영혼. 이 두 개의 정서가 환상의 매개 요소인 소쩍새 울음소리와 어우러져 전쟁의 비극성을 고발하고 있다. 새의 이미지가 환상 요소로 작용하는 작품으로 〈학이 된 누나〉를 꼽을 수 있다. 〈학이 된 누나〉는 고향을 떠났다가 다시 돌아온 누나가 도시의 먼지를 씻어 버리고 자연과 어울리는 생활을 할 때, 비로소 학이 될 수 있다는 사실을 소박

---

148) 권용철, 〈소쩍새〉, 앞의 책, 23~24쪽.
149) S.리몬-케넌, 최상규 역, 『소설의 시학』, 문학과 지성사, 1985, 21쪽.

한 농촌의 풍경과 함께 자연스럽게 부각시키고 있는 작품이다.

작품 전개 방식은 철이가 쑥떡을 먹으며 강가 푸른 소나무 우듬지에 앉아 있는 학을 바라보며 과거 시간을 현재 시간으로 끌어들이는 형식을 취하고 있다. 따라서 시간과 공간이 철이 의식에 따라 변모되어 가는 양상으로 환상과 현실의 경계를 모호하게 만든다. 현실과 환상의 뚜렷한 경계가 없어 마치 현실이 환상 같고 환상이 현실로 도치된 착각을 불러일으킨다. 환상을 현실로 도치시키는 방법은 고도의 창작 기술을 필요로 하는 것으로, 많은 작가의 작품들이 현실성을 확보하지 못하거나 확보한다고 해도 작위성을 노출시키고 있다는 점에서 이러한 방법은 동화 창작이 발전한 모습이라 할 수 있다.

"그러던 것이 기적 소리가 들리면서부터 점점 바뀌어 가기 시작했어. 이젠 큰 소나무도 한 그루밖에 없고, 학도 저 한 쌍밖에 남지 않았어."

엄마는 콧등에 송글송글 맺혀 있는 땀방울을 닦으며 안타까워했습니다.

"철이는 씹고 있던 쑥떡을 삼켰습니다. 지난해 여름 총으로 암학을 쏘아 죽인 사냥꾼이 다시 미워졌습니다.

암학이 죽자, 수학은 며칠 동안이나 아무 것도 먹지 않고 강가의 늙은 소나무 꼭대기에 앉아 먼 하늘만 바라보았습니다. 그러다가는 어디론가 홀연히 사라졌다가 삼 년 후 몹시 여윈 모습으로 다시 나타났습니다. 짝과 같이 지내던 곳이 못내 잊혀지지 않아 돌아온 모양이었습니다.

"호호호········"

"까르르········"

뒤에서 햇살이 여울지는 것 같은 밝은 웃음소리가 들려 왔습니다. 철이는 뒤를 돌아보았습니다. 누나가 도시의 공장에 가 있다가 잠시 다니러 온 마을 누나들과 함께 삽짝으로 나오고 있었습니다.
"150)

　인용문은 과거의 시간을 현실의 상징물을 통해 투영시키는 부분이
다. 철이가 생각하는 의식 흐름 따라 전개되는 시간적 구조는 어머니
의 말(과거 회상)-쑥떡을 삼키는 철이(현재)- 암학을 쏘아 죽인 사냥
꾼(과거 회상)- 웃음소리(현재 상황) 등과 같이 과거 시간이 마치 현
재 상황처럼 묘사되고 있다. 과거 시간을 현실 상황으로 끌고 가는
매개체는 바로 현실의 새이다. 황폐해져 가는 농촌 현실을 한 그루
밖에 남지 않은 소나무와 한 쌍 밖에 남지 않은 학으로 비유하여, 고
향을 떠난 누나를 총 맞은 암학과 연결하여 주제를 암시하고 있다.
이와 같은 암시는 도시로 떠난 사람들이 소나무가 있고, 언제나 맑고
푸른 물이 넘쳐흐르는 고향으로 돌아와 이웃과 어우러져 사는 것이
곧 학이 될 수 있는 길임을 상징적으로 나타낸다. 학은 신성한 것으
로 초월적 세계(이상적인 세계)를 상징한다는 점에서 이 작품에서 누
나가 그네를 뛰면서 말하는 '산너머 바다'와 '하늘나라'는 곧 학이 날
아다니는 이상 세계(초월세계)와 연관시켜 해석할 수 있다.

　그때 그네를 뛰는 누나의 모습이 지붕 위로 나타났습니다. 누나
는 하얀 치맛자락을 사르르 날리며 점점 파란 하늘 높이 날아올라
갔습니다. 그런 누나의 모습은 한 마리 학과 같았습니다.151)

　위 글은 이 작품의 결말에 해당하는 부분이다. 여기에는 이상 세계
를 꿈꾸는 철이의 염원이 잘 나타나 있다. 학이 되어 나는 누나 모습

---

150) 권용철, 〈학이 된 누나〉, 앞의 책, 27쪽.
151) 앞의 책, 29쪽.

을 상상하는 것은, 고향을 떠난 누나가 돌아와 자연과 더불어 살아갈 때 비로소 그 학이 사는 세계의 일원이 될 수 있음을 상징한다. 결국 작품에 일괄되게 흐르는 정서는 동심적 사고에 의한 상실된 낙원을 복원시키려는 꿈이다. 이와 같은 의지가 돋보이는 또 다른 작품이 〈꽃과 병정〉이다. 〈꽃과 병정〉은 상실된 세계를 되찾으려는 화자의 의지가 상징과 비유에 의한 꽃씨를 매개로 구체적으로 구현된다.

아이는 위험을 무릅쓰고 고향집 토깟에 간다. 그곳은 전쟁으로 폐허가 되고 군인들에게 점령되어 있다. 아이 누나는 점령군 병사 총에 맞아 죽고, 아이는 누나가 물려 준 꽃을 가꾸기 위해 고향집을 찾아 간다. 병사에게 붙잡힌 아이는 그곳을 찾은 이유를 설명하고 누나가 이곳으로 왔다가 총에 맞아 죽었다는 사실을 말한다. 이후 아이는 꽃씨를 심어두었던 꽃밭을 돌보고, 피난지 운산으로 돌아온다. 오랫동안 가뭄이 심해지자 아이는 고향집 토깟에 뿌린 꽃들이 전부 말라죽었을지 모른다고 걱정한다. 아이는 다시는 토깟에 오지 말라는 군인 아저씨 말에도 아랑곳하지 않고 위험을 무릅쓰고 다시 고향집 꽃밭을 찾는다. 꽃들은 죽지 않고 탐스럽게 가꾸어져 있었다. 누나를 쏘았다는 병사가 철모로 물을 떠다 주었기 때문이다.

　"아이는 아무 말도 하지 않고 겁먹은 눈으로 병정의 얼굴을 쳐다 보았습니다. 눈이 유난히 큰 병정은 어디선가 한 번 본 듯했습니다.
　"왜 대답하지 않니? 누가 시켜서 무얼 엿보러 온 거지?"
　병정은 아이의 멱살을 잡으며 소리쳤습니다.
　아니어요. 꽃씨들의 싹이 잘 올라왔는가 보러 왔어요."
　아이는 울먹이는 목소리로 말했습니다.
　"뭐, 꽃씨들의 싹을 보러왔다고? 그럼 지난번엔 무엇 때문에 왔

있니?"

"꽃씨 뿌리러······"

"거짓말하지 마! 너 지금 있는 곳이 어디니?"

"운산이어요."

"운산이면 여기서 삼십 리나 떨어진 곳 아냐. 그 먼 데서 꽃씨를 뿌리기 위해 여기까지 온다는 건 말도 안 돼. 더구나 이 위험한 곳에."

"정말이어요. 꽃밭에 가보면 아실 것 아녀요."

아이는 울음을 터뜨렸습니다.152)

인용문은 아이의 순수한 마음을 통해 현실의 황폐함을 극복하려는 의지를 나타내고 있다. 굳어져 있는 병사의 마음을 화해로 이끈 것은 아이가 지닌 순수한 마음이다. 물리적 현상에서 보면 아동은 어른의 원형적인 모태이다. 아동은 태어날 때 영원으로부터 빛 무리를 가지고 와서 어른으로 성장하면서 점차 그것을 상실해 간다. 어른의 모태로서 아동이 지닌 순수성은 빛 무리를 상실한 어른을 감화시킬 수 있다.

전쟁으로 황폐해진 고향집 꽃밭에 씨를 뿌리는 아이가 보인 행위는 상실된 낙원을 찾기 위한 적극적인 행동이다. 〈씨뿌리는 선녀〉, 〈눈 산의 그림자〉에서도 이와 같은 의지를 살펴볼 수 있는데, 아이는 위험한 상황 속에서도 필사적으로 꽃씨를 뿌린다. 그것은 꽃밭이라는 낙원을 지키기 위한 동심적 신념이다. 그러나 꽃씨를 뿌리는 일만으로 황폐한 땅이 비옥해지지는 않는다. 꽃씨가 꽃을 피우기 위해서는 위험을 무릅쓰고 그것을 가꾸는 노력과 끈기가 있어야 한다. 아이는 삼십 리가 되는 먼길을 달려와 꽃밭을 돌보는 일을 게을리하지 않는

---

152) 권용철, 〈꽃과 병정〉, 앞의 책, 40쪽

다. 〈하늘 궁매〉의 하루살이, 〈할미꽃〉과 〈어머니 꽃〉에서 꽃들의 희
생은 바로 상실된 낙원을 복원시키기 위해 〈꽃과 병정〉의 아이가 현
실을 극복하는 과정과 같다.

중편 동화 〈하얀 물새의 꿈〉은 영원한 평화를 얻기 위해서는 아픔
과 희생이 뒤따른다는 작가 정신이 집약된 작품이다. 이 작품의 이야
기 구조는 따뜻한 지방과 추운 지방에 사는 철새의 대칭적인 삶을 통
해 인간의 원초적인 꿈과 좌절을 새가 지닌 이미지와 연결시켜 상징
적으로 그리고 있다.

따뜻한 지방에 사는 철새 따오기는 겨울이 다가오자 남쪽으로 날
아갈 준비를 한다. 그러나 북쪽에 사는 아름다운 철새 나시아를 보자
첫눈에 사랑을 느끼고 만다. 그들은 서로 사랑하는 마음을 나누어 가
지며 시간을 같이 보낸다. 그러나 추운 지방의 철새 나시아는 북쪽으
로 날아가야 할 형편이고, 따뜻한 지방 철새는 엄마와 함께 남쪽으로
날아가야 할 운명에 놓인다. 어느 날 나시아는 남쪽 늪가 은모래 위
에 물새 발자국 같은 글씨를 남기고 북쪽으로 날아가 버린다. 나시아
마음을 안 비오는 남쪽으로 날아가는 엄마 따오기를 등지고 사랑하는
나시아를 찾아 날아간다. 그러나 그 길은 산과 강을 건너 추위를 이
겨내야 하는 힘든 행로이다. 엄마 따오기는 비오를 찾아 북쪽으로 날
아가, 위기에 처한 자식을 온 몸을 던져 구해 주지만 목숨을 잃고 만
다. 엄마 따오기를 버리고 사랑하는 나시아를 찾아 날아간 비오는 온
갖 시련과 죽음을 무릅쓰고 북쪽 지방에서 나시아를 찾지만, 나시아
가 다른 물새와 짝을 지어 사랑을 나누는 것을 발견하고, 나시아에게
행복을 빌어준다는 내용이다.

물새의 삶의 여정을 인간이 지닌 운명적인 삶과 비극성을 연결하
여 상징적으로 보여주고 있는 이 작품은 다양한 이미지를 통해 주제

를 선명히 하고 있다. 이미지에 효과를 주는 것은 이미지의 느낌보다는 감각에 특수하게 연결되어 있는 심의상 사실로서의 이미지 성격이다.153) 작품에 자주 등장하는 물새 이미지는 이 작품에서 중요한 의미를 가진다

권용철의 작품에는 '하얀 물새'처럼 상징적인 하얀색 이미지가 많이 사용되고 있다. 이는 화자의 내부에서 일어나는 여러 갈등과 축적된 체험이 내면적 무의식으로 발현된 흰색으로서 갖는 이미지라고 할 수 있다. '밤꽃'(〈밤꽃 피는 동산〉), '겨울밤'(〈어느 겨울밤의 이야기〉), '하얀 빛깔의 향기'(〈날아라 민들레 꽃씨야〉) ,'흰 옷 입은 아이'(〈말이 흰빛으로 반짝이는 나라〉), '학'(〈학이 된 누나〉), '함박눈'(〈하늘 할아버지〉), '안개', '안개꽃'(〈혼자 가는 길〉), '물새'(〈말이 없는 아이〉, 〈하얀 물새의 꿈〉) 등. 일반적으로 하얀색 이미지는 긍정적인 면에서 희망, 기대, 신비감, 깨끗함, 순수, 다른 한편으로는 포기, 좌절, 한, 그리움 등을 표방한다. 비온 뒤 산뜻한 햇빛을 받아야만 피어나는 꽃, 가늘고 긴 연둣빛 줄기 끝에 흰 통꽃이 피는 선녀 같은 꽃 이름을 따서 지은 나시아라는 흰 물새는 비오에게 희망과 신비로운 의미체이다. 즉 나시아는 비오에게 사랑하는 대상으로 표면적인 의미를 넘어서 그가 그리워하고 꿈꾸는 이상적인 대상물로서의 상징이기도 한 것이다.

비오는 눈벌 위에 새겨지는 두 쌍의 물새 발자국을 바라보다가 얼굴을 모로 눕혔습니다. 아픔이 사라지면서 평화로움이 향기로운 잠처럼 밀려왔습니다. 마치 엄마 따오기와 같이 풀꽃이 만발한 늪가를 거닐고 있는 것 같았습니다.

"엄마, 무슨 말을 하면 될까요. 저 하나만 보고 살아가는 엄마였

---

153) 김현자, 「시와 상상력의 구조」, 『문학과 지성사』, 1982, 19쪽.

었는데······"

비오는 햇빛 세상에서의 여행이 끝나 가고 있다는 것을 느꼈습니다. 그리움을 찾아 뒤 한 번 돌아보지 않고 걸어온 쓸쓸하고 괴로운 길이었지만 아름답게 여겨졌습니다.154)

인용문은 모든 것을 버리고 사랑을 찾아 나섰던 비오가 최후의 결말을 맞는 부분이다. 죽을 고비를 다해 나시아를 찾아온 비오가 목격하는 눈벌의 하얀색 이미지는 恨이다. 그 한은 아픔이며 절망이지만, 그와 같은 아픔과 절망을 가짐으로써 비로소 찾을 수 있는 것은 잠과 같은 평화로움이요, 새로운 질서이다. 이는 시인을 위해 자기 잎을 다 떨어뜨려 비로소 자기 삶을 새롭게 깨닫는 〈예술가와 은백양나무〉, 봄을 알리기 위해 계절 앞에 서서 눈보라 속에서 꽃을 피우는 〈할미꽃〉에 나타난 시련이 주는 의미와 같다. 이처럼 이 작품은 하얀색이 가지는 양면적인 이미지를 통한 환상으로 평화로운 이상 세계는 아픔과 희생으로 얻어질 수 있다는 주제를 상징적으로 나타내고 있다.

이를 종합한 권용철 작품에 나타난 창작원리는 일원론적 세계관에 의한 현실 세계와 환상 세계의 시공간 일치, 이미지 요소를 동심 시점에서 상징적으로 형상화한 환상 세계의 구현이라고 할 수 있다. 한편 그의 동화에서 음악, 새, 주술적, 언어, 하얀색이 주는 이미지 요소 등 상징적 매개물은 환상을 더 선명하게 형상화하는 요소가 되고 있다.

〈산호꽃 피는 바다〉는 이상 세계를 염원하는 화자의 꿈을 물과 음악, 동화라는 상징에 의해 환상적 분위기를 증폭시키는 기능을 담당

---

154) 권용철, 〈하얀 물새의 꿈〉, 앞의 책, 232쪽.

한다. 새를 매개로 한 〈소쩍새〉와 〈학이 된 누나〉에서는 언어의 반복적인 주술성과 이미지 투사라는 기법으로 환상이 절묘하게 형상화하였다. 〈꽃과 병정〉은 상실된 세계를 되찾으려는 화자의 실천의지가 꽃씨를 매개로 구체화되고 있으며, 중편동화 〈하얀 물새의 꿈〉은 물새의 이미지와 우의적 수법을 통해 진실을 잃어버린 인간의 비극성을 상징적으로 보여준다. 여기서 진실한 사랑과 평화를 위해서는 아픔과 희생이 뒤따른다는 진리를 터득하게 한다. 한편 그의 대부분의 작품에 구현되는 유토피아를 지향하는(상실된 낙원을 복원시키려는) 실천적 의지는 동심의 씨앗으로 비로소 획득될 수 있다는 강한 신념을 담고 있다.

〈작 품〉

꽃과 병정

권 용 철

토깟에 가는 것은 위험한 일이었습니다. 하지만 아이는 가지 않을 수 없었습니다.

노루 고개 위에 오르자, 아이는 가쁜 숨을 몰아 쉬며 아래를 내려다보았습니다.

집들은 대부분 폭격을 맞아 불타 버렸거나 허물어져 있었습니다. 저의 집도 마찬가지였습니다. 삽짝의 살구나무만 구름 같은 꽃을 피운 채 그대로 서 있을 뿐이었습니다.

아이는 다복솔 뒤로 몸을 숨기며 마을로 내려갔습니다. 마을은 텅 비어 있었습니다.

아이는 주위를 살피며 저의 집 쪽으로 가다가 갑자기 걸음을 멈추었습니다. 집 앞 우물가에 망을 보는 병정이 서 있었던 것입니다.

아이는 마을 뒤로 빙 돌아서 저의 집 쪽으로 다가갔습니다. 여름이면 호박 덩굴로 뒤덮이는 뒷담에는 금이 조금 가 있었습니다.

아이는 조심스럽게 뒷담을 넘어갔습니다. 돌담은 잠시 후 '와르르' 하는 소리를 내며 무너졌습니다.

아이는 잽싸게 지붕이 타 버린 여물간으로 뛰어들어가 숨었습니다.

곧 우물 쪽에서 희미한 발자국 소리가 들려 왔습니다. 발자국 소리는 점점 가까이 다가오더니 여물간 앞에서 멎었습니다.

"누구야?"

병정은 주위를 살펴보다가 소리를 빽 질렀습니다.

아이는 숨을 죽이고 가만히 있었습니다.

"담이 저절로 무너질 리가 없을 텐데……."

병정은 잠시 후 우물 쪽으로 뚜벅뚜벅 걸어갔습니다. 발자국 소리는 점점 작아져 가다가 고요 속으로 사라졌습니다.

아이는 호미를 찾아 들고 마당으로 나가 우물 쪽을 바라보았습니다. 병정은 우물가의 홰나무 밑에 서서 담배를 피우고 있었습니다.

아이는 고양이 걸음으로 마당 가에 있는 꽃밭으로 뛰어갔습니다. 꽃밭은 여전히 비어 있었습니다.

아이는 조바심이 나 다시 우물 쪽을 돌아보았습니다. 병정은 돌담에 가려 보이지 않았습니다.

아이는 서둘러 호미로 꽃밭에 고랑을 만들어 나갔습니다. 가무잡잡한 아이의 이마에는 금세 땀방울이 송글송글 맺혔습니다.

아이는 고랑을 다 만들자, 주머니에서 꽃씨를 꺼내어 정성껏 뿌렸습니다.

"꿔더덕, 꿔더덕."

먼 산에서 꿩 울음소리가 들려왔습니다.

아이는 꽃씨를 다 뿌리자, 얼른 꽃밭을 떠났습니다. 허물어진 돌담을 막 넘었을 때였습니다. 갑자기 뒤쪽에서 '거기 서!' 하는 소리가 벼락같이 들려 왔습니다.

아이는 걸음아 날 살려라, 하고 있는 힘을 다해 달아났습니다.

"따당, 땅땅."

병정은 하늘에 대고 총을 쏘았습니다.

아이는 얼른 담모롱이를 돌아갔습니다. 총소리는 더 이상 들려오지 않았습니다.

아이는 뛰다시피하여 삼십 리쯤 떨어진 낯선 마을로 돌아왔습니다.

서쪽 하늘에는 어느새 은은한 노을이 물들어 있었습니다.

"어디 갔다 오니?"

삽짝에 나와 기다리고 있던 엄마가 걱정스러운 얼굴로 물었습니다.

아이는 이마의 땀을 닦으며 토깟 쪽 하늘을 바라보았습니다. 노을은 어둠 속으로 점점 스러져 가고 있었습니다.

"토깟 갔다 온 모양이구나!"

엄마는 눈을 둥그렇게 뜨며 아이의 어깨를 잡았습니다.

"너 누나처럼 되고 싶어 그러니?"

엄마는 눈물을 글썽거리며 소리쳤습니다.

아이는 엄마의 품에 얼굴을 파묻었습니다. 그러자 생각에 잠겨 있는 누나의 모습이 샛별처럼 머리에 떠올랐습니다.

"이젠 가지 마라. 옷이 비에 맞은 것처럼 흠뻑 젖었구나!"

엄마는 아이의 머리와 등을 어루만졌습니다.

아이는 누나의 모습이 사라져 버릴까 봐 희미하게 고개를 끄덕거렸습니다.

하지만 엄마와의 그 약속은 오래가지 못했습니다. 며칠이 지나면 서부터 꽃씨들의 싹이 제대로 올라왔는지 궁금해 견딜 수가 없었습니다.

아이는 조바심을 하며 다시 토깟으로 갔습니다. 병정은 어디 갔는지 보이지 않았습니다.

아이는 다행이라고 생각하며 바삐 꽃밭으로 갔습니다. 꽃씨들은 이제 한창 새싹들을 땅 위로 내밀고 있었습니다.

아직 껍질을 뒤집어쓴 것도 있고, 벌써 움잎을 내민 것도 있었습니다.

'모두 잘 올라왔구나!'

아이는 입가에 웃음을 띠며 조심스럽게 어린 싹들을 어루만졌습니다. 어린 싹들이 마치 다시 살아난 누나처럼 생각되었습니다.

그때 삽짝에서,

"바로 너였군! 꼼짝 마!"

하는 소리가 들려왔습니다.

아이는 화들짝 놀라며 일어나 줄행랑을 놓으려고 했습니다. 하지만 곧 달려온 병정에게 덜미를 잡히고 말았습니다.

병정은 가쁜 숨을 몰아쉬며 우물가로 아이를 데려갔습니다.

"너 무엇 때문에 여기 자꾸 오지?"

병정은 잡고 있던 아이의 덜미를 놓으며 물었습니다.

아이는 아무 말도 하지 않고 겁먹은 눈으로 병정의 얼굴을 쳐다보았습니다.

눈이 유난히 큰 병정은 어디선가 한 번 본 듯했습니다.

"왜 대답을 않니? 누가 시켜서 무얼 엿보러 온 거지?"

병정은 아이의 멱살을 잡으며 소리쳤습니다.

"아니어요. 꽃씨들의 싹이 잘 올라왔는가 보러 왔어요."

아이는 울먹이는 목소리로 말했습니다.

"뭐, 꽃씨들의 싹을 보러 왔다고? 그럼 지난번엔 무엇 때문에 왔었니?"

"꽃씨 뿌리러……. "

"거짓말하지 마! 너 지금 있는 곳이 어디니?"

"운산이어요."

"운산이면 여기서 삼십 리나 떨어진 곳이 아냐. 그 먼 데서 꽃씨를 뿌리기 위해 여기까지 온다는 건 말도 안 돼. 더구나 이 위험한 곳에."

"정말이어요. 꽃밭에 가 보면 아실 것 아녀요."

아이는 울음을 터트렸습니다.

"그래 어디 한번 가 봐."

병정은 아이의 멱살을 잡은 채 꽃밭으로 갔습니다. 어린 싹들을 본 병정은 눈을 휘둥그렇게 뜨며 잡고 있던 아이의 멱살을 놓았습니다.

"아니, 이처럼 허물어진 빈 집에 무엇하러 꽃씨를…… 누구 하나 봐 줄 사람도 없을 텐데."

"전쟁 중이라도 봄이 오면 꽃밭에 꽃씨를 뿌려야 되는 거여요. 비록 봐 주는 사람이 없을지라도……"

아이는 꽃싹을 누르고 있는 흙덩이를 치우며 말했습니다.

"아니야. 다른 꿍꿍이속이 있어. 어서 바른 대로 말해.!"

병정은 다시 아이의 멱살을 잡으며 소리쳤습니다.

그때 동쪽 하늘에서 비행기 소리가 났습니다.

"두 번 다시 여기 오지 마! 또다시 오면 그땐 정말 혼을 내 줄 테니까."

아이는 부리나케 우물가를 벗어나 운산으로 돌아왔습니다.

어느새 살구꽃이 피고, 파꽃이 피었습니다.

아이의 머리에는 온통 고향 집의 꽃 생각뿐이었습니다. 얼마나 자랐는지 보고 싶은 마음과 갈 수 없다는 안타까움 때문에 아이의 얼굴은 날로 여위어 갔습니다.

"너 어디 아프니?"

엄마가 걱정스런 얼굴로 자주 물었습니다.

하지만 아이는 고개만 저을 뿐 아무 말도 하지 않았습니다.

"뻐꾹, 뻐꾹……"

보리가 피기 시작하면서부터 뻐꾸기가 울었습니다.

아이는 뻐꾸기의 울음소리를 들을 때마다 고향집의 꽃 생각이 더욱 간절하게 났습니다.

뒷동산의 뻐꾸기들이 유난히 울던 어느 날이었습니다.

아이는 엄마 몰래 다시 고향 집을 찾아갔습니다.

꽃들은 어느새 한 뼘쯤이나 자라 있었습니다. 한데 양분이 모자라는지 싱싱하지 못했습니다.

"병정에게 들키지 않아야 할 텐데……"

아이는 우물 쪽을 돌아보며 뒤꼍으로 갔습니다. 그때 누군가 굴뚝 뒤에서 불쑥 튀어나와 앞을 가로막았습니다. 바로 그 병정이었습니다.

"오지 말라고 했는데 왜 또 왔니? 이번엔 절대로 용서하지 않겠어."

병정은 눈을 부라리며 아이를 우물가로 끌고 갔습니다.

아이는 가슴이 터질 듯 두근거렸습니다.

"너 무엇을 엿보러 온 게 틀림없지? 어서 바른 대로 말해."

병정은 아이의 가슴에 총을 겨누며 말했습니다.

"지난해 여기서 전쟁이 일어났을 때였어요."

아이는 눈을 크게 뜨고 손끝을 가늘게 떨며 말했습니다.

"그래서?"

"누나와 저는 이 꽃밭에서 봉숭아꽃 씨를 뿌리고 있었어요."

아이는 목이 메어 말끝을 잇지 못했습니다.

"머뭇거리지 말고 어서 말해!"

병정은 오른발을 탕 구르며 다그쳤습니다.

"갑자기 어디선가 총알이 날아오더니 누나를……."

아이는 눈을 자주 깜박거리며 울음을 삼켰습니다.

병정은 겨누고 있던 총부리를 천천히 내리며 눈을 크게 뜨고 아이를 뚫어지게 바라보았습니다.

"봉숭아꽃이 피면 누나랑 같이 손톱에 꽃물을 들이려고 했는데……. 꽃밭에 꽃씨를 뿌린 건 누나를 위해서였어요. 누나의 꿈을 이루어 주기 위해……. "

병정은 놀란 눈으로 먼 하늘을 오랫동안 바라보았습니다.

아이는 어깨를 들먹거리며 흐느껴 울었습니다.

"나도 어릴 적 누나랑 같이 봉숭아꽃으로……. "

병정은 고개를 저으며 젖은 목소리로 말했습니다.

"쿵, 쿵."

멀리서 대포 소리가 들려 왔습니다.

"애야, 이젠 정말 이곳에 오지 마. 머지 않아 여기서 또다시 전쟁이 있을 것 같으니."

병정은 돌아서서 아이의 어깨 위에 손을 올려놓으며 말했습니다.

"쿵, 쿵쿵……."

대포 소리는 더욱 자주 들려 왔습니다.

"꽃밭에는 포탄이 떨어지지 말아야 할텐데……."

아이는 몹시 걱정을 하며 운산으로 돌아왔습니다.

햇볕은 날이 갈수록 점점 뜨거워졌습니다. 오랫동안 비가 내리지 않아 날 또한 무척 가물었습니다.

아이는 꽃들이 말라 죽을 것 같아 몹시 조바심이 났습니다. 당장이라도 토깟으로 달려가 꽃들에게 물을 주고 싶었습니다. 하지만 언제 전쟁이 일어날지 모르기 때문에 갈 수가 없었습니다. 수수랑 곡식들은 잎이 마르다 못해 발갛게 타들어 갔습니다.

'봉숭아꽃들도 저렇게 시들어 가고 있겠지.'

아이는 누나가 그렇게 되는 것 같아 엄마 몰래 다시 집을 나섰습니다.

고향 마을에 반쯤 갔을 때였을까요. 토깟 쪽에서 대포 소리가 들려 왔습니다. 요란한 총소리도 잇달아 났습니다. 드디어 또다시 전쟁이 시작된 모양이었습니다.

아이는 집으로 돌아와 어서 전쟁이 끝나기를 기다렸습니다.

대포 소리는 점점 가까이 들려 오다가 이틀 후 아주 사라졌습니다.

아이는 부리나케 고향 집으로 달려갔습니다. 쑥부쟁이랑 그곳의 풀들도 발갛게 타들어 가고 있었습니다.

한데 이게 웬일일까요! 말라 죽어 가고 있을 줄 알았던 봉숭아가 싱싱한 잎을 너울거리며 탐스러운 꽃들을 수없이 피워 놓고 있는 것이 아닙니까!

꽃밭에만 비가 왔을 리도 없고, 누가 그 동안 정성껏 물을 준 것임에 틀림없었습니다.

'누가 그랬을까?'

아이는 몹시 궁금해하며 우물가로 뛰어갔습니다.

홰나무 밑에는 아무도 없고, 낯익은 철모만 하나 뒹글고 있었습니다. 총탄 구멍이 여러 개 나 있는 철모의 밑바닥에는 물이 한 움큼쯤 괴어 있었습니다.

제6장 결 론

결 론

이 논문에서 필자는 동화를 문학적인 차원에서 논의하는 것을 전제로, 한국에서 동화가 형성되고 정착되어 온 역사와 아울러 동화를 구성하는데 있어 환상이 어떠한 기능을 갖는가를 탐구하였다. 즉, 이 논문에서는 환상이 어떻게 동화의 주된 창작원리로 작용하는가와 함께 환상을 연구하는 것이 동화를 연구하는 중요한 방법적 기반이 되고 있다는 것을 밝혔다. 그 동안 아동 문학에 대한 많은 논저와 환상에 대한 연구가 없었던 것은 아니지만, 대부분 아동 문학 전반에 관한 개론적인 논의에 머물고 있어 동화의 본질에 관한 체계적인 분석이나 환상에 대한 치밀한 고찰이 부족했다. 이 논문은 이 중 동화와 환상의 관계에 대해 문제의식을 가지고, 한국 아동문학사 속에서 동화와 환상의 관계에 초점을 두고 분석하였다.

이와 같은 목적을 효율적으로 실행하기 위한 1차 작업으로 제1장~제3장에서는 동화와 환상에 대한 이론적 기반을 세밀하게 고찰하였다. 그 결과 동화란 넓은 의미에서 '어린이에게 들려 주거나 읽히기 위해 아동의 시점에서 씌어진 서사문학'이며, '환상을 미적 구성원리, 창작원리로 삼는 문학'이라고 정의할 수 있었다. 그리고 아동문학에서의 환상은 문학 일반에서 가지는 환상의 기능과 동일하게 생각할 수 없다는 점을 Tzvetan Todorov의 『The fantastic』』과

Peter Hunt의 『Children's literature and criticism』을 응용하여 이론적 근거를 밝혔다. 두번째로 한국 동화의 역사적인 흐름을 통해 나타난 작가의 경향을 살펴보았는데, 1920년에서 1960년 사이, 환상 동화를 발표한 작가로, 마해송·강소천·김요섭·이영희·최효섭·권용철을 선정하였다.

다음으로는 창작원리로서의 환상에 대한 논의를 한국 동화의 역사를 고찰하는 과정 속에서 해명하기 위해 전래동화가 한국 동화 역사 속에 가지는 위치를 살폈다. 그 결과 제2장에서 논의되었던 환상이 전래동화에서는 지금과 같은 방식으로 수용되지 않았으며, 한국 아동문학의 역사 속에 전래동화는 단순히 과거의 유산, 또는 전통 계승이라는 의미에서 뿐만이 아니라, 아동 문학의 규범들을 상당 부분 담고 있다는 사실들을 규명하였다.

제4장에서는 창작동화가 등장하게 된 배경과 그 성격을 분석하였다. 한국 동화는 한국근대사가 가지는 여러 가지 특수성에서 발현되었는데 1894년 갑오경장 이후, 동학의 '인내천 사상', 『소년』을 중심으로 한 六堂의 '아동 애호 사상'과 1920년대 방정환의 '어린이 운동'은 본격적 창작동화가 등장하는 사상적 기반이 되었다. 뿐만 아니라 외국동화의 수용과 동화 이론의 등장도 창작동화가 발현할 수 있는 토대가 되었다. 또한 〈바위나리와 아기별〉의 성격을 통해서 고찰했듯이 창작동화에서도 환상이 중요한 요소로 활용되었는바, 이것은 동화의 개념을 이해하는데 환상이 중요한 요소로 받아들였다는 증거가 된다.

제5장에서는 제1장에서 선정한 작가의 작품을 환상의 유형에 따라 고찰하고 그 특징과 전개 과정을 동화의 창작원리에 의해 분석하였다.

마해송은 알레고리를 주된 기법으로 하여 동화를 창작하였다. 〈떡
배 단배〉, 〈토끼와 원숭이〉, 〈꽃씨와 눈사람〉등이 여기에 속한다. 그
의 작품은 텍스트 공간에 주어진 상황을 설정함으로써 환상 공간에서
리얼리티를 확보하였으며, 현실 세태의 비판·인간 문제에 대한 탐구
를 대비적 풍자 기법으로 형상화하였다. 그러나 그의 작품에서 비아
동적인 상징적 주인공들은 개성없이 형상화되고 있으며, 성인의 입장
에서 아동 세계를 바라봄으로써 동화의 본질인 동심(아동 시점) 구현
에는 실패하였다.

강소천 동화의 가장 큰 특징은 꿈의 창작 논리에 의한 미래지향적
환상이라고 할 수 있다. 〈돌맹이〉와 〈꿈을 찍는 사진관〉, 〈꿈을 파는
집〉 등이 여기에 속한다. 〈꿈을 찍는 사진관〉과 〈꿈을 파는 집〉은 소
원충족에 의한 '만남의 꿈'을 형상화하였고, 〈잃어버렸던 나〉는 변신
모티프를 통해 자아 발견의 꿈을, 〈인형의 꿈〉은 현실과 병치된 공간
을 이용하여 미래를 향한 화합의 꿈을 나타내고 있는데, 꿈을 실현하
기 위해서는 개인이 사회와의 융화를 필요로 한다는 주제를 함축하고
있다. 이들 작품에서 구현되고 있는 꿈은 꿈 자체로 끝나는 것이 아
니라, 현실과의 연계성으로 미래를 암시하고 밝혀주는 하나의 상징적
인 기호로서 의미를 가지며, 현실공간에서 상상적 공간을 설정하는
수법은 평면적인 삶을 입체화시켜 인간의 상상을 풍부하게 해주었다.

김요섭 작품은 폭넓고 자유로운 상상력을 중시하는 낭만주의 정신
에 뿌리를 두고 있으며 자유 연상 이미지에 의한 역동적 환상이 특징
이다. 〈해님〉은 인간의 유한성에서 벗어나 상식적인 사실을 낯설게
하는 수법으로서의 환상이, 〈꽃잎을 먹는 기관차〉는 전 우주적 평화
를 꽃잎의 힘으로 가능하게 한 자유로운 상상력이 반복된 언어의 배
열에 의한 주술로 주제를 표출하였다. 〈해시계〉는 경이의 세계에서

현실성을 획득하는 환상을 보여준다. 〈사랑의 나무〉는 현실에서 잃어
버린 영원한 사랑과 자유에 대한 동경을, 〈푸른 머리의 사나이〉, 〈봄
을 기다리는 마을〉, 〈안개와 가스등〉은 이미지 요소에 의한 상황과
리듬으로 환상을 구현하고 있으며, 사건을 설명하지 않고 구체적인
상황 묘사를 이미지에 연결하는 방법으로 리얼리티를 확보하였다. 기
존의 동화 형식과 소재를 변형하고 바꾼, 환상 세계를 향한 그의 탐
험 정신은 한국 동화 문학의 세계를 새롭게 끌어올리는데 공헌했다.
그러나 복잡하게 구조화된 의미는 아동 시점과는 거리가 멀다.

　이영희는 상황 묘사와 은유적 환상이 특징이다. 환상의 구조적 특
질 가운데 꿈의 형식을 통해 현실의 전환을 모색한 〈조각배의 꿈〉, 〈
달님의 선물〉, 〈책이 산으로 된 이야기〉, 〈사탕나라 꿈나라〉는 꿈의
매개체를 통해 이상을 실현하고 있지만, 현실에서 이상향만을 제시하
는 한계성으로 보다 면밀한 동심을 구현하지는 못했다. 중기 작품은
구체적인 상황 묘사와 이미지 연결에 있어 유기적인 연관성으로 작품
에서 현실성을 획득하였다. 말기에는 환상 세계에서 사실성 획득의
문제로 한 발 나아가 작품의 미적 기능을 강화시키는 문체와 상징적
주체 표출을 위한 은유적 묘사에 주력하였다.

　최효섭은 인간애의 추구와 평화의 정신으로, 현실의 주인공을 설
화, 명작동화의 공간으로 접목시킨 실험적 기법에 의한 물활론적 환
상의 특징을 보인다. 아동의 심리와 욕구를 세심하게 관찰하여 형상
화한 작품은 〈철이와 호랑이〉, 〈기린과 순경아저씨〉, 〈비스키트 왕국
과 초콜리트 왕국〉, 〈느티나무 아저씨〉, 〈벌거숭이 만세〉, 〈아버지와
고릴라〉, 『열두 개의 나무 인형』, 〈시계탑의 열두 형제〉 등이다. 『열
두 개의 나무 인형』은 명작동화의 주인공을 서술되는 작품 공간으로
끌어들이는, 과거와 현재의 통로를 잇는 팬터지 기법이 특징이다. 전

래동화의 주인공을 바라보며 느꼈던 현대 아동의 심리를 반영하여 상
상의 폭을 넓힐 수 있도록 하였지만, 작품 구성면에서 현실성을 유지
하려는 의도가 과다하게 노출되어 오히려 현실 세계와 환상 세계를
유리시키는 결과를 초래했다.

　권용철 문학의 구조적 특징은 초월적 세계를 바탕으로 한 환상, 음
악, 새 꽃, 주술적 언어, 하얀색이 주는 상징적 매개체를 통해 환상
을 구체화시키는데 있다. 〈산호꽃 피는 바다〉는 이상세계를 염원하는
꿈을 물과 음악, 동화라는 사물의 상징적 요소를 통해 환상에 이르고
있으며, 새를 매개로 한 〈소쩍새〉와 〈학이 된 누나〉에서는 언어의 주
술력과 이미지 투사라는 기법으로 환상을 절묘하게 구현하고 있다. 〈
꽃과 병정〉은 상실된 세계를 되찾으려는 실천의지가 사물인 꽃씨를
매개로 구체적으로 형상화되고 있으며, 중편 동화 〈하얀 물새의 꿈〉
은 물새의 이미지와 우의적 수법을 통해 인간의 비극성을 상징적으로
형상화하였는데, 영원한 평화를 위해서는 아픔과 희생이 뒤따른다는
진리를 터득하게 한다.

　이와 같은 분석을 종합해서 내릴 수 있는 결론은 다음과 같다.

　동화적 상상력의 모태가 되고 있는 원시적 상상력은 인간 소망과
기대의 응축물이었다. 이러한 원시적 상상력에 의한 기대와 소망은
초자연의 경계가 뚜렷하지 않았던 인간들의 사고 방식을 반영한 것으
로, 전래동화에서는 민족 전통적 사고 방식이었던 원시적 환상과 인
간 소망의 발원이라는 꿈 형식의 환상으로 나타났으며, 현대 창작동
화에서는 동심(아동 시점)을 본질로 하는 창작원리로의 환상으로 변
모되었다. 환상은 창조적 상상력에 의해 비현실적 세계를 하나의 구
체적인 현실로 바꾸는 작업이다. 아동은 이와 같은 동화의 환상 세계
속에서 합리성에 밀려나 있던 자신의 원형적인 마음과 만난다. 동화

에서 환상 세계는 인간이 경험한 적이 없는 세계로 인도하여 미래를 열게 만든다. 아동은 자유롭게 열린 세계를 통하여, 당장 눈에 보이지 않고, 손에 잡히지는 않지만 가볼 만하고 뭔가 찾아볼 만한 가치가 있는 세상이 이 세상 어느 곳에 있다고 깨닫게 된다. 아동이 눈에 보이는 현실의 세계에서 한 발도 앞으로 나아가려 하지 않을 때, 인류의 발전은 항상 그 자리에 머물러 있을 것이다. 현대 동화에서 환상이 생명처럼 빛나야 하는 까닭이 여기에 있다.

한국 동화에 대한 역사적 배경과 동화의 본질에 대한 진지하고 구체적인 인식 없이 은유와 상징 시적 문체에 의해 복잡하게 구조화된 동화들은 아동에게 흥미를 줄 수 없다. 물론 동화의 독자가 아동에 한정된 것은 아니지만, 동화는 상상 속에 무한히 펼쳐지는 동심의 세계를 통한 꿈의 세계를 보여줌으로써 아동의 정서를 빗겨 내리고 그들의 정신 세계를 풍요롭게 하기 위해 마련된 문학 장르다. 따라서 이러한 동화 정신과 본질에 벗어나 지나친 기교와 현실성을 주지 못하는 환상은 현대 동화가 경계로 삼아야 한다. 오늘의 동화가 아동과 동심을 자각하고 아동의 시점에서 그들의 꿈을 아름답게 펼칠 수 있도록 노력해 나갈 때 동화는 문학의 장르로서 더 큰 위치로 자리하게 될 것이다.

〈參考文獻〉

1. 基本 資料 와 作品集

강소천, 『강소천 아동문학전집』 1권, 문천사, 1975.
──, 『나는 겁쟁이다』, 배영사, 1963.
──, 『잃어버렸던 나』, 배영사, 1963.
──, 『그리운 얼굴』, 배영사, 1963.
──, 『꿈을 파는 집』, 배영사, 1963.
──, 『초록색 태양』, 배영사, 1964.
──, 『조그만 하늘』, 배영사, 1964.
권용철, 『하얀 물새의 꿈』, 고려원 미디어, 1992.
──, 『봄 바다 물결소리』, 대한기독교서회, 1970.
──, 『사랑의 자장가』, 견지사, 1980.
──, 『영혼이 부는 트럼펫』, 갑인출판사, 1981.
김요섭, 『날아다니는 코끼리』, 현암사, 1968.
──, 『어른을 위한 동화집』, 서문당, 1973.
──, 『꽃잎을 먹는 기관차』, 신구미디어, 1995.
──, 『뻐꾸기 우는 마을』, 여명, 1995.
──, 『푸른 머리의 사나이』, 교학사, 1997.
마해송, 『마해송 동화집』, 민중서관, 1962.
──, 『떡배 단배』, 학원사, 1964.
──, 『민들레의 고향』, 증원사, 1994.
──, 『사슴과 사냥개』, 창작과 비평사, 1990.
──, 『한국아동문학전집』, 계몽사, 1994.
이영희, 『책이 산으로 된 이야기』, 신교출판사, 1958.
──, 『꽃씨와 태양』, 숭문사, 1967.
──, 『별님을 사랑한 이야기』, 갑인출판사, 1978.
──, 『사탕나라 꿈나라』, 계림출판사, 1978.
──, 『도깨비와 쌍둥이』, 견지사, 1979.
──, 『날씨굽는 가마』, 샘터사, 1987.
──, 『사랑학 에세이』, 해냄 출판사, 1990.
최효섭, 『시계탑의 열두 형제』, 숭문사, 1964.
──, 『열두 개의 나무 인형』, 한국교육도서 출판사, 1965.
──, 『거꾸로 돌아가는 시계』, 한국교육도서 출판사, 1970.

――――,『최효섭 동화 선집』, 새벗사, 1981.

2. 單行本

閔英雄,『兒童文學論』, (동경: 신평론사), 1955.

金秉喆,『韓國近代飜譯文學史 硏究』, 을유문화사, 1975.

金昇宗,『한국현대 작가론』, 전주대학교 출판부, 1998.

金容在,『한국 소설의 서사론적 탐구』, 평민사, 1993.

김열규,『한국의 신화』, 일조각, 1976.

――――,『어머니 동화는 이렇게 읽어 주세요』, 춘추사, 1993.

金禧慶,『명작동화의 매력』, 敎文社, 1996.

김현자,『시의 상상력의 구조』, 문학과 지성사, 1982.

나병철,『소설의 이해』, 문예출판사, 1998.

朴敏壽,『아동문학의 시학』, 양서원, 1993.

서종택,『한국 근대소설의 구조』, 시문학사, 1985.

石庸原,『兒童文學原論』, 학연사, 1989.

안경식,『小波 방정환의 아동교육 운동과 사상』, 학지사, 1994.

李相鉉,『兒童文學 講義』, 일지사, 1987.

이석현,『아름다운 새벽』, 성바오로 출판사, 1974.

李元壽,『아동문학입문』, 웅진출판사, 1986.

――――,『동화 창작법』, 아동문학 사상2, 보진제, 1970.

이재철,『兒童文學槪論』, 문운당, 1967.

――――,『兒童文學 理論』, 螢雪出版社, 1983

――――,『韓國兒童文學연구』, 開文社, 1983.

――――,『韓國兒童文學作家論』, 開文社, 1983.

――――,『韓國現代兒童文學史』, 一志社, 1978.

――――,『世界兒童文學事典』, 啓蒙社, 1989.

林哲鎬,『설화와 민중』, 전주대학교 출판부, 1986.

윤홍노,『한국문학의 해석학적 연구』, 일지사, 1976.

張德順 외,『口碑文學槪說』, 일조각, 1992.

장병림,『정신분석』, 범문사, 1981.

전한모,『한국 현대 시문학사』, 1974.

全圭泰,『한국고전 아동문학의 이해』, 정음사, 1967.

최윤식,『한국설화연구』, 집문당, 1991.

崔志勳,『한국현대 아동문학론』, 아동문예, 1991.

가라타니 고진,『일본 근대문학의 기원』, 민음사, 1990.

프로이트,『정신분석입문』, 민희식 옮김, 거안사, 1983.

레이먼 셀던,『현대문학 이론』, 현대문학이론 연구회, 문학과 지성, 1987.

마리아 니콜라예바,『용의 아이들』, 김서정역, 문학과 지성사, 1998.

미셸 제라파,『소설과 사회』, 이동렬역, 문학과 지성사, 1986.

제럴드 프린스,『敍事論辭典』, 李奇雨・金容在, 역, 민지사, 1992.

Ernest Cassirer, 『인간이란 무엇인가』, 최명관 역, 훈복문화사, 1967.

Isabelle Jan, 『on children's literature』, Schocken Books, 1974.

L. H. 스미드, 『아동문학론』, 김요섭 역, 교학연구사, 1996.

N. 프라이, 『비평의 해부』, 임철규 역, 한길사, 1982.

R. 웰렉, A. 워렌, 『문학의 이론』, 김병화 역, 을유문화사, 1982

칼빈. S. 홀, 프로이트, 『심리학 입문』, 백상창 역, 문예 출판사, 1981.

C. G. Jung 『인간과 상징』, 조승국역, 범우사, 1981.

Townsend, J. R, 『Written for children』, 강무홍 역, 시공사, 1996.

Peter Hunt, 『Children's literature — the development of criticism』, Routledge, 1990.

Tzvetan Todorov, 『The fantastic』, Cornell University, New York, 1968.

3. 論文

高日坤, 「마해송 동화연구」, 성균관대학교 대학원 석사논문, 1986.

金道南, 「마해송 동화연구」, 강원대 교육대학원 석사논문, 1994.

金英姬, 「한국 창작동화의 팬터지에 관한 연구」, 연세대 교육대학원 석사논문, 1977.

金容熙, 「강소천論」, 韓國兒童文學 作家 作品論, 史溪 이재철선생 화갑기념 논총, 서문당, 1991.

金恩淑, 「창작동화에 있어서 환상의 미적 기능 연구」, 연세대학교 대학원 석사논문, 1984.

金元錫, 「韓國創作童話에서의 現實과 幻想의 變容 硏究」, 수원대학교, 교육대학원 석사논문, 1996.

金仁愛, 「韓獨 전래동화 비교 연구」, 중앙대학교 대학원 박사논문, 1995.

金學善, 「한국 창작동화 아동소설연구」, 단국대학교 대학원 석사논문, 1985.

南美英, 「강소천 연구」, 숙명여대 대학원 석사논문, 1980.

朴尙在, 「한국 창작동화의 환상성 연구」, 단국대학교 대학원 박사논문, 1998.

申琇珍, 「마해송 동화의 현실인식 연구」, 단국대학교 대학원 석사논문, 1997.

李英美, 「마해송 동화 연구」, 연세대학교 교육대학원 석사논문, 1992.

이윤자, 「현대 동화에 미친 신화 및 전래동화의 영향」, 이화여자대학교 교육대학원 석사논문, 1976.

손길원, 「고소설에 나타난 꿈의 연구」, 경희대 대학원 석사논문, 1983.

신숙현, 「시적 팬터지의 문학」, 아동문학평론 여름호, 아동문학평론사, 1986.

안승덕, 「아동문학 작품 해설」, 배영사, 1986.

이상일, 「변신의 이론과 전개」, 성균관대학교 대학원 박사논문, 1978.

李正錫, 「『어린이』誌에 나타난 아동문학 양상 연구」, 전남대학교 교육대학원 석사논문, 1993.

全明喜, 「한국근대소년소설 연구」, 영남대학교 대학원 박사 논문, 1998.

鄭蓮池, 「이영희 동화에 나타난 팬터지 세계」, 한국현대아동문학작가작품론, 집문당, 1997.

차보금, 「강소천과 마해송 동화의 대비적 연구」, 연세대 교육대학원 석사논문, 1994.

崔京姬, 「동화의 교육적 응용에 관한 연구」, 한국교원대학교 대학원 박사논문, 1993.

崔仁鶴, 「동화의 특질과 발달과정연구」, 성균관대학교 대학원 석사논문, 1967.
韓相壽, 「한국아동문학의 교육적 기능연구」, 단국대학교 대학원 박사논문, 1988.

4. 기타
강소천, 〈돌맹이 이후〉, 동아일보, 1960, 4월 3일.
강소천, 〈동화와 소설〉, 아동문학2집, 배영사, 1962.
강소천, 〈지상강좌〉, 새교육, 1956.
강소천, 〈나의 소년시절〉, 소년세계, 1953.
강소천, 〈나를 길러준 내고향은〉, 동화의 세계, 소년서울, 1954.
김자연, 〈아동문학의 가치와 미래〉, 세계아동문학대회 발표요지, 1997.
김요섭, 〈상상력의 경계와 팬터지〉, 한국아동문학연구, 한국아동문학학회, 1996.
김현숙, 〈김요섭론〉, 아동문학평론, 1997, 겨울호.
朴木月, 〈동화와 소설〉, 아동문학, 제2집.
방정환, 〈동화 작법〉, 동아일보, 1925, 1.1.
李元壽, 〈동화 창작법〉, 아동문학 사상 2, 보진제, 1970.
이재철, 〈원초적 사랑의 문학〉, 한국문학, 1978, 6월.
임철규, 〈우리시대의 리얼리즘〉, 창작과 비평, 제 15권, 1980.
劉庚煥, 〈동화와 시, 아동문학〉 평론, 1974.
유재천, 〈님, 고향, 민족의 변증법〉, 현대문학, 417호, 1989. 9.
조지훈, 〈동화의 위치〉, 아동문학2집, 배영사, 1962.
주종연, 〈그림동화의 이입과정에 대하여〉, 비교문학, 5집, 1982. 12.
차원재, 〈맑은 새벽처럼 살고 간 마해송님〉, 아동문예, 53호, 1981.
최인구, 〈마해송문학의 특집〉, 아동문학 15호, 보진제, 1968.
崔仁鶴, 〈옛날 이야기와 아동문학〉, 아동문학평론, 5호, 1977.

■ 저자 김자연(金自然) 약력

- 전북 김제에서 출생하고 전주에서 성장.
- 전주대 대학원 국어국문과 석·박사 수료(문학박사)
- 원광대학교 강사.
- 한국어문학회, 국제 PEN 클럽 회원
- 아동문학평론 신인문학상(동화)
- 한국일보 신춘문예 당선(동시)
- 동화집:『새가 되고 싶은 할머니』외 2권
- 논문:「박경리 소설 연구」
      「한국 동화의 환상성 연구」외 다수
- 현: 전주대, 백제대 강사

한국 동화 문학 연구

정가 10,000원

초판 발행 / 2000년 4월 30일
초판 인쇄 / 2000년 5월 5일

지은이 / 김 자 연
펴낸이 / 최 석 로
펴낸곳 / 서 문 당
주 소 / 서울시 마포구 성산동 103-7호
전 화 / 322-4916~8 팩스 / 322-9154
등록일자 / 1973. 10. 10
등록번호 / 제13-16

ISBN 89-7243-163-X * 잘못된 책은 바꾸어 드립니다
출판사와 저자의 허락없이 무단 전제나 복사를 금합니다.

서문문고 목록

001~303

◆ 번호 1의 단위는 국학
◆ 번호 홀수는 명저
◆ 번호 짝수는 문학

001 한국회화소사 / 이동주
002 황야의 늑대 / 헤세
003 고독한 산책자의 몽상 / 루소
004 멋진 신세계 / 헉슬리
005 20세기의 의미 / 보울딩
006 가난한 사람들 / 도스토예프스키
007 실존철학이란 무엇인가 / 볼노브
008 주홍글씨 / 호돈
009 영문학사 / 에반스
010 쯔바이크 단편집 / 쯔바이크
011 한국 사상사 / 박종홍
012 플로베르 단편집 / 플로베르
013 엘리어트 문학론 / 엘리어트
014 모옴 단편집 / 서머셋 모옴
015 몽테뉴수상록 / 몽테뉴
016 헤밍웨이 단편집 / E. 헤밍웨이
017 나의 세계관 / 아인스타인
018 춘희 / 뒤마피스
019 불교의 진리 / 버트
020 뷔뷔 드 몽빠르나스 / 루이 필립
021 한국의 신화 / 이어령
022 몰리에르 희곡집 / 몰리에르
023 새로운 사회 / 카아
024 체호프 단편집 / 체호프
025 서구의 정신 / 시그프리드
026 대학 시절 / 슈토롬
027 태초에 행동이 있었다 / 모로아
028 젊은 미망인 / 쉬니츨러
029 미국 문학사 / 스필러
030 타이스 / 아나톨프랑스
031 한국의 민담 / 임동권
032 모파상 단편집 / 모파상
033 은자의 황혼 / 페스탈로치
034 토마스만 단편집 / 토마스만

035 독서술 / 에밀파게
036 보물섬 / 스티븐슨
037 일본제국 흥망사 / 라이샤워
038 카프카 단편집 / 카프카
039 이십세기 철학 / 화이트
040 지성과 사랑 / 헤세
041 한국 장신구사 / 황호근
042 영혼의 푸른 상흔 / 사강
043 러셀과의 대화 / 러셀
044 사랑의 풍토 / 모로아
045 문학의 이해 / 이상섭
046 스탕달 단편집 / 스탕달
047 그리스. 로마신화 / 벌핀치
048 육체의 악마 / 라디게
049 베이컨 수상록 / 베이컨
050 마농레스코 / 아베프레보
051 한국 속담집 / 한국민속학회
052 정의의 사람들 / A. 까뮈
053 프랭클린 자서전 / 프랭클린
054 투르게네프단편집 / 투르게네프
055 삼국지 (1) / 김광주 역
056 삼국지 (2) / 김광주 역
057 삼국지 (3) / 김광주 역
058 삼국지 (4) / 김광주 역
059 삼국지 (5) / 김광주 역
060 삼국지 (6) / 김광주 역
061 한국 세시풍속 / 임동권
062 노천명 시집 / 노천명
063 인간의 이모저모 / 라 브뤼에르
064 소월 시집 / 김정식
065 서유기 (1) / 우현민 역
066 서유기 (2) / 우현민 역
067 서유기 (3) / 우현민 역
068 서유기 (4) / 우현민 역
069 서유기 (5) / 우현민 역
070 서유기 (6) / 우현민 역
071 한국 고대사회와 그 문화 / 이병도
072 피서지에서 생긴일 / 슬론 윌슨
073 마하트마 간디전 / 로망롤랑
074 투명인간 / 웰즈

075 수호지 (1) / 김광주 역
076 수호지 (2) / 김광주 역
077 수호지 (3) / 김광주 역
078 수호지 (4) / 김광주 역
079 수호지 (5) / 김광주 역
080 수호지 (6) / 김광주 역
081 근대 한국 경제사 / 최호진
082 사랑은 죽음보다 / 모파상
083 퇴계의 생애와 학문 / 이상은
084 사랑의 승리 / 모옴
085 백범일지 / 김구
086 결혼의 생태 / 펄벅
087 서양 고사 일화 / 홍윤기
088 대위의 딸 / 푸시킨
089 독일사 (상) / 텐브록
090 독일사 (하) / 텐브록
091 한국의 수수께끼 / 최상수
092 결혼의 행복 / 톨스토이
093 율곡의 생애와 사상 / 이병도
094 나심 / 보들레르
095 에머슨 수상록 / 에머슨
096 소아나의 이단자 / 하우프트만
097 숲속의 생활 / 소로우
098 마을의 로미오와 줄리엣 / 켈러
099 참회록 / 톨스토이
100 한국 판소리 전집 / 신재효, 강한영
101 한국의 사상 / 최창규
102 결산 / 하인리히 빌
103 대학의 이념 / 야스퍼스
104 무덤없는 주검 / 사르트르
105 손자 병법 / 우현민 역주
106 바이런 시집 / 바이런
107 종교록, 국민교육론 / 톨스토이
108 더러운 손 / 사르트르
109 신역 맹자 (상) / 이민수 역주
110 신역 맹자 (하) / 이민수 역주
111 한국 기술 교육사 / 이원호
112 가시 돋힌 백합/ 어스킨콜드웰
113 나의 연극 교실 / 김경옥
114 목녀의 로맨스 / 하디
115 세계발행금지도서100선 /안춘근
116 춘향전 / 이민수 역주
117 형이상학이란 무엇인가
    / 하이데거
118 어머니의 비밀 / 모파상
119 프랑스 문학의 이해 / 송면
120 사랑의 핵심 / 그린
121 한국 근대문학 사상 / 김윤식
122 아는 여인의 경우 / 콜드웰
123 현대문학의 지표 외 / 사르트르
124 무서운 아이들 / 장콕토
125 대학·중용 / 권태익
126 사씨 남정기 / 김만중
127 행복은 지금도 가능한가
    / B. 러셀
128 검찰관 / 고골리
129 현대 중국 문학사 / 윤영춘
130 펄벅 단편 10선 / 펄벅
131 한국 화폐 소사 / 최호진
132 시형수 최후의 날 / 위고
133 사르트르 평전/ 프랑시스 장송
134 독일인의 사랑 / 막스 뮐러
135 사서삼경 입문 / 이민수
136 로미오와 줄리엣 /셰익스피어
137 햄릿 / 셰익스피어
138 오델로 / 셰익스피어
139 리어왕 / 셰익스피어
140 맥베스 / 셰익스피어
141 한국 고시조 500선/ 강한영 편
142 오색의 베일 / 서머셋 모옴
143 인간 소송 / P.H. 시몽
144 불의 강 외 1편 / 모리악
145 논어 /남만성 역주
146 한여름밤의 꿈 / 셰익스피어
147 베니스의 상인 / 셰익스피어
148 태풍 / 셰익스피어
149 말괄량이 길들이기/셰익스피어
150 뜻대로 하셔요 / 셰익스피어
151 한국의 기후와 식생 / 차종환
152 공원묘지 / 이블린

153 중국 회화 소사 / 허영환
154 데미안 / 헤세
155 신역 서경 / 이민수 역주
156 임어당 에세이션 / 임어당
157 신정치행태론 / D.E.버틀러
158 영국사 (상) / 모로아
159 영국사 (중) / 모로아
160 영국사 (하) / 모로아
161 한국의 괴기담 / 박용구
162 운손 단편 선집 / 운손
163 권력론 / 러셀
164 군도 / 실러
165 신역 주역 / 이기석
166 한국 한문소설선 / 이민수 역주
167 동의수세보원 / 이제마
168 좁은 문 / A. 지드
169 미국의 도전 (상) / 시라이버
170 미국의 도전 (하) / 시라이버
171 한국의 지혜 / 김덕형
172 감정의 혼란 / 쯔바이크
173 동학 백년사 / B. 윔스
174 성 도밍고성의 약혼 / 클라이스트
175 신역 시경 (상) / 신석초
176 신역 시경 (하) / 신석초
177 베를렌느 시집 / 베를렌느
178 미시시피씨의 결혼 / 뒤렌마트
179 인간이란 무엇인가 / 프랭클
180 구운몽 / 김만중
181 한국 고사조사 / 박을수
182 어른을 위한 동화집 / 김요섭
183 한국 위기(圍棋)사 / 김용국
184 숲속의 오솔길 / A.시티프터
185 미학사 / 에밀 우티쯔
186 한중록 / 혜경궁 홍씨
187 이백 시선집 / 신석초
188 민중들 반란을 연습하다
    / 귄터 그라스
189 축혼가 (상) / 샤르돈느
190 축혼가 (하) / 샤르돈느
191 한국독립운동지혈사(상)
    / 박은식
192 한국독립운동지혈사(하)
    / 박은식
193 항일 민족시집/안중근외 50인
194 대한민국 임시정부사 /이강훈
195 항일운동가의 일기/장지연 외
196 독립운동가 30인전 / 이민수
197 무장 독립 운동사 / 이강훈
198 일제하의 명논설집/안창호 외
199 항일선언·창의문집 / 김구 외
200 한말 우국 명상소문집/최창규
201 한국 개항사 / 김용욱
202 전원 교향악 외 / A. 지드
203 직업으로서의 학문 외
    / M. 베버
204 나도향 단편선 / 나빈
205 윤봉길 전 / 이민수
206 다니엘라 (외) / L. 린저
207 이성과 실존 / 야스퍼스
208 노인과 바다 / E. 헤밍웨이
209 골짜기의 백합 (상) / 발자크
210 골짜기의 백합 (하) / 발자크
211 한국 민속약 / 이선우
212 젊은 베르테르의 슬픔 / 괴테
213 한문 해석 입문 / 김종권
214 상록수 / 심훈
215 채근담 강의 / 홍응명
216 하디 단편선집 / T. 하디
217 이상 시전집 / 김해경
218 고요한물방아간이야기
    / H. 주더만
219 제주도 신화 / 현용준
220 제주도 전설 / 현용준
221 한국 현대사의 이해 / 이현희
222 부와 빈 / E. 헤밍웨이
223 막스 베버 / 황산덕
224 적도 / 현진건
225 민족주의와 국제체제 / 힌슬리
226 이상 단편집 / 김해경
227 심락신랑 / 강무학 역주

228 굿바이 미스터 칩스 (외) / 힐튼
229 도연명 시전집 (상) /우현민 역주
230 도연명 시전집 (하) /우현민 역주
231 한국 현대 문학사 (상) / 전규태
232 한국 현대 문학사 (하) / 전규태
233 말테의 수기 / R.H. 릴케
234 박경리 단편선 / 박경리
235 대학과 학문 / 최호진
236 김유정 단편선 / 김유정
237 고려 인물 열전 / 이민수 역주
238 에밀리 디킨슨 시선 / 디킨슨
239 역사와 문명 / 스트로스
240 인형의 집 / 입센
241 한국 골동 입문 / 유병서
242 토마스 울프 단편선/ 토마스 울프
243 철학자들과의 대화 / 김준섭
244 파리시절의 릴케 / 버틀러
245 변증법이란 무엇인가 / 하이스
246 한용운 시전집 / 한용운
247 중론송 / 나아가르쥬나
248 알퐁스도데 단편선 / 알퐁스 도데
249 엘리트와 사회 / 보트모어
250 O. 헨리 단편선 / O. 헨리
251 한국 고전문학사 / 전규태
252 정을병 단편집 / 정을병
253 악의 꽃들 / 보들레르
254 포우 걸작 단편선 / 포우
255 양명학이란 무엇인가 / 이민수
256 이육사 시문집 / 이원록
257 고시 십구수 연구 / 이계주
258 안도라 / 막스프리시
259 병자남한일기 / 나만갑
260 행복을 찾아서 / 파울 하이제
261 한국의 효사상 / 김익수
262 갈매기 조나단 / 리처드 바크
263 세계의 사진사 / 버먼트 뉴홀
264 환영(幻影) / 리처드 바크
265 농업 문화의 기원 / C. 사우어
266 젊은 처녀들 / 몽테를랑
267 국가론 / 스피노자
268 임진록 / 김기동 편
269 근사록 (상) / 주희
270 근사록 (하) / 주희
271 (속)한국근대문학사상/ 김윤식
272 로렌스 단편선 / 로렌스
273 노천명 수필집 / 노천명
274 콜롱바 / 메리메
275 한국의 연정담 /박용구 편저
276 심현학 / 황산덕
277 한국 명창 열전 / 박경수
278 메리메 단편집 / 메리메
279 예언자 /칼릴 지브란
280 충무공 일화 / 성동호
281 한국 사회풍속야사 / 임종국
282 행복한 죽음 / A. 까뮈
283 소학 신강 (내편) / 김종권
284 소학 신강 (외편) / 김종권
285 홍루몽 (1) / 우현민 역
286 홍루몽 (2) / 우현민 역
287 홍루몽 (3) / 우현민 역
288 홍루몽 (4) / 우현민 역
289 홍루몽 (5) / 우현민 역
290 홍루몽 (6) / 우현민 역
291 현대 한국시의 이해 / 김해성
292 이효석 단편집 / 이효석
293 현진건 단편집 / 현진건
294 채만식 단편집 / 채만식
295 삼국사기 (1) / 김종권 역
296 삼국사기 (2) / 김종권 역
297 삼국사기 (3) / 김종권 역
298 삼국사기 (4) / 김종권 역
299 삼국사기 (5) / 김종권 역
300 삼국사기 (6) / 김종권 역
301 민화란 무엇인가 / 임두빈 저
302 무정 / 이광수
303 야스퍼스의 철학 사상
　　／ C.F. 윌레프
304 마리아 스튜아르트 / 쉴러
311 한국풍속화집 / 이서지
312 미하엘 콜하스 / 클라이스트